Key Technologies of Information Assurance for System Wide Information Management (SWIM)

广域信息管理SWIM信息安全关键技术

◎吴志军　著

人民邮电出版社
北京

品质分析以及其他为航班运行提供保障和服务的运行数据。

上述数据涉及国家空域的机密信息和航空公司的商业隐私。各国民航用户担忧涉及自己国家航空领域的机密信息在 SWIM 上共享时被泄露；航空公司顾虑商业隐私在 SWIM 上共享时被泄露。这些问题成为阻碍航班运行数据在 SWIM 上共享的最大障碍之一。因此，实现全方位的、深度的航班运行数据共享的最重要的问题是防止数据泄露和做好隐私保护。

本书根据航班运行数据具有多授权管理（航空公司、航空机场和空管单位等）和业务外包的特点，兼顾 SWIM 信息共享和信息安全，提出采用基于属性加密（Attribute-based Encryption, ABE）等方法实现 SWIM 共享数据的细粒度访问控制，达到航班运行数据共享的数据安全和隐私保护的目的。

1. 背景和意义

民航信息系统与网络从来就不是完全隔离、封闭的“信息孤岛”，而是一个多源异质、开放的“信息池”。因此，民航信息系统面临巨大的信息安全威胁。早在 1996 年，ICAO 的航空电信网（Aeronautic Telecommunication Network, ATN）信息安全工作组就指出“通过数据链传输的空中交通管理信息数据都存在被修改（Modification）、重放（Replay）和伪造（Masquerade）攻击的风险”，并且指出“所有 CNS/ATM（Communication Navigation Surveillance/Air Traffic Management）的应用都容易遭受分布式拒绝服务（Distributed Denial of Service, DDoS）攻击”。

2017 年 9 月 6 日，国内 23 家民航运行单位签订数据共享协议，其目的是促进民航运行资源的有效利用和协同决策，提升运行信息监控能力。为了保障中国民航局推行的航班运行数据共享的专项任务，本书研究团队从航班运行数据共享和信息安全的角度出发，研究面向航班运行数据共享的数据安全和隐私保护关键技术，具有重要的研究意义。具体体现在《中国民航航班运行数据开放管理办法》中强调的两个重要问题。

（1）标准统一。坚持“一数一源”确保运行数据权威性，统筹建设航班运行数据开放资源目录体系和数据交换标准。采用细粒度访问控制技术，SWIM 提供一种有效的方式来构建一个动态的、灵活的运行环境，从而提高航班运行数据的精确分类（灵敏度），改善运行监控系统的互操作性。针对民航全系统跨域、跨层数据传输和共享，基于属性的加密机制能够灵活地表示访问控制策略，从而很大程度地降低了数据共享细粒度访问控制带来的网络带宽和发送节点的处理开销，增强了用户之间的数据共享能力。并且，利用属性机制建立民航运行数据共享与服务平台的管理与运行模式，为基于网络化的机场协同决策（Airport Collaborative Decision Making, A-CDM）提供数据共享技术解决方案，极大提高了数据的完整性和准确性，能够根据用户需求提供价值更高的数据资源，同时有效降低了因数据资源目录调整而导致用户需要重新修改系统程序的工作量。

（2）依法适用。对开放数据资源进行合法、合理使用，不得滥用，不得泄露国家秘密、商业秘密和个人隐私，切实维护数据资源主体的合法权益。基于属性加密机制以属性为公钥，将密文和用户的私钥与属性相关联。在属性加密系统中，授权机构分配的私钥与属性集合密切相关，而密文则与属性方程密切相关。只有属性与方程匹配时，民航用户才可以成功解密密文。所以，基于属性加密的SWIM共享数据的细粒度访问控制技术可以增强航班运行数据共享的安全性，保障航班运行数据的安全和提供隐私保护，从而打消各民航用户国的顾虑，保证SWIM在安全的基础上实现互联互通，成为一个真正安全的航班运行数据的信息池。

因此，研究基于SWIM面向航班运行数据安全共享和访问控制技术是一项既有研究价值又具有广泛应用前景的课题。

2. 目标

空中交通管理信息化建设已进入全面推进和快速发展的重要时期。空中交通管理信息系统规模庞大，涉及应用多，用户广，业务依赖程度高，对信息安全保障体系提出了更高的要求。因此，建立空中交通管理信息安全保障体系，对空中交通管理信息系统实施有效的安全保障是下一步信息化建设的重点。

空中交通管理信息安全是一个系统性概念，它包括空中交通管理设备安全、自动化管理系统安全、各种航空数据安全、网络通信安全、人员管理安全、环境安全几个方面。安全策略、防护、检测和恢复响应组成了一个完整的动态的安全循环，在安全策略的指导下保证空中交通管理信息系统的安全。因此，本书的目标主要聚焦在以下几个方面。

（1）民航共享型多数据拥有者安全认证和授权

航班运行数据属于典型的多数据拥有者（民航单位和部门）。2017年9月，民航运行监控中心、空管局、航科院及主要航空公司和机场共23家单位签订了《中国民航运行数据共享协议》。随着航班运行数据共享工作的推进，更多的民航单位将会加入共享协议，所以，航班运行数据属于典型的多数据拥有者场景。针对共享型多数据拥有者场景，即一个业务数据或文件被多个数据拥有者拥有，已有的可搜索加密方案不能同时支持密文检索和细粒度访问控制。因此，研究面向SWIM的航班运行数据共享的细粒度访问控制方案，采用多数据拥有者认证的密文检索方法，即数据用户只有得到多个数据拥有者的授权才能获得授权访问数据，从而达到航班运行数据共享安全访问的目的。当签署共享协议的民航单位数量增加或者民航业务数据种类和数量增加时，本书研究的访问控制方法可以灵活适应任意场景，并提供安全认证服务。所以，随着签署共享协议的民航单位增加，本书研究的访问控制方法的应用会越加广泛。

（2）民航大型信息系统的应用

民航是信息化高度集成的行业，有着类似值机系统和机场协同决策（A-CDM）

系统这样依赖共享数据的大型信息系统，特别是 A-CDM 系统，更是中国民航重点推行的工作。民航局空管局 2018 年 12 月 29 日签发民航明传电报《关于在国内 27 个机场试点开展 CDM 信息数据链点播服务有关工作的通知》（局发明电〔2018〕3608 号），定于 2018 年 12 月 29 日 00:00（北京时间）开始提供 CDM 信息数据链点播试点服务，提供航班计算起飞时间（Calculated Take-Off Time, CTOT）和计算撤轮挡时间（Calculated Off-Block Time, COBT）数据链查询。电报中规定了 7 个民航地区管理局试点的 27 个机场。

A-CDM 系统非常依赖共享数据，而这些共享数据的来源就是航班运行数据。因此，基于属性加密的航班运行数据共享访问方法可以在全国 7 个地区管理局的 27 个 A-CDM 系统中应用。

另外，从数据安全和隐私保护的角度，基于属性加密的航班运行数据共享的访问控制主要在保证其信息不泄露的情况下，防止非授权的实体对 SWIM 信息进行非法访问，并保证系统的可用性。具体表现在以下方面。

（1）保护航空交通运输业务数据的机密性：共享数据只向授权用户开放，避免重要数据的外泄和用户隐私的泄露。

（2）保护航空交通运输业务数据的完整性：共享数据只能被授权用户在权限范围内进行修改，避免数据被非法篡改。

（3）保护航空交通运输业务系统可用性：SWIM 对合法用户提供连续的业务服务，避免出现对授权用户的拒绝服务。

（4）保证航空交通运输业务系统的不可抵赖性：SWIM 的授权用户对自己的行为负责，不能否认自己的行为。

上述特点恰好满足《中国民航航班运行数据开放管理办法》中的要求：①对共享数据“依法使用”——不得泄露国家秘密、商业秘密和个人隐私；②共享数据“标准统一”——坚持“一数一源”，确保运行数据权威性。

SWIM 所提供的高效的数据交换机制，能实现各民航相关单位基于信息化技术的协同运行与决策。因此，研究航班运行数据共享访问控制方法有助于通过 SWIM 与应用系统的连接和信息交互对不同来源的异质数据进行汇聚和派发，实现 ATM 业务信息的安全共享与交换，具有广泛的应用前景。

3. 内容安排

全书共 11 章，具体内容如下。

第 1 章为绪论。该章主要介绍 SWIM 信息安全保障的背景和意义；分析了国际和国内 SWIM 信息安全保障方面的研究现状和发展动态；分析了 SWIM 面临的安全威胁，并阐述了 SWIM 信息安全保障措施的设计。

第 2 章主要介绍了 SWIM 核心服务与业务流程，包括：SWIM 的消息服务、安全服务、接口管理、企业服务管理等，以及 SWIM 订阅/发布服务的工作流程。

第 3 章主要介绍了 SWIM 适配器设计与实现，包括：方案设计、数据模型、服务接口、适配器实现流程和实验仿真及结果分析。

第 4 章为 SWIM 安全网关中授权服务和访问控制的设计与实现。该章主要介绍 SWIM 信息共享的授权服务设计和实现，以及 SWIM 共享信息访问控制方案的设计和功能的实现，并对授权模块和访问控制模块的性能进行了测试和结果分析。

第 5 章为基于属性加密的 SWIM 授权服务和访问控制方法的研究。该章主要介绍了 SWIM 基于属性的授权服务、基于属性的访问控制、SWIM 中属性定义和访问结构，以及基于 KEK 树的属性撤销方法，并对属性访问控制进行了实验仿真及结果分析。

第6章为基于属性密码的SWIM授权方法。该章主要介绍了基于属性的SWIM授权的相关定义、SWIM 属性授权体系结构，并进行了属性授权的适应性和安全性实验验证与分析。

第 7 章为基于 Diameter 协议的 SWIM 认证架构。该章主要涉及 Diameter 协议在 SWIM 中应用的适用性分析和基于 Diameter/EAP 协议的 SWIM 认证架构设计与实现，并对协议进行了实验仿真和分析。

第 8 章为基于 SWIM Web 服务应用的统一身份认证。该章主要介绍了 SWIM 安全认证需求分析、SWIM 安全认证总体框架设计和 SWIM 统一身份认证框架关键技术，并进行了实验测试与分析。

第 9 章为基于 SSL 协议的 SWIM 用户交互认证。该章主要介绍了 SSL 协议在 SWIM 中应用的适用性分析，给出了基于 SSL 协议的认证和基于 SSL 协议的双证书认证，并对设计的协议进行了实验仿真和分析。

第 10 章为基于分组过滤的 Web 防火墙。该章主要介绍了 SWIM Web 防火墙的总体设计和关键技术，并对设计的防火墙进行了系统测试与结果分析。

第 11 章为 SWIM Web 防火墙中 DDoS 攻击防御技术设计与实现。该章首先分析了 SWIM 用户行为，在此基础上研究了一种基于隐半马尔可夫模型的 DDoS 攻击检测方法，设计了防御系统总体框架，并对检测和防御两部分功能进行了实验测试和结果分析。

4. 本书特色

本书研究的是将种类繁多、异质多源的航班运行数据在 SWIM 中进行细粒度属性划分，形成属性关联方程，在属性加密方案的基础上，实现基于属性加密的航班运行数据细粒度访问控制方法，为 SWIM 中共享的数据安全和隐私保护提供技术支持，具有控制精度高、信息交换量小和实施性强的特点。因此，本书的最大特色是设计 SWIM 广域分布、复杂网络环境下跨网访问控制策略和 SWIM 的跨网、跨域授权管理，实现基于 SWIM 的航班运行数据共享的细粒度访问控制，保障 SWIM 共享数据安全和隐私保护。

本书具体的技术特色如下。

（1）属性加密技术

属性加密可以提供数据的私密性和访问控制的灵活性。本书将航班运行数据共享属性细致划分，采用属性关联手段，以航班运行数据共享属性为公钥，将SWIM 密文和民航用户的私钥与属性关联，实现基于属性加密的航班运行数据共享细粒度访问控制，即使对于 SWIM 中的加密数据也能实现细粒度的访问控制。在属性加密中，可信任的授权中心（Certificate Authority, CA）分配的私钥与航班运行数据共享属性集合相关，而航班运行数据密文则与属性方程相关。基于属性加密的航班运行数据共享访问控制可以减少数据共享细粒度访问造成的网络带宽和计算资源的消耗。

（2）多数据拥有者认证的密文检索技术

基于航班数据属性共享和可搜索加密技术，研究高效的多数据拥有者认证的密文检索技术。航班运行数据用户只有得到多个航班运行数据拥有者的授权才能解密得到返回结果（即可以访问航班运行数据）。该项技术包括以下 3 个功能。①航班运行数据隐私安全。保护航班运行数据文档集、索引集和对称密钥集的隐私安全，且航班运行数据服务器通过统计分析无法获得密文中的相关明文信息。②航班运行数据拥有者隐私安全。只有经多数据拥有者（民航业务单位）认证的数据用户才能访问航班运行密文数据，并且非法的数据拥有者或合谋的数据拥有者无法伪造合法的授权。③数据用户隐私安全。非法的数据用户无法生成有效的陷门去访问航班运行数据中的敏感信息，且航班运行数据服务器无法获得陷门中的明文关键字信息。

（3）多授权中心访问控制技术

建立基于属性加密的航班运行数据多授权中心访问控制模型，在航班运行数据服务器上以属性名形式存储属性全集信息。当 SWIM 民航用户访问航班运行数据文件时，根据按需分配的原则分配密钥，增加读写属性，加强航班运行数据发布方对文件的访问控制。该项技术包括：①基于密文策略的属性加密（Ciphertext Policy Attribute Based Encryption, CP-ABE）方法；②航班运行数据多授权中心的属性加密方案；③授权中心环境下的最小化航班运行数据属性分组算法。

5. 阅读建议

在阅读本书时，建议先从信息共享和访问的身份认证、安全授权和访问控制的概念和原理了解，逐步掌握民航信息数据安全共享的思路和流程；然后，熟悉通过 SWIM 连接的航空机场、航空公司和空中交通管理系统的工作方式和系统组成，掌握航空交通运输系统信息安全保障的具体要素和需求分析，了解 SWIM 共享信息安全保护的基本方法；最后，通过数据采集、属性定义、授权策略、访问控制策略及模型设计，以及访问控制算法和方法的确定，进行航空交通运输系统的信息数据安全共享的实践。

本书是中国民航大学电子信息与自动化学院航空电信网及信息安全实验室的教师和研究生团队多年研究和开发的成果。本书内容是在国内首个航空安全领域博士点民航信息系统安全保障技术方向带头人吴志军教授领导的航空电信网及信息安全实验室全体教师以及他们指导的博士生、硕士生完成的研究成果（包括博士生和硕士生的学位论文、共同发表的学术论文、撰写的技术报告和申请的发明专利等）基础上整理完成的。参与本书研究工作的人员包括：雷缙讲师、岳猛副教授，刘亮助理实验员，以及潘登、赵婷、牛方超、王彩云、崔子涵、刘中、姜园春、刘轩、陈焕和周胜琰等研究生；特别是 2016 级硕士生周胜琰及 2017 级的硕士生崔博花等在本书的整理、编辑和校正等方面做了大量艰苦细致的工作，在此对他们表示衷心的感谢！在本书的研究中，得到了中国民航局空中交通管理局技术中心教授级高级工程师李欣主任和齐鸣总工程师的指正，在此表示衷心的感谢！

本书的出版得到了国家自然科学基金委与中国民航局联合基金（民航联合研究基金）培育项目（No.U1933108）、天津市自然科学基金重点项目（No.17JCZDJC30900）和中央高校基本科研业务费项目（No.3122018D007）的资助，在此表示衷心的感谢！

本书是一本针对航空交通运输系统信息共享的研究著作，对研究民航信息系统和网络的安全保障、管理和评估的技术人员具有一定的借鉴意义和参考价值。本书适合作为民航网络安全研究领域科研人员和网络设计工程人员的参考书。全书内容由浅入深，涵盖了民航重要信息系统安全管理和设计人员需要掌握的知识，也为读者更深入地掌握民航信息共享安全访问和控制技术，进行民航信息系统安全保护研究提供了参考。

由于作者水平有限，书中难免出现纰漏之处，恳请广大读者批评指正。

作 者

2019 年 9 月

目　录

第1章 绪论

随着民航事业的飞速发展，当前民航信息网络已经不能满足民航业务需求，异构部门之间的信息交互成为民航发展的障碍。为解决民航各部门“信息孤岛”的问题，国际民航组织（International Civil Aviation Organization, ICAO）推行广域信息管理系统（System Wide Information Management, SWIM）作为下一代空中交通管理信息共享的基础网络。SWIM 采用面向服务的架构（Service Oriented Architecture, SOA）实现航空交通运输资源的共享服务[1]，促进了民航信息的转换和共享，优化了民航业务的交互流程，为民航系统的高效运行提供了保障。由于 SWIM 承载业务数据的特殊性和网络环境的复杂性，致使 SWIM 中存在一系列安全隐患。因此，对 SWIM 中存在的安全隐患进行分析，并采取合适的安全措施进行有效防御，对保障 SWIM 的安全稳定运行具有重要意义。

1.1 选题意义

随着民航信息化建设的不断推广和深入，民航业取得飞速发展，已经成为现代人们生活和国家经济发展不可或缺的重要组成部分，也是交通运输的重要部门[2]。与此同时，迅猛增长的飞行流量和航空运输量与空中交通管理保障能力之间的矛盾不断加剧[3]，现有的民航业务系统间互联的方式已不能满足系统之间信息共享的需求。为适应新时代民航业的发展需求，民航各部门逐步在信息系统中部署 SWIM，SWIM 为民航建立了一个高效、便捷、标准的数据共享平台，以实现不同单位、不同信息系统之间数据的无缝交换，确保民航不同系统之间实现协同工作[4]。

SWIM 的出现，增强了航班协同运行控制能力，彻底改变了航空公司、机场部门、空管局之间传统的点到点的通信方式，实现了信息的实时共享[5]。但同时，SWIM 也不得不面对各种各样的安全威胁。近几年，安全事件的数量和危害程度不仅没有减少，反而呈现愈演愈烈的态势。例如，勒索病毒 WannaCry 借助“永恒之蓝”漏洞工具在全球范围内发起攻击，造成系统部分业务中断或无法正常运行；Edmodo 教育平台和 HipChat 数据库发生信息泄露事件；2015 年 6 月 21 日，波兰航空公司的地面操作系统遭到黑客的侵袭，导致系统出现 5 个多小时的瘫痪，至少 10 个班次的航班无法正常飞行，滞留在机场的乘客超过了 1 400 人；2016 年下半年，有黑客利用多个航空类公司的网站漏洞，多次非法侵入 50 多家网站，获取航空机票票务信息 30 多万条，并将这些信息售出，获取 150 多万元的非法收入[6]；2017 年 2 月，有报道指出纽约斯图尔特国际机场的内部敏感数据已经被暴露在互联网上，且未加任何密码保护，其泄露的数据总量已超过 750 GB，数据中包含电子邮件、密码与政府文件，有安全研究人员指出，此次泄露事件标志着纽约机场的网络完整性“彻底崩溃”；2018 年 9 月，英国布里斯托尔机场遭到勒索攻击，机场的航班信息显示系统受到干扰，显示屏被黑客劫持，导致机场人员不得不使用白板和记号笔工作。诸如此类的安全事件屡次发生，严峻的网络环境向 SWIM 提出了更加严格的安全要求，为了保证 SWIM 的数据安全，防止敏感信息泄露，必须采取有效的信息安全防御措施，以保障民航信息的安全共享。

本书结合我国民航 SWIM 的实际情况，致力于研究 SWIM 安全保障方案，其中包括 SWIM 架构、授权服务和访问控制、用户认证、防火墙，以实现民航多源异构系统间的信息共享，保障民航信息服务数据的安全可靠，避免隐私数据泄露；同时对授权服务和用户访问权限进行合理配置，使合法用户能够在各系统之间进行跨域访问，为 SWIM 的高效运转提供安全保证。

1.2 SWIM 发展背景

国际民航组织在 2002 年正式发布了 SWIM 概念。广域信息管理是一个新的概念，它从信息层面整合空中交通管理（Air Traffic Management, ATM）网络并覆盖全空管系统范围[7]。如今，SWIM 不仅是全球空中航行计划（Global Air Navigation Plan）[8]的重要组成部分，而且涵盖于航空系统组块升级（Aviation System Block Upgrade）的进程中。在过去几年中，各成员已经开始对 SWIM 概念及解决方案进行研究，但由于缺少充分的交流合作，各成员所处的发展阶段相差较大[4]。

1.2.1 国外研究现状

从 2005 年开始，欧美相继提出了针对下一代空管系统的研究及实施计划 NextGen（Next Generation Air Transportation System）以及 SESAR（Single European Sky ATM Research）。由于二者都将 SWIM 作为航空数据共享和传输的大规模基础性网络，而且相关研究都处在世界前沿，因此本节将以美国和欧洲的相关研究现状为代表对 SWIM 的国外研究现状进行简要阐述。

早在 1997 年，美国联邦航空管理局（Federal Aviation Administration, FAA）所提出的 NAS（National Air Space）中便出现了类似 SWIM 的概念。在 SWIM 正式提出后，由于其具备可复用、松耦合的特点，被视为实现 NAS 的关键[3]。2000—2002 年，FAA 对模型中的高层概念进行了定义，并建立了相关的概念文档。2003 年，FAA 开始采用 SWIM 平台这一名称，将其作为美国发展下一代航空运输系统的主要技术动因，整合来自美国 NAS 系统及其用户的各种信息，基础原则是将正确的信息在正确的时间发布到正确的地方。2004 年，FAA 和波音公司展开合作，在现有和设想的 NAS 空中交通运行和通信系统框架下，定义了广域信息管理平台的职责，SWIM 的基础设施需要连接多个传感器和信息处理系统。2005 年，FAA 在 NAS 的基础上提出了 NextGen，为航空业的变革积极准备。SWIM 作为 NextGen 的重要组成部分，其目的在于实现广域信息的传输和共享，提高参与方之间协同决策的能力，FAA 同时提出了 SWIM 的安全架构。SWIM 的安全架构包括身份认证和访问管理、注册/目录/命名服务安全、信息安全、数字版权管理和安全信息管理，还描述了基于 SWIM 的通用数据传输层的安全性要求，包括链路和网络安全、防火墙和入侵检测系统[9]。2007 年，美国联邦航空管理局与国际电话电报公司、波音公司等多家公司和机构共同确立了广域信息管理平台的研究路线。

如今，美国对 SWIM 的研究已进入系统建设阶段。FAA 将此阶段分为三期对系统进行部署。一期阶段，发布 SWIM 核心架构发展概念和企业服务总线原型概览；二期阶段，将雷达信息、监视信息集成到系统中，进一步研究系统的架构和数据模型；三期阶段，在 SWIM 的基础上建设民航“私有云”，将部分信息搬上云平台，并完成飞行器接入 SWIM 的工作，即 AAtS（Aircraft Access to SWIM），这将使飞行员减少对传统语音通信的依赖，通过数字方式获取所需信息，从而提高决策和态势感知能力。一期阶段为 2009—2013 年，在 SWIM 中集成空中交通流量管理信息、航行情报信息以及气象信息，例如跑道视程数据、改航数据和走廊一体化气象信息；二期阶段为 2011—2015 年，在 SWIM 平台集成信息中加入雷达监视数据；三期阶段为 2015—2019 年，在 SWIM 平台集成信息中加入监管信息。目前，美国已经顺利完成前两期的相关工作，进入了三期建设阶段，SWIM 平台已经融入下一代空中交通管理系统研究和部署的整体框架中。

欧洲侧重于 SWIM 对网络化信息服务的新型管理方式，并将其作为改进欧洲空中交通管理系统（European Air Traffic Management System, EATMS）的基础。2004 年 11 月 19 日，欧洲委员会和欧洲航行安全组织提出了单一欧洲天空空中交通管理研究（Single European Sky ATM Research, SESAR）计划，作为欧洲继伽利略项目之后的最重要的高科技项目，整个 SESAR 项目的投资将达 500 亿欧元。

在 SESAR 的运行概念中，SWIM 是一种全新的信息管理方式，依靠网络化基础设施向广大用户提供信息获取的服务，它可以将航空管制的基础设施能力整体提高三倍，而各个航空公司所负担的航空交通管制费用将降低一半。SESAR 项目分为 3 个阶段：定义阶段、开发阶段、部署阶段。2005—2007 年，SESAR 定义阶段的主要工作目标是在三年内为项目制定路线图，其中包括技术标准和组织框架；2008—2013 年，SESAR 开发阶段的主要工作是确定项目中使用的关键技术；2014—2020 年，SESAR 部署阶段的主要工作是完成系统的实际应用工作[2]。在此基础上，欧洲还通过该项目尝试与美国的 SWIM 网络进行互联实验。实验采用飞行服务数据，实验结果证明，通过二者的互联数据可以成功跨越大西洋完成交互，这也成为 SWIM 全球化发展的契机。此外，欧洲还在标准数据模型以及应用服务的组成方面进行了大量研究，推动了欧洲各国乃至全球范围内信息共享的发展进程。

在安全方面，虽然目前 SWIM 中的安全架构、技术规范等还不完善，但信息安全早已成为各国研究的热点问题。美国波音公司提出，现有 SWIM 中安全措施不完善，尤其缺少对重要隐私数据的保护措施，并提出了一种基于 SAML（Security Assertion Markup Language）的信息保护方法[10]。FAA 联合安柏瑞德航空航天大学识别 SWIM 中测试飞机访问广域信息管理（Testing Aircraft Access to SWIM, AAtS）与国家空域系统（NAS）信息服务在数据交换过程中的安全漏洞，提出了 AAtS 面临的安全威胁并建立了适当的测试方法[11]。英国格拉斯哥大学的 Johnson[12]在对 NextGen 以及 SESAR 进行分析的基础上，提出了二者面临的潜在安全威胁，旨在促进二者合作，在遭受袭击时相互提供帮助。欧洲航行安全组织为保证新型 ATM 系统的安全运行，为其提供了一套完整的开发方案，以支持其在开发流程之初便将安全性纳入设计[13]。

除了美国以及欧洲各国之外，很多航空大国主动加入 SWIM 的研究与实践之中。日本的空中交通系统改造合作行动（Collaborative Action for Renovation of Air Traffic System, CARATS）等成熟现代化项目都认为 SWIM 的实施是未来 ATM 系统的基本要求。SWIM 已经成为全球航空领域的研究热点。

1.2.2 国内研究现状

我国针对 SWIM 的研究并不晚，但由于民航信息化程度相对落后，我国目前的相关研究还远远落后于美、欧等国家和地区。随着基于 IP 的地面航空数据通信骨干网络的逐步成熟以及各类航空数据链技术的广泛使用，数据链通信将逐步取代传统的语音通信，成为我国民航领域信息传输的主要方式，这为我国发展 SWIM 提供了良好的前提条件。

国家“863”计划重大项目已将新一代空中交通管理系统纳入其中[14]。在中国民航空管安全“十二五”规划中，SWIM 建设将在与美国、欧洲合作的基础上展开，对其中的关键技术进行研究，设计适合我国的 ATM 信息集成处理架构，数据交换标准，服务定制、发布、共享的机制和 ATM 应用服务的接口模型，并进行实验验证，最终保证其可以提供准确、可靠的数据共享服务。“十三五”规划提出开展 SWIM 示范应用，建设一体化数据平台，通过网络安全保障、标准规范及运维体系，实现飞行数据、监视数据、流量、情报、气象、现场管理等综合信息高效集成。我国民航的 SWIM 建设分为近期、中期和远期三个阶段实施。近期专注于 SWIM 中核心技术的研究，中期完成 SWIM 原型系统的搭建并验证系统性能，远期将各类服务应用集成并整合到系统中[18]。如今，我国已基本完成前两期工作，进入中期到远期之间的过渡阶段。

中国民用航空局空中交通管理局（以下简称民航局空管局）是国内较早开展 SWIM 研究的机构[2]。自 2005 年起，其下属的技术中心就与欧洲航行安全组织开展合作，并参加了 SWIM 部分研究工作。2011 年 4 月到 2012 年 9 月，民航局空管局相继在北京、上海、深圳等地组织召开研讨会，与国内外空管、机场、航空公司等相关领域专家研讨交流了 SWIM 的发展现状、基本理论与技术方法。民航局空管局代表于 2011 年访问了 FAA 总部的 SWIM 办公室和技术中心，与项目负责人从政策、技术、管理等方面进行了交流，并学习了美国开展 SWIM 建设的相关经验。

华东空管局整合了上海等地分属于空管、航空公司、机场的航班计划、流控信息、航迹信息、桥位信息等信息，构建了航班信息一体化系统，并在此基础上实现了 SWIM 应用服务的部分功能[15]。中国民航科学技术研究院的周雅琴[16]重点研究了数据模型中的航班信息交换模型，分析了模型的组成部分及其与 ATM 标准的关系，提出了我国针对此类数据模型的设计方法及流程。北京航空航天大学的罗喜伶等[17]依据 SWIM 标准，从物理实现、数据模型，以及服务的构建、组合等层面，对空管信息中飞行数据服务进行了设计与实验。文献[18]分析了 SWIM 的概念和优势，阐述了 SWIM 在我国的发展历程，并针对上述特点对系统进行了安全分析。

目前，我国主要致力于 SWIM 整体架构的研究以及数据和服务模型的设计，对于信息安全领域的研究还不够深入。FAA、欧洲航行安全组织等组织都已经对 SWIM 中的安全技术提出了相应的规范和建议。随着中国 SWIM 项目的进一步发展，由于其中数据的重要性，其信息安全将会得到越来越多的重视。

1.3　面临的安全威胁

SWIM 是一个网络化分布式的应用系统，为民航发展提供便利的同时，也面临众多的安全隐患。SWIM 中存储着海量数据，主要有航空业务相关的数据和保密信息数据等，为民航系统的空管局、机场、航空公司提供数据通信。SWIM 和传统 IP 网络一样，面临一系列安全问题，如网络攻击、网络安全设备损坏、硬软件系统存在安全隐患及服务器硬盘损坏、网络瘫痪等。如果 SWIM 数据遭到恶意破坏，会严重影响民航系统的正常运行，导致秩序混乱、航班延误，甚至可能造成严重的空难，危及生命安全。

1.3.1 业务流程

业务流程是民航系统得以正常运行的根本，民航中各类信息均按照其所规定的特定流向流动。业务流程涉及民航各个领域，其中主要包括空管局、航空公司和机场三大航空机构。SWIM 作为下一代空管系统中信息共享的基础设施，负责民航各单位间的信息交互工作，必须严格遵循业务流程。民航基本业务流程如图 1-1 所示。

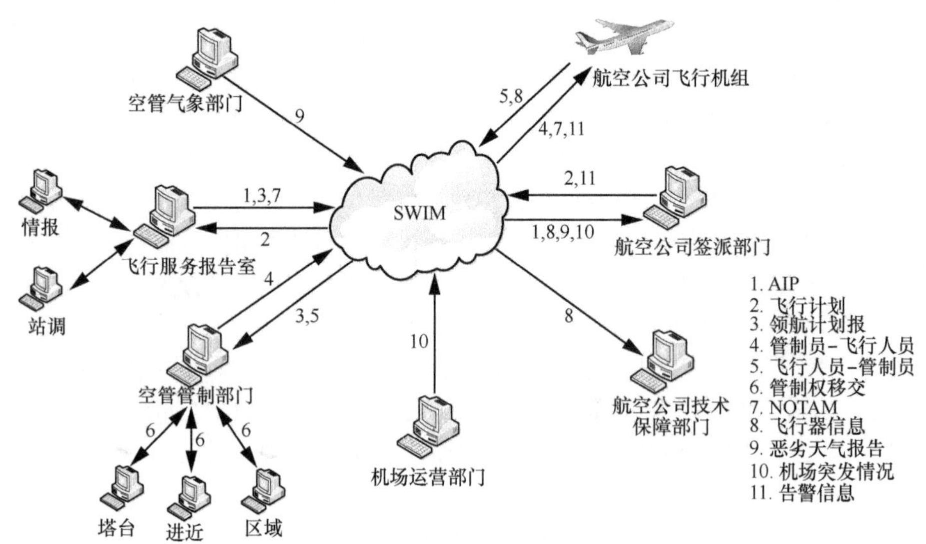

图 1-1 民航基本业务流程

实际的航空业务种类繁杂，在众多航空机构中，本节选取了空管系统中的气象部门、管制部门、飞行服务报告室，航空公司的签派部门、飞行机组、技术保障部门，以及机场的运营部门作为服务节点，以飞行计划、航行情报汇编（Aeronautical Information Publication, AIP）、气象信息等典型航空业务作为服务信息，总结了一架航空器从准备阶段、起飞阶段、爬升阶段直至巡航阶段的基本业务流程，主要包括以下步骤。

（1）航空公司依据空管部门制定的 AIP 并结合公司的运营情况，制定相应的预先飞行计划并向空管部门申报。在飞行前一天的 8—22 时，由签派部门向飞行服务报告室提交次日飞行计划以供审核。若航路、起降机场等出现突发情况，飞行计划有变，航空公司可于撤轮挡时间前 45 min 提交修改申请。

（2）飞行服务报告室对次日飞行计划进行审核，若审核通过，则航空器可按计划飞行。之后，报告室向此航路上所有管制部门和保障单位发送领航计划报，该报文预计在撤轮挡时间前 2 h 拍发。若飞行计划有变，报告室将发送修改领航计划报或飞行计划变更报通知航路上的管制单位。

（3）在得到放行席管制员的放行许可后，航空器进入起飞阶段。此阶段主要是航空公司的飞行人员与空管部门的管制员间的信息交互。飞行人员首先在地面席管制员的引导下完成推出、滑行等工作，在塔台管制员的引导下完成起飞相关工作；之后与进近管制室配合完成爬升阶段的各项工作，避免航空器间发生冲突，使航空器顺利穿越高度层，最终进入巡航阶段。其间，还涉及不同管制室或不同管制席位间的管制权移交工作。

（4）航空器经爬升阶段后进入巡航阶段。在此阶段，区域管制室负责航空器的管制工作，提供飞行所需的空中管制服务。当航空器从一个管制区域进入另一个管制区域，对应的区域管制室需要拍发预计飞越报，并进行管制权移交，此过程必须在航空器预计越过移交点前 10 min 完成。

（5）在巡航阶段，除了与管制单位间的交流外，飞行人员还会收到其他类型的信息。例如，空管部门会在航路、空域等出现突发状况时，向航空器发送飞行员通知（Notice to Airmen, NOTAM）以通告情况；航空公司签派部门会因降落机场关闭、备降机场不可用以及恶劣天气等特殊情况向航空器发送飞机通信寻址与报告系统（Aircraft Communications Addressing and Reporting System, ACARS）报文。

（6）在整个航行过程中，航空器会以 ACARS 报文形式与所属航空公司交互信息。最初，ACARS 仅在航空器推出登机门、起飞、着陆等时间节点向签派部门发送报告。而后，ACARS 用途得到扩展，可以将航空器、引擎等设备的实时性能状况返回给技术保障部门，大大提高了维修工作的效率。如今，随着 ACARS 的持续发展，其与驾驶舱的控制显示单元实现了连接，飞行人员可以更加方便地获取各类航空数据。

（7）降落阶段的业务流程与起飞阶段类似，只是顺序相反，因此该阶段的信息流并未在图 1-1 中显示。

1.3.2 隐患分析

SWIM 安全主要由数据安全以及 SWIM 网络和系统自身安全两部分组成。其中，数据安全是 SWIM 安全的核心部分。民航 SWIM 中主要包含飞行计划数据、空中交通流量管理数据、SWIM 管理数据等重要信息。飞机整个飞行过程经历 4 个步骤：等候与滑行、起飞爬升、巡航中、下降落地。整个过程要向 SWIM 请求各种数据信息来完成飞行过程，每个过程都可能存在数据信息的安全隐患，如篡改、伪装、丢失、欺骗以及分布式拒绝服务（Distributed Denial of Service, DDoS）攻击等，如图 1-2 所示。本节主要分析 DDoS 攻击、伪装、欺骗、篡改对 SWIM 安全性的影响。

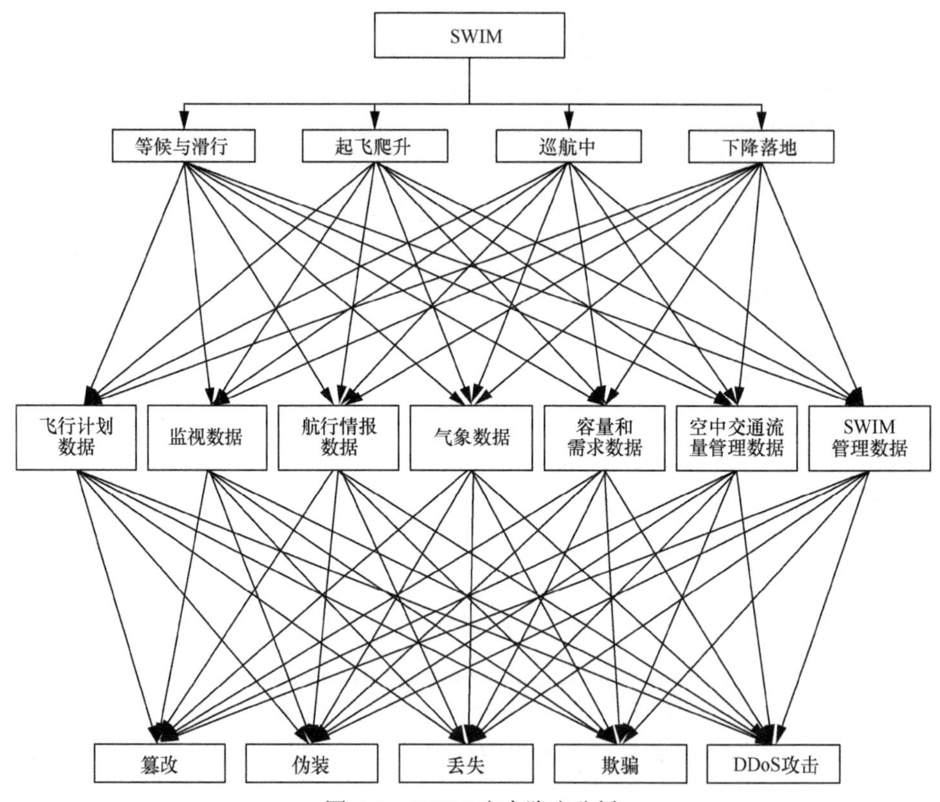

图 1-2　SWIM 安全隐患分析

（1）SWIM DDoS 攻击安全性影响分析

飞行计划数据主要包括起飞、到达、跑道使用等相关信息。假设 SWIM 遭受 DDoS 攻击，导致飞行计划数据不能及时更新，对于等候与滑行过程，将导致航班不能按时起飞，不过飞行计划数据在飞机起飞前就已经制定完成，并且要经过多方的核实，当出现更新延迟时，可以通过语音通信解决，对 SWIM 的安全影响较小；对于起飞爬升过程和巡航中过程，该阶段飞行计划数据很少被使用，即使出现更新延迟，也可以和地面的管制员及时交流解决，对 SWIM 的安全影响较小；对于下降落地过程，将导致飞机不能按时降落，但是可以和地面管制员通过语音通信解决，对 SWIM 的安全影响较小。

监视数据主要包括监视信息。假设 SWIM 遭受 DDoS 攻击，导致监视数据不能及时更新，对于等候与滑行过程，机载系统、管制员、地面监视和跑道管理系统用户之间不能相互通信并及时更新信息，飞机可以通过机载的广播式自动相关监视（Automatic Dependent Surveillance-Broadcast, ADS-B）系统来补救，但会导致 SWIM 飞机监视数据使用率较低，对 SWIM 的安全影响较小；对于起飞爬升过程，该过程基本上不需要监视数据的通信，所以几乎对 SWIM 没有影响；对于巡航中和下降落地过程，可以使用 ADS 机载系统获取监视数据，使 SWIM 监视数据使用率变低，但对 SWIM 安全影响较小。

航行情报数据主要包括航行信息、地形信息以及机场地图等。假设 SWIM 遭受 DDoS 攻击，导致航行情报数据更新延迟，对于等候滑行过程，由于飞机在起飞前航行情报数据已经完成更新，出现延迟只是对管制员有一定的影响，可能导致地面运行延迟，但是该过程机场地图信息等比较容易获取并识别，对 SWIM 的安全影响较小；对于起飞爬升过程，出现延迟只是对管制员有一定的影响，由于该过程时间比较短，对 SWIM 的安全影响很小；对于巡航中过程，出现延迟同样对管制员有一定的影响，飞行员可以利用空中交通管制员（Air Traffic Controller, ATC）来获取航行情报数据，对 SWIM 的安全影响较小；对于下降落地过程，出现延迟可能造成航班落地延误并对管制员造成一定的工作负担，飞行员仍可以利用 ATC 来获取航行情报数据，但是飞机在下降落地过程中对航行情报数据中的机场地图以及地形信息有一定的依赖性，所以对 SWIM 的安全影响为中等程度。

气象数据主要包括气象信息。假设 SWIM 遭受 DDoS 攻击，导致气象数据不能及时更新，对于等候与滑行过程，飞机以及管制员无法从 SWIM 及时获取气象信息，可能会导致延误，可以通过语音通信或者是机载上的气象雷达和飞行管理系统（Flight Management System, FMS）获取气象信息，对 SWIM 的安全影响较小；对于起飞爬升过程，一般不需要气象信息的通信，对 SWIM 的安全几乎没有影响；对于巡航中和下降落地过程，可以通过语音通信或者是机载的气象雷达和 FMS 来获取气象信息，这样会增加机组人员以及管制员的工作量，但对 SWIM 的安全影响较小。

容量和需求数据主要包括运控中心、管制中心和机场系统等的容量和需求数据。假设 SWIM 遭受 DDoS 攻击，在等候与滑行、起飞爬升、巡航中以及下降落地过程中，都会导致运控中心等所需要的容量和需求数据不能及时更新，从而不能保证航班计划最优，进而导致航班的拥堵、空域的浪费以及管制工作的混乱。容量和需求数据关系到航班飞行计划的制定，对 SWIM 的安全影响较高。

空中交通流量管理数据主要包括流量测量信息以及场景信息。假设 SWIM 遭受 DDoS 攻击，在等候与滑行、起飞爬升、巡航中以及下降落地过程中都会导致当地、区域交通需求和交通流量信息、机场/飞机的容量和需求信息以及交通流量场景管理信息不能及时更新和通信，导致航班飞行计划不是最优，民航相关工作人员不能得到及时、准确的信息来管理空中交通运输，造成资源浪费、航班延误，对 SWIM 的安全影响较高。

SWIM 管理数据包括所有的 SWIM 管理数据。假设 SWIM 遭受 DDoS 攻击，在等候与滑行、起飞爬升、巡航中以及下降落地过程中 ATC、运行控制中心（Airplane Operating Control, AOC）以及飞机等所有的 SWIM 用户都无法及时获得 ATM 数据，会造成大部分 SWIM 基础设施以及服务停滞，并且可能导致民航系统发生各类事故，对民航 SWIM 的安全影响极高。

综合以上分析，当 SWIM 遭遇 DDoS 攻击时，各种民航数据对于飞机运行的各个阶段的影响程度有所区别，飞行计划数据、监视数据、航行情报数据以及气象数据对 SWIM 的安全影响较小；容量和需求数据以及空中交通流量管理数据对 SWIM 的安全影响较高；SWIM 管理数据对 SWIM 的安全影响极高。但民航安全不容出现任何差错，飞机运行的每一个阶段都要保证安全，保障 SWIM 免于遭受 DDoS 攻击至关重要。

（2）基于欺骗或者伪装发布者篡改 SWIM 数据安全性影响分析

假设恶意用户欺骗或者伪装发布者在 SWIM 上篡改飞行计划数据，对于等候与滑行和下降落地阶段，飞行计划数据遭遇破坏或篡改，会增加地面管制员的工作负担，一般情况下飞行计划数据需要经过多方确认，比较容易发现问题，但会造成延误，如果管制员由于疏忽没有发现问题，造成的后果将非常严重，对 SWIM 的安全影响较高；对于起飞爬升和巡航中阶段，这两个阶段很少用到飞行计划数据，发现篡改时可以通过和地面管制员语音通信解决问题，但是会增加管制员的工作负担，对 SWIM 的安全影响较小。

假设恶意用户欺骗或者伪装发布者在 SWIM 上篡改飞行监视数据，对于等候与滑行、巡航中以及下降落地阶段，可以通过机载的 ADS-B 系统来操控监视数据，但多个类别的监视数据会让机组人员难以判断，增加机组人员和管制员工作负担，对 SWIM 的安全影响中等；对于起飞爬升阶段，此阶段很少使用飞机计划数据，对 SWIM 的安全性影响较小。

假设恶意用户欺骗或者伪装发布者在 SWIM 上篡改航行情报数据，对于等候与滑行、起飞爬升和巡航中阶段，一般情况下航行情报数据在起飞前就已经更新完毕，如果航行情报数据被篡改，会增加管制员的工作负担，另外会有备用的地面管制系统，管制员也可以通过经验进行管制，对 SWIM 的安全影响较小；对于下降落地阶段，由于此阶段需要地形信息和机场地图信息，可能产生比较严重的后果，因此对 SWIM 的安全影响为中等程度。

假设恶意用户欺骗或者伪装发布者在 SWIM 上篡改气象数据，对于等候与滑行、巡航中以及下降落地阶段，可以通过语音通信、机载气象雷达和FMS来获取气象信息，但会增加机组人员的工作量，有可能导致航班延误，对SWIM的安全影响较小；对于起飞爬升阶段，此阶段一般不进行气象数据的交互，所以几乎不对SWIM安全产生影响。

假设恶意用户欺骗或者伪装发布者在SWIM上篡改容量和需求数据，对于等候与滑行、起飞爬升、巡航中以及下降落地阶段，容量和需求数据被篡改会导致航班计划错误，使航班大量拥堵以及管制工作混乱，对SWIM的安全影响较高。

假设恶意用户欺骗或者伪装发布者在SWIM上篡改空中交通流量管理数据，对于等候与滑行、起飞爬升、巡航中以及下降落地阶段，空中交通流量管理数据被篡改会导致运控中心等做出错误的判断，不能保证空中交通最佳流向，不能为飞机运营者提供实时准确的信息来规划空中运输，造成航班拥堵、管制工作混乱，还会影响空中交通安全，对SWIM的安全影响较高。

假设恶意用户欺骗或者伪装发布者在SWIM上篡改SWIM管理数据，由于SWIM数据包括整个系统的管理数据，在飞机运行的整个过程中，会导致大部分SWIM基础设施和服务停滞，大量的航班出现延误，严重影响航班的安全，所以对SWIM的安全影响极高。

综合以上分析，当SWIM的数据遭到篡改时，各种民航数据在飞机运行的各个阶段的安全性影响程度比较大，有必要通过一定的技术手段阻止恶意用户侵入SWIM篡改SWIM数据，保障SWIM的安全运行。表1-1中列出了几种服务数据泄露或篡改可能产生的危害。

表1-1 服务数据泄露或篡改的危害

信息类型	产生后果
飞行计划数据	航空器无法正常起飞，从而引起航班延误，甚至引起航路或跑道冲突等严重问题
监视数据	多种监视信息无法辨别，增加飞行人员和管制员的工作负荷，降低管制容量
气象数据	飞行人员无法利用SWIM获取信息，需改用气象雷达等工具获取信息
空中交通流量管理数据	运控中心无法及时、正确地获取信息，无法做出最佳决定，引发航班延误、空域拥堵等现象
SWIM管理数据	SWIM无法正常运行，无法为接入系统的ATM节点提供服务信息支持

由于SWIM以SOA作为基础架构，而SOA本身不提供完善的安全体系，结合上述安全性分析，依据SWIM网络结构和信息服务交互流程，主要存在以下威胁。

（1）服务提供者的可靠性威胁。SWIM规定其用户既可以是信息发布者又可以是信息消费者，系统中用户都具有服务发布能力，因此可能会出现非权威用户向系统中发布虚假信息的现象。例如，飞行计划由航空公司的签派部门制定，若有其他部门用户通过航空公司接入节点向SWIM注册中心发布飞行计划信息，会导致服务信息的真伪难以分辨。

（2）隐私数据的保密性威胁。由于 SWIM 具有分布式特点，数据分布在各服务节点之中，用户无法保证隐私数据是否会被泄露，这种担忧阻碍了 SWIM 的进一步发展。例如，飞行计划信息最终会通过某个地区空管部门的接入节点返回飞行服务报告室，同时也会在该节点形成信息副本，而该副本的存取状态是发布者无法掌控的。

（3）用户访问越界。SWIM 数据来源于全球范围内各类 ATM 系统，具有很强的流动性，数据经多次传输后，可能会在非授权用户节点中形成信息副本，因此存在用户访问权限渗透风险。例如，除了隶属于飞行服务报告室的用户外，接入该节点的其他空管单位用户有可能会越权获取该类信息。

（4）高速率恶意攻击。恶意攻击者利用网络协议的缺陷通过野蛮手段耗尽 SWIM 服务器的物理资源或处理资源，使 SWIM 网络无法提供正常的服务或资源访问，进而造成 SWIM 服务系统停止响应甚至崩溃。SWIM 订阅/发布服务过程中，正常情况下，民航气象部门和航空公司等客户端向 SWIM 发送请求数据分组的速率在可控的合理范围之内，不会出现特别高的访问请求速率。攻击者常常以高速率向 SWIM 发送恶意数据分组占用流量带宽，使 SWIM 无法响应正常的用户请求，威胁航空运输的安全。飞机整个飞行过程需要请求的各种数据都经过 SWIM Web 服务器的请求/响应机制，当恶意用户成功获取 SWIM 的访问权限后，很有可能对 SWIM 发起 DDoS 攻击，干扰 SWIM 的正常运行。

（5）用户非法访问。SWIM 中利用名字作为服务信息的标识，若外部用户掌握命名规则即可对相应信息发起访问，可能造成隐私数据的外泄。例如，若外部用户了解飞行计划信息的命名规则，可直接利用信息命名通过信息池向发布者发起访问，造成该类航空数据的泄露。

（6）资源可用性威胁。SWIM 中存在多个信息域，在过渡阶段，各个信息域的系统及数据格式会有所差别。若安全功能的通用性和扩展性不强，在用户进行跨域访问时，会导致安全功能失效或资源不可用的现象。例如，航空公司和空管部门分属不同的 SWIM 信息域，若二者所部署的授权、访问控制等安全功能在判定域间访问时发生错误，可能导致授权用户权限失效。

（7）恶意内容数据污染。SWIM 若缺乏有效的数据分组内容过滤策略，如果内部人员在订阅/发布数据分组中添加恶意内容，含有恶意内容的数据分组有可能被传输，并且短时间内无法察觉。例如，SWIM 内部人员篡改 ACARS、在滑行报文中添加恶意信息等，这些恶意数据分组一旦发送到航空公司或者民航部门，会对飞机运行安全产生直接影响，造成无法预测的严重后果。

各类 ATM 数据在航空器运行的各个阶段都需要通过 SWIM 完成系统间的信息交互。通过上述分析可知，SWIM 数据面临着诸多安全威胁，如果遭受上述攻击会影响航空器的正常运行，严重时甚至会威胁飞行安全。因此，必须采取可靠的安全保障措施以抵御 SWIM 的各种安全威胁。

1.4 设计安全保障措施

本节针对 SWIM 面临的安全威胁，结合 SWIM 网络结构特点，在 SWIM 网络中部署了一系列的安全保障措施，分别从系统层面、授权服务和访问控制层面、防火墙层面部署安全保障措施。其中，安全威胁与安全保障措施对应关系如表 1-2 所示。

表 1-2 安全威胁与安全保障措施对应关系

安全威胁	安全保障措施
恶意攻击	网络防火墙、入侵检测、蜜罐系统
系统过载	负载均衡机制
数据泄露	访问控制和授权服务
隐私保护	身份认证、交互认证、属性加密、密码授权

通过网络防火墙、入侵检测机制，有效检测防御恶意攻击，利用蜜罐系统成功诱导攻击，反向溯源实施防御反击。利用负载均衡机制，依据系统整体设施分布情况发派 SWIM 服务任务，防止系统过载。为了防止 SWIM 共享数据被非授权用户访问，造成数据泄露，采用访问控制和授权服务阻止非法的访问。为了防止恶意用户欺骗或者伪装成为发布者篡改 SWIM 数据实现隐私保护，可以利用身份认证、交互认证、属性加密、密码授权，利用密码算法实现身份的唯一性和不可否认性。通过部署 SWIM 安全保障措施，可以有效抵御 SWIM 面临的多维安全威胁，保障民航信息高效安全稳定的运行。

1.5 本章小结

本章分析了 SWIM 发展背景，介绍了 SWIM 国内外研究现状。由于 SWIM 在飞行各阶段承载了传输共享多源异构民航信息数据的任务，因此必须保障 SWIM 的安全运行。本章通过分析 SWIM 在民航业务流程中发挥的作用，对其面对的安全隐患进行了详细分析。为了保障 SWIM 高效可靠的运行，结合 SWIM 网络结构和业务流程，分别从系统层面、访问控制和授权服务层面、身份认证层面和防火墙层面设计了一系列安全保障措施。安全保障措施的详细内容将在本书后续章节中详细阐述。

第 2 章 SWIM 核心服务与业务流程

SWIM 是一种从信息层面整合下一代空中交通管理网络的系统，它是一个高度集成的大规模网络，以建立经济、安全、高效、标准的服务数据交互平台为最终目标。SWIM 通过其核心服务有效地解决了传统民航系统内部数据“多源异构难共享”的难题，促进了民航信息数据的传输与共享。

2.1 SWIM 核心服务

SWIM 可以在不同的系统之间共享信息，使下一代空中交通运输系统将正确的信息在正确的时间发送到正确的地点。在 SWIM 中，信息系统通过服务的方式在 SWIM 平台进行注册，通过平台发布服务数据信息。SWIM 服务是基于 SOA 实现的[1]，通过为 NAS 系统提供 SOA 企业基础设施来实现，通过 SOA 企业基础设施可以共享及再利用信息，增强了系统的互操作性。

SOA 是一个组件模型，目标是实现应用程序之间交互数据的松耦合性，它将应用程序的不同功能单元，通过服务间定义的良好的接口和契约联系起来。由服务提供者通过服务代理提供符合契约的服务给服务消费者来达到所期望的结果。基于 SOA 的 SWIM 服务注册架构如图 2-1 所示[19-20]。

在这一架构中，服务的提供者可能是任意的一个信息服务，例如一个数据库或一个应用程序，而服务的请求者可能是任意的服务消费者。双方的交互是通过已经定义的、易于发现的服务接口实现的。在服务的发现过程中，服务提供者通过 SWIM 服务注册中心发布信息服务，服务请求者在注册中心搜寻所需的信息资源，确定服务提供者的位置并与服务提供者进行交互，使用服务交换信息。SOA 的关键思想是服务由服务描述来定位，而不是由一个特殊的地点名称或服务提供者来定位。SWIM 权威机构制定服务提供者和服务请求者都需要遵守的共同策略标准，并发布到 SWIM 服务注册中心。

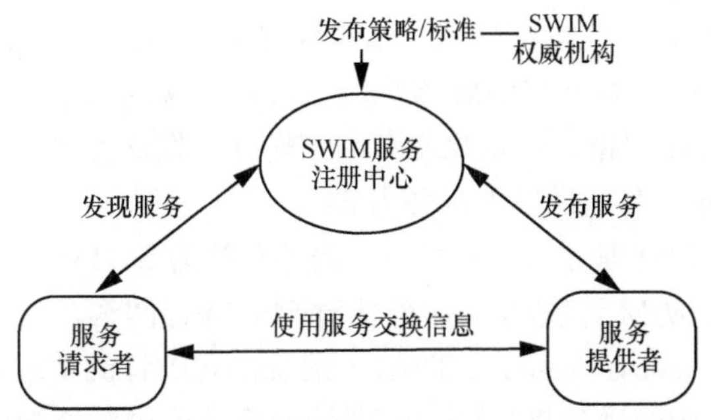

图 2-1　基于 SOA 的 SWIM 服务注册架构

SOA 以需求和服务能力相结合的方式来建立服务，它以标准化的接口来定义服务之间的交互，利用现有的软件解决方案提供一种更有价值的可管理的范例。SWIM 提供的核心服务如图 2-2 所示[21-22]。

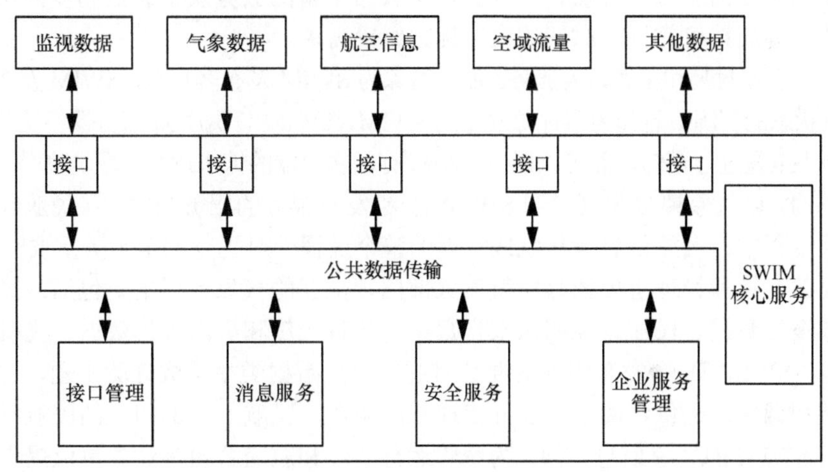

图 2-2　SWIM 核心服务

SWIM 是基于 SOA 架构实现的，通过实现接口管理、消息服务、安全服务和企业服务管理这 4 个核心服务来搭建一个高效、稳定、安全的民航数据信息共享平台。SWIM 核心服务是满足功能和应用之间进行数据信息共享所需的最小服务集。下面是其具体功能描述。

2.1.1　消息服务

消息服务为 SWIM 中服务之间高效、安全可靠地传送数据提供了保障，主要包括订阅/发布、请求/响应、消息路由和消息转换等核心功能。下面主要介绍 SWIM 订阅/发布服务。

SWIM 订阅/发布服务采用基于主题的订阅/发布模式，一个 SWIM 客户端可以同时订阅多个主题，多个 SWIM 客户端也可以订阅同一个主题，服务提供者发布主题，然后 SWIM 根据订阅信息将订阅主题并发发送给多个客户端[10]。SWIM Web 订阅/发布服务主要提供以下服务内容。

（1）主题订阅和管理订阅信息服务。服务对象为 SWIM 订阅客户端，参照状态资源通知协议，SWIM 订阅/发布服务器对 SWIM 订阅客户端的简单对象访问协议（Simple Object Access Protocol, SOAP）消息格式的订阅请求进行处理，建立订阅信息，并提供相应的操作接口[11]。订阅管理服务提供对通知事件触发、订阅队列查询、通知消息构造、多线程通知消息并发发送功能的支持。

（2）异步通知服务。通知消息是 SWIM 订阅/发布机制中最重要的数据，通知服务将通知消息以异步并发的方式发送给多个 SWIM 订阅客户端[23]。SWIM 订阅客户端利用服务监听端口，获得异步通知服务的实时动态。另外，异步通知服务引入事件传递的服务质量接口，并提供了较为丰富的服务质量参数和多样化的设置方式，如支持可靠性、时间约束、优先级等需求。

（3）主题封装和主题调度服务。服务对象为 SWIM 发布客户端，SWIM 发布客户端将有状态的资源信息作为事件源发布到 SWIM，SWIM 订阅/发布服务器将这些事件源封装为主题进行存储，并可以根据 SWIM 订阅客户端的请求进行主题调度[24]。

下面，以气象情报为例说明 SWIM 订阅/发布服务的服务内容。在民航气象信息交换过程中，气象信息参与航线管理的整个过程，对飞行安全至关重要[25]。气象信息的交换和管理主要依靠民航气象部门，交互的气象数据主要包括：民航气象电报报告数据、民航气象明语报告数据、热带气旋和火山报告数据、飞机报告数据等。SWIM 订阅/发布服务器要针对这些气象数据类型生成订阅主题，进行主题封装和调度，提供订阅主题和异步通知的服务。民航气象部门中的民航气象中心负责 SWIM 的气象信息交换，为空管运行单位和航空公司等业务单位提供全国性的航空气象服务。

民航气象服务系统将业务数据发布到 SWIM，各航空公司通过向 SWIM 订阅相应气象情报主题获取所需信息。当民航气象中心将信息发布到某一具体的主题时，SWIM 将这些信息发送给订阅该主题的航空公司。在气象情报信息中，主题分为根主题和子主题两部分，民航气象中心被设定为根主题并下设子主题，子主题下可以再设分子主题，从而实现气象数据信息的存储。

2.1.2 安全服务

SWIM 对于网络的依赖使其面临一系列安全问题，如网络攻击、网络安全设备损坏、硬软件系统安全隐患及服务器硬盘损坏、网络瘫痪等。SWIM 信息池中存储的数据包括飞行数据、监视数据、航行数据等，这些数据对于民航系统的正常安全运行起着至关重要的作用，因此，一些恶意攻击者为了破坏或获取这些数据，尝试使用多种方法接入 SWIM，并制造各种危机状况。

SWIM 可能面临的安全威胁主要包括以下方面。

（1）拒绝服务（Denial of Service, DoS）。恶意攻击者攻击网络协议的缺陷或直接通过野蛮手段耗尽 SWIM 服务器的物理资源或计算资源，以使 SWIM 网络无法提供正常的服务或资源访问，造成 SWIM 服务系统停止响应甚至崩溃。

（2）冒充。攻击者冒充一个合法用户接入 SWIM 进行破坏，对系统的正常运行造成影响。

（3）修改消息内容。非法用户接入 SWIM 信息池对其中存储的信息进行修改，影响数据使用方系统的正常运行，进而造成 SWIM 不能正常运行。

攻击者可能通过以下方法来实施攻击：冒充一个 SWIM 用户或 SWIM 基础设施组成部分；冒充 SWIM 数据的发布者或管理者；通过非法途径获得 SWIM 的特权，对 SWIM 数据的完整性或 ATM 服务进行破坏。

SWIM 安全服务是 SWIM 核心服务中最重要的服务，它为 SWIM 的正常运行提供必要的安全技术保障。SWIM 安全服务架构[26]如图 2-3 所示。

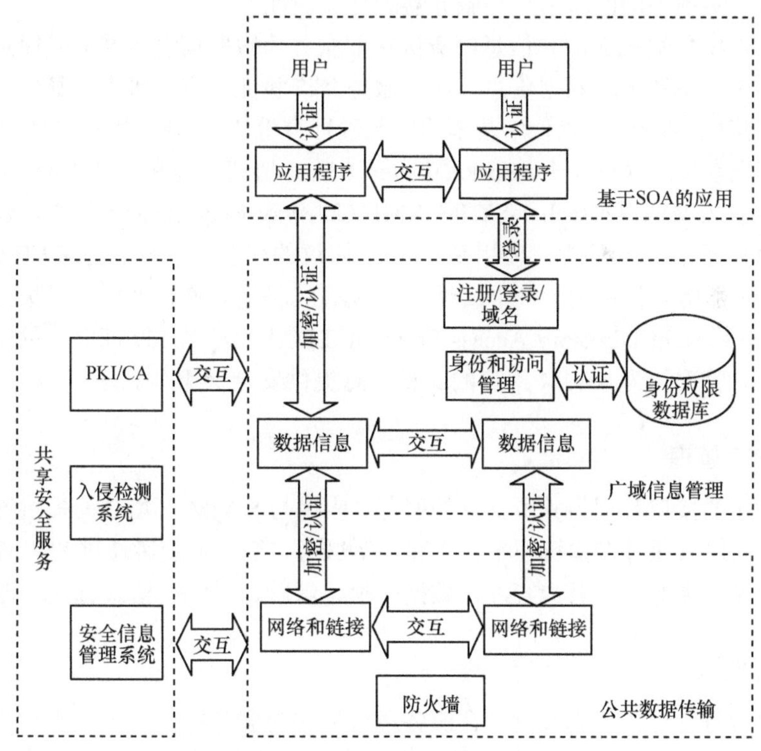

图 2-3　SWIM 安全服务架构

在此体系结构中，SWIM 中各种数据信息之间可以相互调用进行交互，对于核心服务中的民航敏感数据采用基于密码学的加密方法。对数据信息的传输提供安全保护，对 SWIM 核心服务及 SWIM 的各个功能层使用共享安全服务，包括公钥基础设施（Public Key Infrasture, PKI）/认证中心（Certifier Authority, CA）、入侵检测系统和安全信息管理系统等，在各层之间使用加密/认证方法结合的方式提供信息安全保障。

经过身份认证的 SWIM 用户请求安全服务，调用应用程序，通过应用程序调用操作系统、数据库以及 SWIM 的基础设施提供的安全服务。操作系统提供接口和功能的使用安全；数据库提供对于数据操作和数据存储的安全；SWIM 提供消息的安全性，登录、注册和命名服务的安全性，身份和访问管理。公共数据传输（Common Data Transmission, CDT）层提供链路安全、网络安全和防火墙保护，同时为 SWIM 中数据信息的交换提供网络层逐跳安全以及传输层端到端的安全。SWIM 与 CDT 层共享入侵检测系统、安全信息管理系统及 PKI/CA。PKI/CA 为用户签发数字证书，数字证书中包含用户个人信息及相应的公钥。用户可利用数字证书与身份认证服务器建立安全认证关系。同时，PKI 可以验证其他网络部分的身份信息，实现不同区域用户与服务器的交叉认证。

SWIM 中传输民航敏感信息，身份认证服务为敏感信息数据提供保护，以防非法用户接入系统破坏数据信息。认证服务允许验证一方当事人的身份，并保证消息的完整性。SWIM 可以使用基本的机制进行身份认证，包括用户名/密码、X.509 证书、安全套接层（Security Socket Layer, SSL）协议认证和 WS-Security 令牌。FAA 在其官方文档《Attach 1-SWIM XML Gateway Requirements》中，建议在未来 SWIM 安全体系结构中，使用基于 SSL 协议的交互认证方法为 SWIM 用户提供身份认证服务，使用用户证书属性路由 SWIM 消息，通过使用轻量级目录访问协议（Lightweight Directory Access Protocol, LDAP）与 X.509 证书提供用户的统一身份信息管理，为 SWIM 用户的隐私信息提供安全保障[27]。

2.1.3 接口管理

SWIM 的接口管理为其所支持的服务、应用与 SWIM 环境之间提供连接的桥梁。服务提供者通过接口管理来发布和广播服务，服务消费者通过 SWIM 的接口使用查询和发现服务，其内容涉及数据交换、解释、过滤、格式转换、拆装等。

2.1.4 企业服务管理

企业服务管理顾名思义就是在服务运行期间为服务提供全方位的“视点”。它对传统的系统管理能力进行补充，可观察到系统和应用全局的运行状态。企业服务管理包括服务故障监视和报告、服务运行状况监视和报告、服务的级别协议指标收集、服务政策执行及指标收集等功能。

2.2　SWIM 订阅/发布服务的工作流程

SWIM 订阅/发布服务采用状态资源通知协议。在 SWIM 订阅/发布服务器中，状态资源的改变为通知机制提供事件源[28]。SWIM 订阅/发布服务器采用状态资源通知协议下事件驱动的代理通知机制，在 Web Service 技术基础上提供对订阅/发布服务的支持，利用状态资源进行建模，订阅消息和通知消息使用 XML 格式描述，采用 SOAP 消息交换格式实现 Web Service 中数据共享的功能[29]。

下面以获取航空气象情报为例说明代理通知机制的工作过程。航空公司向 SWIM 发送订阅请求，地区气象中心或机场气象台提供发布者接口并发布内容到 SWIM，触发 SWIM 中通知操作，将订阅信息发送到航空公司[30]。SWIM 订阅/发布的代理通知机制协议如图 2-4 所示。

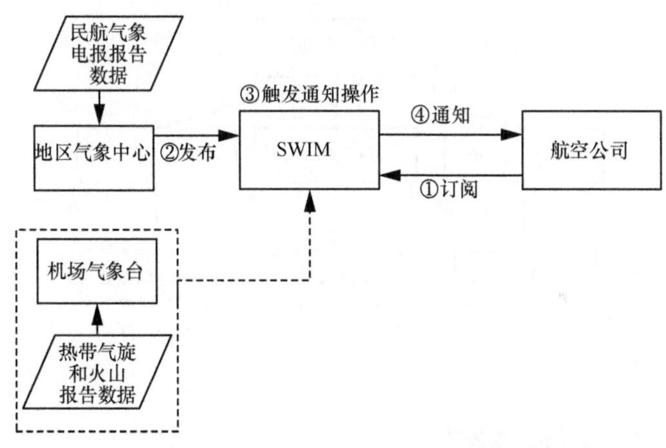

图 2-4　SWIM 订阅/发布的代理通知机制协议

SWIM 订阅/发布服务由发布客户端、订阅客户端和 SWIM 三方共同参与实现[30]。下面以气象情报订阅/发布服务为例说明 SWIM 订阅/发布服务的工作流程。发布客户端为民航气象部门，包括民航气象中心、地区气象中心和机场气象台，负责发布气象情报信息；订阅客户端为空管运行单位和航空公司，通过订阅操作获得某航线的气象信息[31]；SWIM 在民航气象部门和航空公司之间，主要负责为航空公司存储和管理订阅消息，为民航气象部门缓存气象情报数据，以及主题更新后向航空公司发送通知。

2.2.1 气象情报服务的主题管理

SWIM 气象交换逻辑模型规范以数据为中心，支持 SWIM 数据交换过程中气象信息的收集、传输和转换。气象信息交换模型和模式主要包括 3 个部分：气象交换概念模型（Weather Exchange Conceptual Model, WXCM）、气象交换逻辑模型（Weather Exchange Logical Model, WXLM）、气象交换 XML 模式（Weather Exchange XML Schema, WXXS）。气象信息交换模型和模式包含空中交通行业对气象业务的所有需求，为气象信息交换业务的协调和互操作提供了条件。

气象交换概念模型是一个气象域高层次的概念模型，所有 WXCM 对数据类型、测量尺度、气象现象、观测和气象产品进行分层定义。SWIM 中的主题管理模块将气象情报信息封装为不同的主题，所有的主题被存储到一个根主题，根主题命名为民航气象部门。航空公司在查找某个订阅主题时，首先在民航气象部门根主题中找到其查找的主题级别，然后在相应级别中找到订阅请求所需的子主题。SWIM 订阅/发布服务器中气象信息主题管理模块的数据结构如图 2-5 所示。

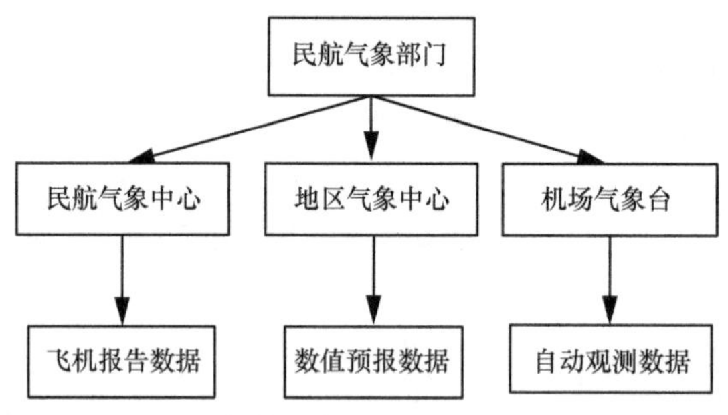

图 2-5　气象信息主题管理模块的数据结构

2.2.2 气象情报服务的主题发布

主题发布主要实现 SWIM 发布客户端的主题封装和主题调度。每个 SWIM 发布客户端都有自己支持的主题列表，所有的发布客户端需要先发布它支持的主题消息，然后 SWIM 订阅客户端才能完成订阅主题的操作[32]。SWIM 订阅/发布服务器中的主题池保存了发布客户端到主题池的映射关系，方便特定发布客户端对所支持主题的查找。

具体工作过程如下。

（1）民航气象部门调用状态资源管理模块的资源回调接口。

（2）状态资源管理模块根据配置信息向事件管理器发送通知消息。

（3）事件管理器根据资源的部署信息构造主题发布请求，发送到 SWIM。

（4）SWIM 根据主题发布请求的信息进行主题封装，向主题管理模块添加主题。

（5）主题管理模块向 SWIM 发送添加成功的响应。

（6）SWIM 添加新主题到主题池中的民航气象部门支持的主题列表。

在 SWIM 气象情报订阅/发布服务中，民航气象部门将气象情报发布到 SWIM。状态资源管理模块收到民航气象部门的请求后[12]，接收请求数据分组并进行处理、通知事件管理器；事件管理器构造相应的通知消息，向 SWIM 发布主题。在服务实现过程中，可能出现攻击者向 SWIM 发送高速率恶意攻击数据分组的问题。因此，需要完成对高速率恶意数据分组的过滤，确保信息交换安全。气象情报主题发布的工作过程和存在的安全隐患如图 2-6 所示。

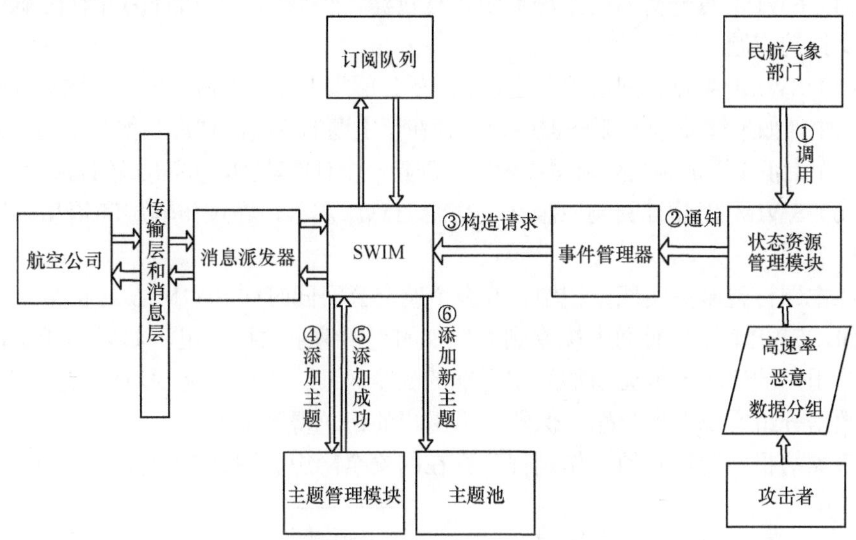

图 2-6　气象情报主题发布的工作过程及安全隐患

2.2.3　气象情报服务的主题订阅

主题订阅是指航空公司发送订阅请求到 SWIM，SWIM 处理订阅请求并返回订阅结果的整个过程。航空公司负责构造订阅报文、发送订阅请求，与 SWIM 的订阅/发布服务器建立连接，发送请求报文[33]。经过传输层和消息层的处理后，航空公司的订阅请求发送至 SWIM，SWIM 对订阅请求进行处理，在主题对应的订阅队列中添加订阅信息。然后，订阅/发布服务器通过同步返回报文将订阅的结果返回给航空公司，航空公司根据返回报文判断订阅是否成功，并触发相应的订阅回调操作，接收订阅响应和解析订阅报文。

SWIM 的订阅/发布服务器对航空公司的订阅请求进行处理，保存每个主题的订阅信息，以保证通知消息的顺利发送[13]。SWIM 通过订阅/发布服务器保存所有主题的订阅信息并进行统一管理，同时保存所有主题到订阅队列的映射，方便订阅队列的查找[34]。

具体工作过程如下。

（1）航空公司的订阅请求经过传输层和消息层的处理后交给消息派发器，消息派发器将请求发送到 SWIM。

（2）SWIM 对订阅请求中的主题表达式进行解析，得到主题表达式对应的主题数组。

（3）如果订阅请求中指定了发布客户端，SWIM 根据发布客户端的标识从主题池中获取其支持的主题列表。

（4）SWIM 对解析后的主题数组进行过滤，得到航空公司订阅并且民航气象部门支持的主题。

（5）SWIM 根据订阅请求创建其对应的订阅上下文，然后添加到主题对应的订阅队列中。如果订阅/发布服务器中已经存在该主题的订阅队列，获得该订阅队列并把该订阅上下文添加到队列末尾；否则，创建一个订阅队列，并添加该订阅上下文。

（6）SWIM 创建订阅响应报文，交给消息派发器，经过传输层和消息层返回给航空公司。

在主题订阅服务实现过程中，若多个航空公司同时向 SWIM 发送正常请求数据分组，SWIM 在短时间内接收到大规模的正常请求数据分组，如果不能及时响应正常用户的请求，就会增加航空运输的安全风险。因此，需要对大规模的正常请求数据分组实现合理分配，保障正常用户的请求得到处理。

气象情报主题订阅的工作过程和存在的安全隐患如图 2-7 所示。

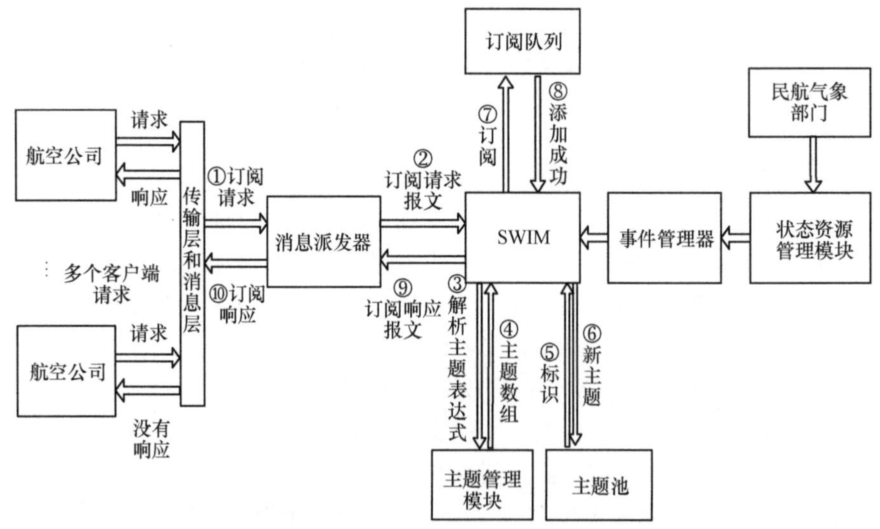

图 2-7 气象情报主题订阅的工作过程及安全隐患

2.2.4　气象情报服务的异步通知

主题发布服务完成 SWIM 发布客户端气象情报信息的主题封装和主题调度；主题订阅服务完成 SWIM 订阅客户端对气象情报的订阅请求处理[17]，当 SWIM 发布客户端的气象情报主题列表进行信息更新时，SWIM 的异步通知服务负责构造通知消息，将更新的主题信息发送到相应的订阅客户端[35]。

订阅客户端在订阅成功后，开启订阅请求中的服务监听组件；监听组件持续监听来自 SWIM Web 订阅/发布服务器的通知消息，当收到通知消息时，对通知消息进行解析获取订阅主题的更新信息[36]。

状态资源管理模块接收到民航气象部门的主题更新请求后，调用注册的回调接口通知事件管理器，然后事件管理器构造对应的通知消息并交给 SWIM 进行转发。SWIM 转发消息的方式是遍历订阅队列，并逐一给各个航空公司订阅客户端发送异步通知消息。

在 SWIM 进行异步通知服务的过程中，可能存在恶意的内部工作人员对外发送含有恶意内容的数据分组，若不能及时过滤，将直接威胁民航运输安全，其他攻击者也会同时向 SWIM 发送高速率的恶意攻击数据分组，影响 SWIM 业务的正常进行。因此，需要及时对含有恶意内容的攻击数据分组和高速率恶意数据分组进行滤除。保障 SWIM 服务质量异步通知的工作过程及安全隐患如图 2-8 所示。

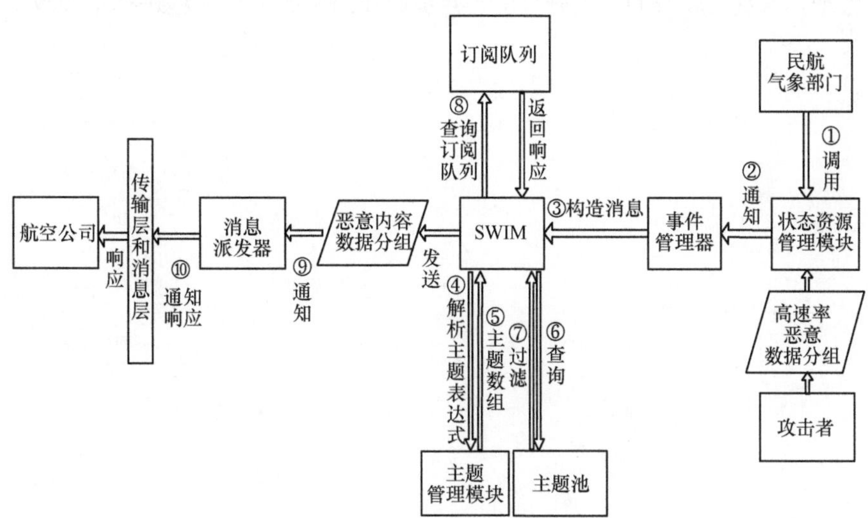

图 2-8　异步通知的工作过程及安全隐患

具体工作过程如下。

（1）民航气象部门主题信息更新后，调用资源回调接口与状态资源管理模块。

（2）状态资源管理模块将更新的主题通知事件管理器。

（3）事件管理器根据更新的主题构造对应的通知消息。

（4）SWIM 收到通知消息后，对通知消息中的主题表达式进行解析。

（5）主题管理模块得到对应的主题数组。

（6）SWIM 从主题池中查询民航气象部门所支持的主题列表。

（7）对第（5）步得到的主题数组进行过滤，得到通知消息对应的并且民航气象部门支持的主题数组。

（8）SWIM 查询主题对应的订阅队列，并返回响应。

（9）SWIM 按照订阅列表将通知消息交给消息派发器中的并发发送模块。

（10）并发发送模块将通知消息发送给多个处于监听状态的航空公司。

2.3 本章小结

本章主要介绍 SWIM 核心服务与业务流程。SWIM 核心服务包括消息服务、接口管理、安全服务和企业服务管理。对于消息服务，主要介绍了服务的订阅/发布模型。对于安全服务，主要从数据服务和 Web 服务的角度对 SWIM 进行安全性分析。对于 SWIM 服务流程，详细介绍了 SWIM 订阅/发布服务工作流程，对主题管理，以及主题发布、主题订阅、异步通知的服务工作流程进行了细致阐述。

第 3 章 SWIM 适配器设计与实现

本章从民航业务系统的问题以及适配器标准规范的要求出发，对适配器进行需求分析，在设计原则的基础上进行了详细的设计方案制定，包括逻辑设计、开发设计、数据库设计和开发工具选择。

3.1 方案设计

适配器设计是从软件设计的角度出发制定设计方案，包括逻辑设计、开发设计、数据库设计。

3.1.1 逻辑设计

逻辑设计从适配器组件的功能划分上进行模块化的表述，适配器逻辑功能可以通过功能树形图和用例视图来体现。

（1）功能树形图

适配器功能树形图描述了适配器逻辑功能的树形划分，如图 3-1 所示。

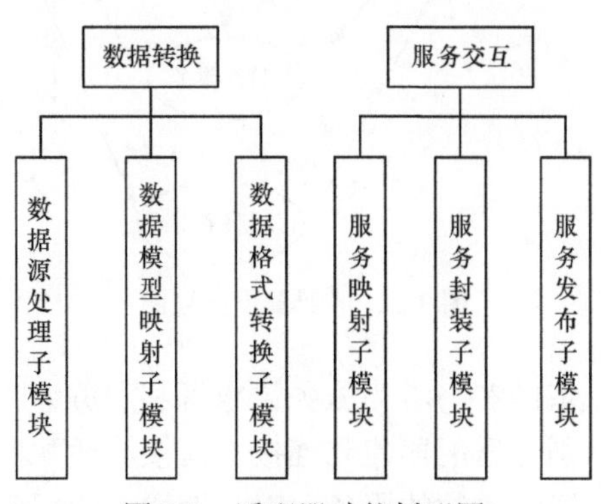

图 3-1　适配器功能树形图

图 3-1 中，按照适配器的逻辑架构层级，将其功能划分为数据转换和服务交互两个主要模块，其中数据转换分为数据源处理、数据模型映射、数据格式转换 3 个子模块，服务交互模块分为服务映射、服务封装、服务发布 3 个子模块。

数据源处理子模块负责将接入系统中的原始报文数据进行预处理，包括报文编组的划分和数据项的匹配与提取。数据模型映射子模块负责将提取的数据与相应的数据模型进行映射与选择。数据格式转换子模块负责创建结构化的 XML 目标数据格式[37]。

服务映射子模块负责将结构化的数据与定义好的服务接口进行对应。服务封装子模块负责将数据以服务形式实现封装。服务发布子模块负责发布不同的服务。

（2）用例视图

用例视图从不同用户的功能视角对适配器进行逻辑功能描述。实际上，用户只关心接口操作的过程，而不关心具体的实现过程。因此，用户及其行为是用例视图的主要内容。适配器的用例视图使用 UML 用例视图表示[38]，如图 3-2 所示。

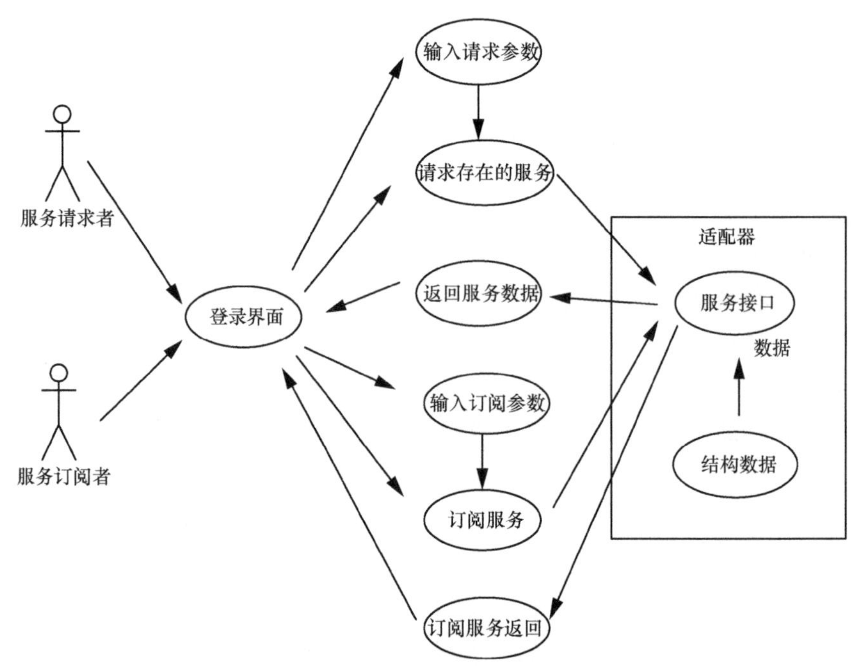

图 3-2　适配器用例视图

图 3-2 中，服务获取的参与者为服务请求者和服务订阅者，两者使用登录界面通过用户操作功能分别与适配器建立连接，间接与适配器进行交互。其中，服务请求者可以通过请求相应参数的服务，对长期发布的服务进行请求，并立即获

得返回结果；服务订阅者通过登录界面，输入参数订阅服务，当服务更新时获得返回服务。

3.1.2　开发设计

开发设计从实现的角度考虑具体的设计，也可以为实现后的测试阶段提供参考。因此，开发设计采用层次化的结构视图表示，并且具备流程性。适配器在逻辑设计视图的基础上进行开发视图的设计，具体结构设计如图 3-3 所示。

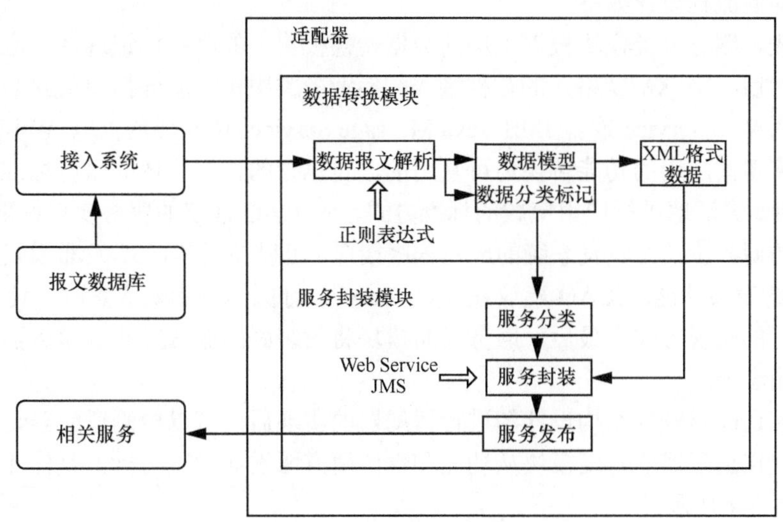

图 3-3　适配器结构设计

适配器的结构按功能需求以及逻辑设计划分为两个层次，上层的数据转换模块实现数据格式的统一，下层的服务封装模块进行服务封装与发布。两个层级中包含具体的功能模块以及模块之间的功能流程。各个层级的具体流程设计详细介绍如下。

（1）数据转换模块设计

根据适配器的需求分析，经过数据转换模块的数据应当是符合规范的 XML 格式，因此，数据转换模块需要对报文类的数据源进行解析，并使用依据标准建立的数据模型进行数据格式统一。数据转换模块由几个功能模块构成，分别是数据报文解析模块、数据模型模块以及相应的数据分类标记模块。

数据转换模块的主要功能是对输入的报文数据源进行各模块功能的处理，最终获得符合数据模型的 XML 类型数据。首先，数据源报文由数据报文解析模块进行解析，模块使用正则表达式对报文相关内容进行匹配。正则表达式是一种采用特定模式对一类字符串进行匹配的公式[39]。解析内容包括判断报文类型，以及映射报文相关航空数据到数据模型对应的数据结构。然后，解析出的报文类型将传递参数给报文类型标记模块进行标记，并帮助服务封装模块进行不同服务的选择。同时，相关航空信息数据将传递至与标记对应的数据模型进行数据格式的转换与统一，最终得到规范的 XML 格式的数据。

（2）服务封装模块设计

服务封装模块将标准格式的数据进一步封装成可调用的服务，以屏蔽交互方式的异构问题。该模块主要提供服务分类、服务封装和服务发布几个功能。不同功能之间的流程设计如下。

首先，服务分类模块根据上层的数据转换模块中的服务标记选择相应的服务接口。然后，将 XML 格式的数据装入相应业务类中进行服务接口的封装，这一过程使用 Web Service 或者 JMS（Java Message Service）技术规范实现。Web Service 提供了将遗留应用的功能转换为可复用的、自包含的、自描述的服务标准方法，以及方便、灵活地进行应用集成的标准方式，是 ICAO 建议的服务实现标准。JMS 是用来访问异步消息收发系统的应用程序接口，可以使用其订阅/发布模式实现服务的订阅/发布功能。ICAO 建议在 Web Service 订阅标准尚未成熟时，使用 JMS 作为可行的实现方式。最后，服务发布模块将封装好的服务发布到服务器上，供服务使用者调用。

按照适配器开发结构设计图进行适配器的实现后，可以检测适配器是否满足需求。根据适配器的开发模块从功能和性能两方面设计测试指标，具体测试指标设计如表 3-1 所示。

表 3-1　测试指标设计

模块	功能测试指标	功能要求	性能测试指标	性能要求
数据转换模块	数据源处理	数据源处理输出与预期一致	平均数据转换时间	小于 1 s
	数据转换	数据转换与数据模型相符		
服务封装模块	服务封装	服务封装与接口定义一致	平均服务交互时间	小于 10 s
	服务发布	服务发布成功		

从表 3-1 中可知，数据转换模块和服务封装模块在各自功能实现的基础上，满足模块处理的平均时间效率分别在 1 s 和 10 s 以内，其中服务交互时间包含数据转换时间。

3.1.3　数据库设计

数据库设计从适配器中数据存储的角度来描述设计方案。在适配器的数据转换模块，数据源经过预处理后需要进行存储，因此需要对存储数据库中的数据表格进行设计。根据数据分属的数据模型不同，数据库可分为 fixm、aixm 和 wixm

数据库。3 个数据库分别是数据模型 FIXM、AIXM、WIXM 中对应数据表的集合。数据表应当按照数据模型中的数据结构进行设计。其中，fixm 数据库设计视图如图 3-4 所示。

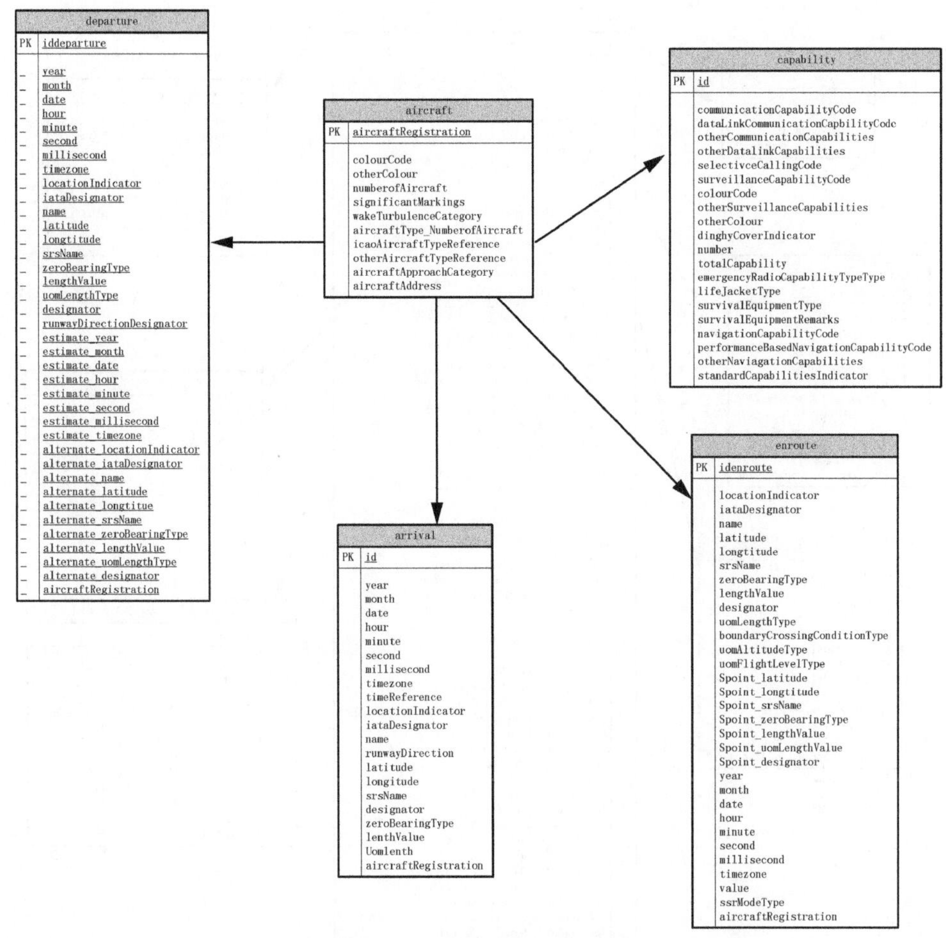

图 3-4　fixm 数据库设计视图

图 3-4 中包括 aircraft、capability、arrival、departure、enroute 共 5 个数据表，分别存储航班基本数据、机载能力数据、到达数据、离港数据以及航路数据 5 种数据。其中，主表 aircraft 的主键为航班注册号，包含尾流类型、重要标示等若干字段，主键作为唯一标识在其他关联表中使用。

aixm 数据库设计视图以 airport/heliport 数据表为例进行说明。airport/heliport 是 AIXM 数据模型中机场/直升机场数据结构对应的数据表。图 3-5 展示了以 airport/heliport 作为主表的 aixm 数据库设计视图。其中，主键为机场四字代码，并关联了其他表的主键。airport/heliport 使用了机场名、机场 ICAO 代码、IATA 指示、机场标高在内的若干字段。与机场相关的其他表包括机场可用性、机场参考点、机场城市、机场负责单位、机场联系方式和机场边界。

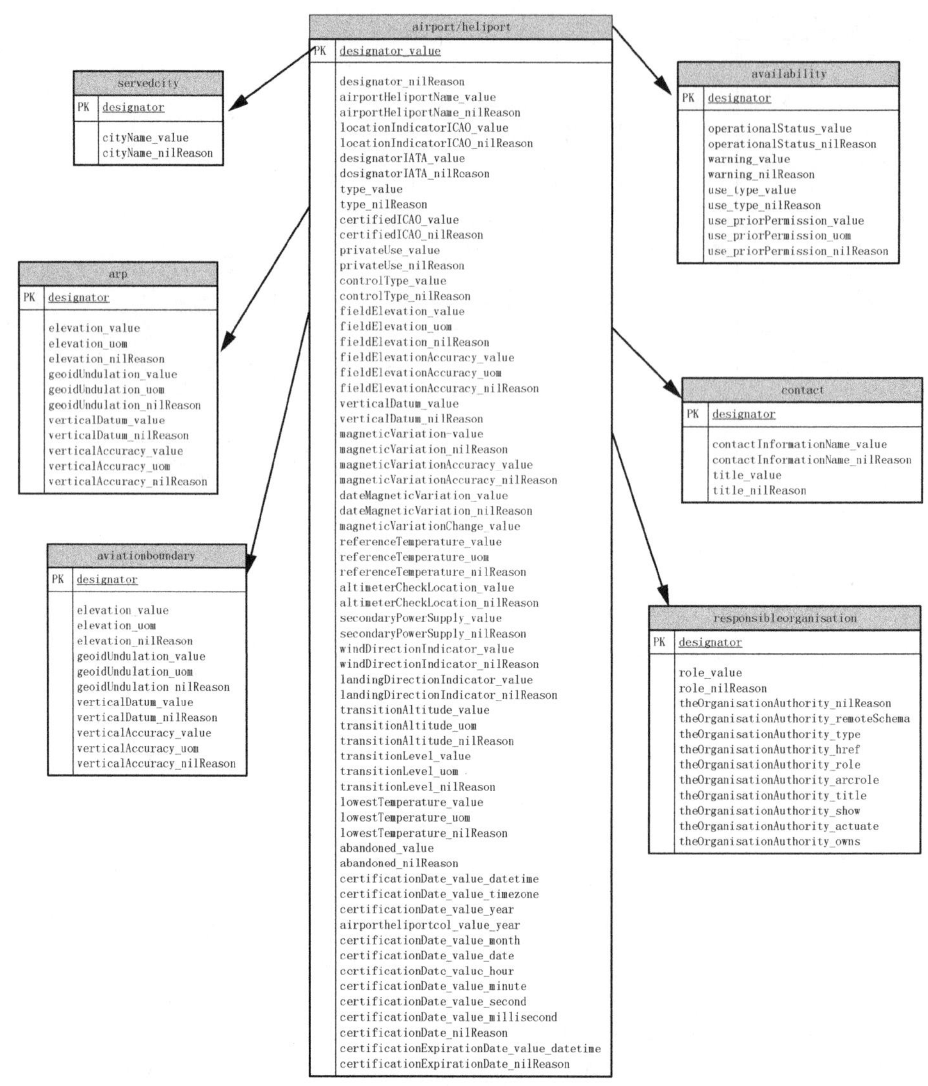

图 3-5　aixm 数据库设计视图

图 3-6 是 wixm 数据库中关于 ilamet 表的设计视图，展示了 WIXM 数据模型中有关低空重要气象（Important Low-altitude Meteorological, ILAMET）信息中的数据结构，主键为报文编号，包含地面风速、地表能见度、报告时状态等若干字段。

ilamet	
PK	id
	owns nilReason remoteSchema type href role arcrole title show actuate sequenceNumber cancelledSequenceNumber surfaceVisibilityvalue surfaceVisibilityuom surfaceWindSpeed_value surfaceWindSpeeduom AIRMETReportStatusType

图 3-6 wixm 数据库中关于 ilamet 表的设计视图

3.2 数据模型

数据模型是将现实世界中的实体相应数据及其相互关系结构化，并组织为元素进行表达的抽象模型。适配器需要根据 SWIM 架构中的数据模型标准实现模型建立与应用，为数据转换功能的实现做准备。

3.2.1 建模过程

数据建模是指将信息系统上的业务相关数据进行实体的抽象并最终形成规范化模型的过程。建模过程可以从面向对象的角度出发，从现实世界中收集数据，进行归类和结构化。因此，数据建模一般分为以下几个阶段：概念模型建立、逻辑模型建立和物理模型建立，数据建模顺序如图 3-7 所示。

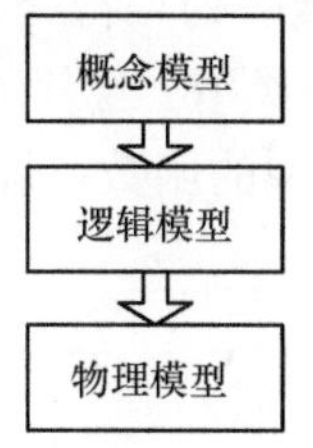

图 3-7 数据建模顺序

概念模型从业务需求层面提取出需要的数据并进行归类，形成实体的概念，用于描述域的语义，是一个组织或一个行业的兴趣领域的模型。逻辑模型在概念模型的基础上考虑实体之间的关联情况，用于描述信息域的结构，有时被认为和概念模型相同。物理模型进一步在逻辑模型的基础上形成结构化的数据描述，用于提供存储数据的物理方法。

数据建模过程是 SWIM 数据模型建立的基础。ICAO 在交互架构中发布的完整模型标准也规定使用这一建模过程，其中概念模型或者逻辑模型规定使用 UML 类图进行描述，物理模型规定使用 XML Schema 进行描述。因此，需要根据其提供的逻辑模型，完成到物理模型的映射，为适配器数据转换功能的实现做准备。模型的建立过程需要根据映射规则以及相应的映射算法进行，以完成从 UML 类图到 XSD 文档的转换。首先，应当确定映射规则，主要映射规则如下。

（1）UML 类图中每个具有属性的类生成 XSD 中的复杂类型，类图中的主类作为 XSD 中的根节点元素，其他类作为首层元素。

（2）类中的每个属性映射到 XSD 相应复杂类型中作为子元素。

（3）类之间的继承关系转换为 XSD 中具有扩展（Extension）属性相应元素。扩展属性通过引用基类来间接说明继承关系。

（4）类之间聚合关系转换到 XSD 带有引用属性相应元素。

（5）类所属分组的类别映射到 XSD 的名称空间上。由于结构和描述相同的类可能分属于不用的类别，例如订单类可能分别属于两个部门。因此，将不同类别规定不同名称空间并映射到 XSD 的名称空间属性上。

在映射规则的基础上可以进一步形成相应映射算法。为了清晰地表述算法，可以将 XSD 的定义进行数学抽象模型的表达[60]。XSD 的复杂类型定义了一个有子元素的 XML 元素的类型，是 XML 中常用的类型。因此，将复杂类型用如式(3.1)所示的四元组进行抽象定义。

$$\{\Sigma,\Gamma,\rho,\mathrm{type}_{\mathrm{root}}\} \tag{3.1}$$

其中，Σ 为有限元素集，Γ 为有限类型集，ρ 为复杂类型声明集。对 $\forall\tau\in\Gamma$，有且仅有 $(\mathrm{regexp}_\tau,\mathrm{type}_\tau)$。其中，$\mathrm{regexp}_\tau$ 为用正则表达式表示的 τ 的模式，即允许嵌套在复杂类型元素中的子元素序列。符合 regexp_τ 规定的元素的集合为 Σ_τ，则 $\Sigma_\tau\subseteq\Sigma$。$\mathrm{type}_\tau$ 为在 Γ 中的任意类型 τ 且任意元素 tag 属于子元素集合情况下，子元素集合 Σ_τ 引用相应 Γ 中的类型的函数，即指定 Σ_τ 的元素类型的过程，表达式为式(3.2)～式(3.4)。

$$\Sigma_\tau\to\Gamma \tag{3.2}$$

$$\forall\mathrm{tag}\in\Sigma_\tau \tag{3.3}$$

$$\forall\tau\in\Gamma \tag{3.4}$$

根据上述定义，$\mathrm{type}_{\mathrm{root}}$ 为根节点元素类型，且满足

$$\mathrm{type}_{\mathrm{root}} \in \Gamma \tag{3.5}$$

根据上述的映射规则和 XSD 的数学抽象定义，具体的映射算法流程如图 3-8 所示。

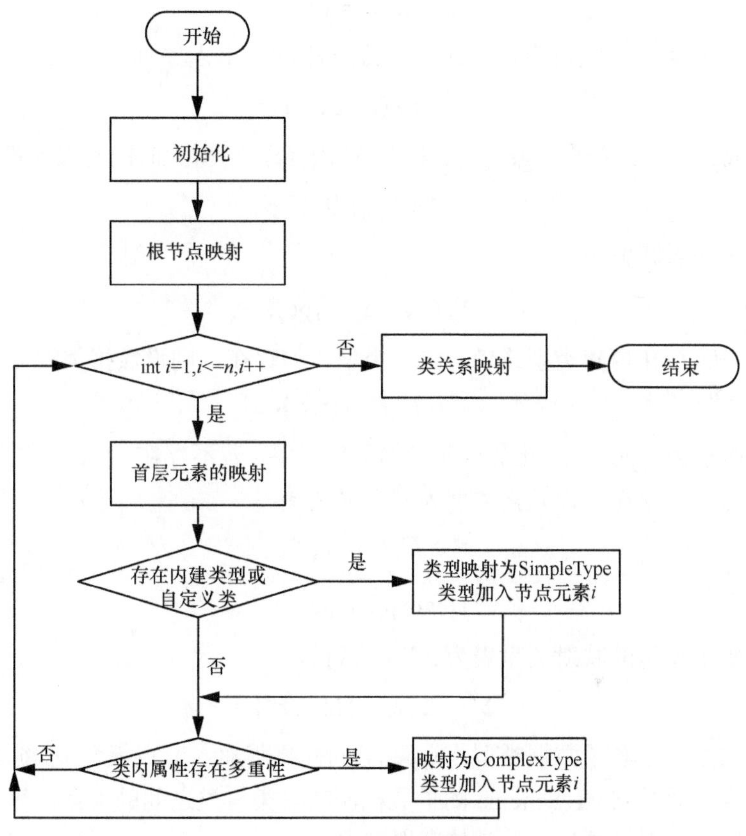

图 3-8　映射算法流程

首先，初始化 XSD，设

$$\Sigma = \varnothing, \Gamma = \varnothing, \rho = \varnothing \tag{3.6}$$

将根节点进行映射，XSD 中根节点使用 root 标识，则映射过程如式(3.7)和式(3.8)所示。

$$\Sigma = \{\mathrm{root}\} \tag{3.7}$$

$$\Gamma = \{\mathrm{type}_{\mathrm{root}}\} \tag{3.8}$$

根节点的属性记为 $\mathrm{type}_{\mathrm{root}}$ 类型下的 Σ_{root}，可得

$$\varSigma=\{\{\mathrm{root}\},\varSigma_{\mathrm{root}}\} \tag{3.9}$$

因此，根节点映射后得到的 XSD 为

$$\{\varSigma,\varGamma,\rho\to \mathrm{type}_{\mathrm{root}},\mathrm{type}_{\mathrm{root}}\} \tag{3.10}$$

从 1～n 循环进行每个类到 XSD 的映射，设每个首层元素为 ε_i，类型为 τ，则有

$$\varepsilon_i\in\varSigma,\varSigma=\{\varepsilon_i\} \tag{3.11}$$

且 $\varSigma_\tau\in\varSigma$，其属性则映射为符合式(3.12)的 τ 中的子节点序列。

$$\varSigma_\tau\subseteq L(\mathrm{regexp}_\tau) \tag{3.12}$$

其中，$L(\mathrm{regexp}_\tau)$ 为符合 regexp_τ 元素的序列集合，可得此时的有限元素集合为

$$\varSigma=\{\{\varepsilon_i\},\varSigma_\tau\} \tag{3.13}$$

子节点元素映射为

$$\{\varSigma,\varGamma,\rho\to\tau,\mathrm{type}_\tau\} \tag{3.14}$$

判断是否存在内建类型或者自定义类型，如存在，则设数据类型为 τ'。

$$\tau'\in\varGamma,\varGamma=\{\tau,\tau'\} \tag{3.15}$$

属性映射为 $\mathrm{type}_{\tau'}$，将此节点元素加入集合中。若不存在，判断是否存在多重属性的节点；若存在，设元素类型为 τ''，依然有

$$\tau''\in\varGamma,\varGamma=\{\tau,\tau''\} \tag{3.16}$$

$$(\mathrm{regexp}_{\tau''},\mathrm{type}_{\tau''}) \tag{3.17}$$

每个复杂类型的映射关系表为 $\varSigma''$，且符合

$$\varSigma''\subseteq\varSigma,\varSigma=\{\{\varepsilon_i\},\varSigma''\} \tag{3.18}$$

复杂类型中嵌套了数据类型为 $\mathrm{type}_{\tau''}$，同样将其加入节点集合中，循环到映射完成所有类，通过 XML Schema 的扩展机制映射类与类之间的关系，算法结束。映射算法用于数据模型建立的具体实现过程。

3.2.2 SWIM 数据模型标准

ICAO 在航空数据层管理方面，将民航业务原先重叠式的数据划分方式改进为面向域（Domain）的划分方式，并给出了数据模型标准。目前，形成标准的主要有 3 个数据模型，分别是飞行信息交换模型（Flight Information Exchange Model, FIXM）、航空信息交换模型（Aeronautical Information Exchange Model, AIXM）、气象信息交换模型（Weather Information Exchange Model, WIXM）。三大模型分别根据航班数据域、航空情报数据域、气象数据域进行划分，并涵盖了空中交通管理的主要交换数据。适配器的数据转换层实现中，需要根据完整的数据模型标准

生成相应的数据结构，进一步实现数据转换功能。3 个数据模型的标准定义如下。

（1）飞行信息交换模型

FIXM 是一个提供了公共飞行信息交换数据定义和结构的数据模型，其保障了航班相关信息在整个运行周期得以共享[41]。FIXM 和另外两个模型一样，是具有技术独立性、协调性、可交互性、可扩展性、可覆盖 ATM 信息需求的数据交换模型，可以使获取到的全球性飞行和流量信息标准化。按照建模过程不同，FIXM 数据交换模型分为概念交换模型、逻辑交换模型和物理交换模型。

FIXM 概念交换模型，是从子数据域上进行数据概念描述，使用 UML 类图中的分组（Package）进行表示。如前所述，UML 类图提供了对象及其关系进行建模的一种图形化的表示法，表示了具有相同属性的一类对象以及类之间的关系；而 Package 将相关类划分在一个分组中，以从更高的层级结构化地组织类图的相关关系。FIXM 概念交换模型组织结构如图 3-9 所示。

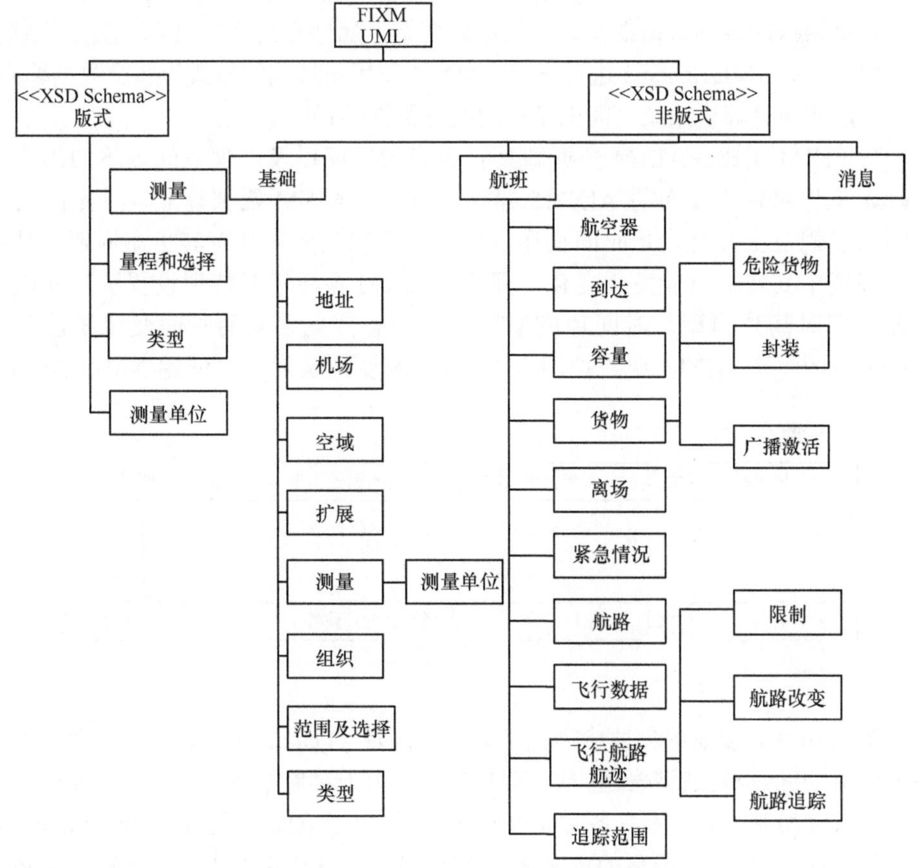

图 3-9 FIXM 概念交换模型组织结构

其中，与航空对象直接相关的分组为航班分组中涉及的航班业务中的相应类别的各个子分组。例如，航空器分组以及货物分组中对应的子分组。

FIXM 逻辑交换模型以一个与技术无关的形式给出能够涵盖全球的系统间飞行信息交换的构造。其提供了若干 UML 类图来进行航班对象的描述，而每个类图中包含若干类、类的所属类型以及类之间的关系。

FIXM 物理交换模型是 FIXM 逻辑交换模型的具体实现。目前，FIXM 可支持 FIXM XML Schema 来表示 FIXM 物理交换模型。

（2）航空信息交换模型

AIXM 是 SWIM 数据模型家族中的重要一员。AIXM 是针对航空数据的设计交换模型，它描述了机场、跑道、空域等航空元素的实体、属性及其之间的关系。AIXM 的目标是确保包含在航空信息服务（Aeronautical Information Service, AIS）中的航空数据能在全球范围内以统一的格式，并以数字化的形式在 SWIM 上进行交互。

AIXM 标准主要由以下两部分组成[42]：航空信息概念模型（AICM），用来将航空信息领域的各种数据在概念上表示成要素、属性和关系的组合；航空信息物理模型，使用 XML Schema 进行描述。AIXM 使用了规范的格式为航空数据编码，进而可以实现计算机系统之间电子化的航空数据传递[43]。

与 FIXM 相比，AIXM 数据源具有更多的时间以及地理空间描述的需求。SWIM 工作组官方发布的 AIXM5 建模标准中，AIXM 需要建立在一定的地理空间描述规范上并且满足时间描述需求。由于航空要素都有其生命周期，且在生命周期中其属性可能发生变化，因此，AIXM 在建模时特别设置了时间模型机制，即时间片模型。时间片模型封装了动态变化要素的时间变化属性。在 AICM 中的每个 AIXM 要素按图 3-10 所示的要素映射顺序创建 XML Schema 元素。

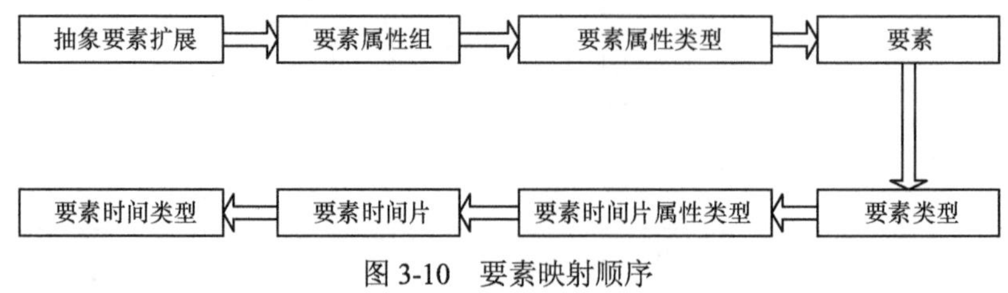

图 3-10　要素映射顺序

图 3-10 中，要素的创建应当先于要素时间片（Feature Time Slice）。而对于类图中使用<object>构造型表述的 AIXM 对象，由于对象不能独立于要素存在，即对象会依赖相关要素且不具备时间性概念，因此不会创建时间片（Time Slice）对象实体。AICM 中航空要素的定义基于 ICAO 附件 15 中涉及支持国际航行所必需的航空信息。每个航空要素都描述了一个现实的航空信息实体。

（3）气象信息交换模型

WIXM 是 SWIM 平台上独立、一致、可交互的交换模型之一，可覆盖所有航空传输业气象信息交换的业务需求。其模型规范将传统以产品为中心的航空信息业务运行方式转换成以数据为中心的运行方式，可以完成气象信息的采集、分发和在信息链上的传输。其主要包括 3 个组成部分：概念信息模型（Conceptual Information Model, CIM）、逻辑数据模型（Logical Data Model, LDM）、物理交换模式（Physical Exchange Schema, PES）。

CIM 是气象信息域的高层次概念模型，它使用 UML 包图描述了组成数据模型的概念和包的视图。LDM 使用 UML 类图完整地描述了与要素（Feature）相关的信息。PES 是逻辑数据模型到物理表达的映射，使用 XML Schema 作为表达方式。

3.2.3　数据模型示例

适配器根据上述数据模型，实现从逻辑模型到物理模型的映射，并根据物理模型创建相应数据结构，以实现数据转换层的功能。ICAO 提供了 3 种数据模型的 UML 类图来表达逻辑模型，并给出每个数据域中的实体及其对象的逻辑定义。上述 3 种模型的 UML 类图示例和解释如下所述。

（1）FIXM 类图示例

在 FIXM 中，以航空器对象类图进行举例说明，如图 3-11 所示，其中，class System 表示类的整体系统。

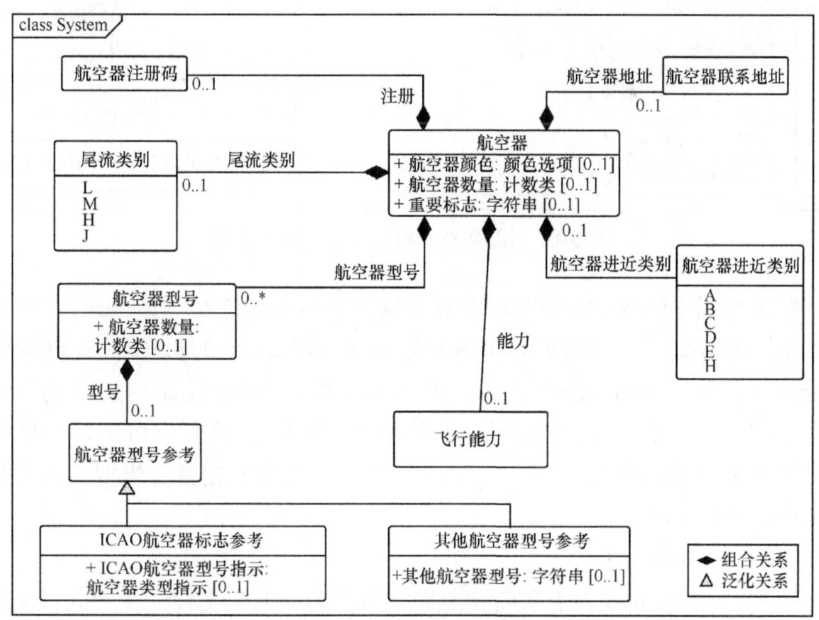

图 3-11　航空器对象类图

在图 3-11 中，航空器对象作为 Aircraft 包中的主要对象，具有 3 个属性。同时，航空器对象还与若干相关航空对象具有组合关系，即航空器对象中必须包含这些相关的航空对象。这些相关的航空对象又会包含特定类型的属性或者子对象，如尾流类别是一个枚举类型的航空对象。因此，FIXM 类图模型描述了 FIXM 中航班数据域中对象的逻辑概念，即对其进行了定义。

（2）AIXM 类图示例

在 AIXM 中，使用机场/直升机场（Airport/Heliport）要素的 UML 类图来解释 AICM，如图 3-12 所示。

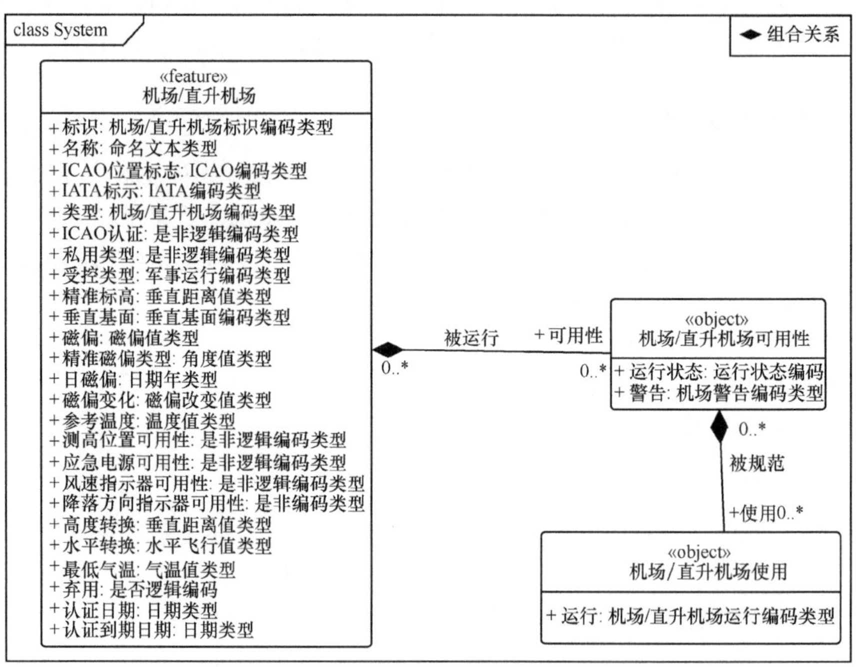

图 3-12　机场/直升机场要素 UML 类图

从图 3-12 中可以看出，机场/直升机场要素带有构造型《feature》，且具有若干属性及其所属类型，同时要素拥有构造型为《object》的机场/直升机场可用性（Airport/Heliport Availability）对象。在 AICM 中，object 用来描述事物实体的抽象，常见的是用于表示实体的属性。此示例中，机场/直升机场可用性对象是机场/直升机场要素的关联组合对象，其生命周期和要素紧密相关，当要素不存在时，对象也不能单独存在。

（3）WIXM 类图示例

低空重要气象信息是对有关特定航路上可能影响低空飞行安全的天气现象以及这些天气现象在时空尺度上发展的简要说明。图 3-13 为 ILAMET 的逻辑模型类图。

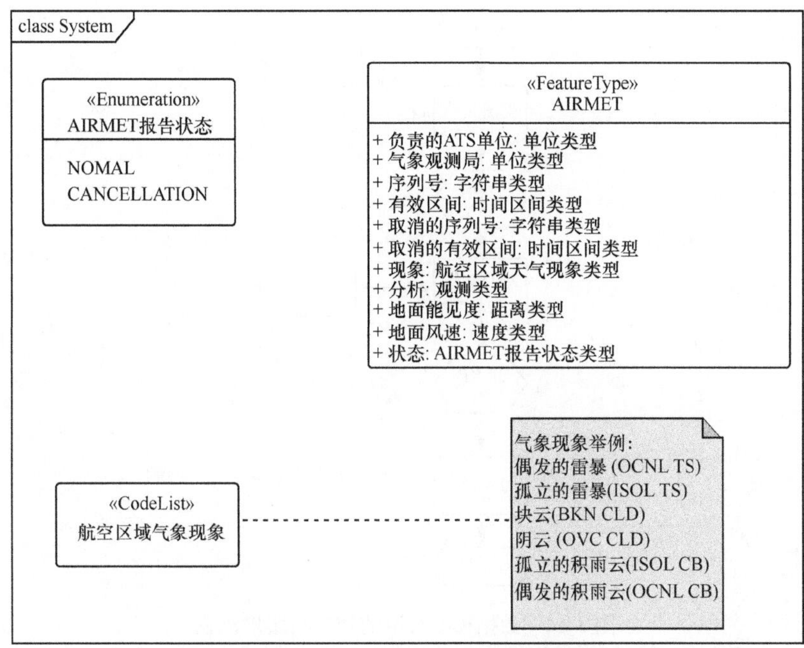

图 3-13　ILAMET 的逻辑模型类图

从图 3-13 中可以看出，ILAMET 要素含有现象（Phenomenon）、地面可视度（Surface Visibility）、地面风速（Surface Wind Speed）、状态（Status）以及其他一些属性。其中，现象属性参考航空区域气象显现（Aeronautical Area Weather Phenomenon）类型，模型给出了一些可能的气象现象举例，如块云（Broken Cloud）和孤立雷暴（Isolated Thunderstorm）等。

上述数据模型中的类图即相应数据域中对象或者要素的逻辑定义和描述。依据这些数据模型类图，可以进一步根据映射规则实现物理模型的构建。

3.2.4　数据建模实现

根据上述数据模型标准的解析，FIXM、AIXM、WIXM 这 3 种数据模型的建立过程都需要从 UML 的逻辑模型表述到 XML Schema 的物理模型表述的映射实现的过程。数据模型标准建立与实现的流程如图 3-14 所示。

图 3-14 中，映射过程使用了前述的映射算法。首先，选取一个特定的 UML 模型的类图文档。然后，使用映射算法将类图文档映射到 XML Schema 模型中，生成对应的 XSD 文档。最后，将得到的符合 XML Schema 规范的 XSD 文档，利用 JAXB 参考实现（JAXB Reference Implementation, JAXB RI）工具生成具有相应数据结构的 Java 类。Java 类将作为数据转换模块开发中的基本数据结构来完成转换模块功能的实现。

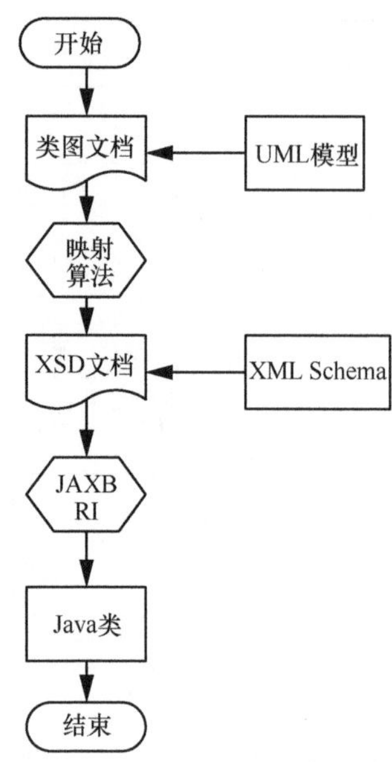

图 3-14　数据模型标准的建立与实现流程

因此，根据数据标准模型中的类图，可以进一步映射得出数据物理模型。下面利用 3.2.3 节所述 FIXM、AIXM、WIXM 类图示例分别介绍映射实现结果。

（1）FIXM 物理映射实现

航空器（Aircraft）对象根据上述映射算法，经过物理映射后，即可得到与相应 XML Schema 物理模型对应的 XSD 文档。文档中定义了与 Aircraft 相关的所有属性和对象的规范。航空器对象类型（Aircraft Type）是 Aircraft 对象映射到 XML Schema 中的复杂类型，其约束了 Aircraft 对象的 XML 实例中的元素和属性。

（2）AIXM 物理映射实现

根据 AICM 对数据集的描述，采用以下映射方式派生 AIXM XML Schema 物理模型。首先，根据 ICAO 的 AICM 与 AIXM XML Schema 映射规范，使用上述映射算法将 UML 类映射到 XML Schema 元素中；然后，按照 AIXM 的时间片模型对要素的映射过程进行相应规则的模型创建，机场/直升机场（Airport/Heliport）要素根据上述映射顺序创建 XSD 文档，其中，机场/直升机场类型（Airport/Heliport Type）是机场/直升机场要素（Airport/Heliport）映射出的复杂类型。

（3）WIXM 物理映射实现

低空重要气象信息要素根据上述映射算法进行物理映射。映射后的物理模型用 XML Schema 表示为一个 ILAMET 元素及其参考的复杂类型低空重要气象信息类型（ILAMETType）。ILAMETType 扩展了以 gml 为命名空间前缀的抽象类型

AbstractFeatureType，并将 ILAMET 要素中的属性作为子元素按顺序置入其中，即创建对应 XSD 文档。

具体的 SWIM 逻辑数据交换模型完成到物理关系模型的映射后，即完成整个数据模型实现过程。物理模型 XSD 文档描述了每个航空数据具体的数据结构，其不仅可以作为 XML 格式的 SWIM 航空数据的规范，也可以用来验证数据的有效性。得到物理模型描述文档 XSD 后，使用 JAXB RI 提供的方法将其转换为具体数据结构的 Java 类，即完成数据转换功能实现前的准备工作。

数据模型的正确建立是数据成功转换的前提。因此，需要对数据模型进行正确性分析，模型稳定性是数据模型正确的主要衡量标准。当物理模型对规范化的 XML 数据进行验证时，若验证时间不随输入数据量的改变出现不规律变动，则模型是稳定的。因此，可以以验证时间为指标对建立的物理模型进行稳定性分析仿真实验。实验中使用 XML 简单应用程序接口（Simple API for XML, SAX），对 XSD 文档产生相应的验证器实现对 XML 文档的验证。实验分别使用 FIXM、AIXM、WIXM 这 3 种数据模型生成的完整 XSD 文档，对元素个数分别为 500～5 000 个的 XML 格式数据进行验证，每个 XML 文档验证 30 次并统计平均验证时间，如图 3-15 所示。

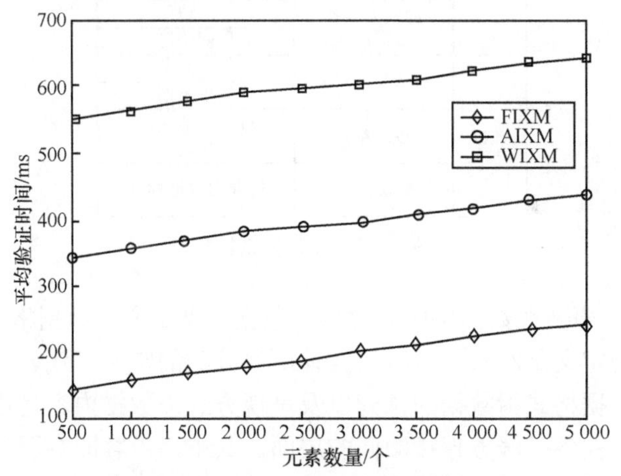

图 3-15 数据模型平均验证时间

图 3-15 中，随着 XML 元素数量逐步上升，3 个数据模型的平均验证时间缓慢增加，没有出现不规律的大幅波动。在元素数量相同的情况下，FIXM 数据模型验证时间最短，WIXM 数据模型验证时间最长，这是由于模型包含的数据量不同导致的。同时，验证时间曲线的变化率基本一致。实验结果说明，建立的数据模型是稳定的。因此，数据模型正确性可以得到验证。

3.3 服务接口

服务接口是对服务的抽象描述，其描述了服务可以提供的业务能力，服务调用者只需要关心接口提供的功能，而不需要关注服务的具体实现就可以完成业务交互。因此，服务接口是适配器服务交互层需要设计实现的核心模块之一。服务接口需要根据接口规范进行定义以保证契合业务，而服务体系结构是接口规范的基础。

3.3.1 服务体系结构

服务体系结构是指 SOA 范围内服务构建的堆栈，主要分为数据和业务两个层面，如图 3-16 所示。

<table>
<tr><td rowspan="8">业务</td><td rowspan="2">接口交互方式</td><td>请求响应</td></tr>
<tr><td>订阅发布</td></tr>
<tr><td rowspan="2">请求应答数据内容</td><td>输入参数</td></tr>
<tr><td>输出参数</td></tr>
<tr><td rowspan="2">有/无状态接口调用</td><td>无状态</td></tr>
<tr><td>有状态</td></tr>
<tr><td rowspan="2">通信方式和通信协议</td><td>上层协议</td></tr>
<tr><td>底层网络协议</td></tr>
<tr><td rowspan="4">数据</td><td rowspan="2">数据类型定义</td><td>复杂类型</td></tr>
<tr><td>简单类型</td></tr>
<tr><td>数据格式</td><td>数据的存放和排列规则</td></tr>
<tr><td>数据内容</td><td>行业内数据标准</td></tr>
</table>

图 3-16 服务体系结构

图 3-16 中，服务在数据层面需要构建数据类型定义、数据格式、数据内容。其中，数据类型定义是对数据对应的实体所属分类的定义，代表着数据存储结构方式的不同；数据格式指数据的排列以及呈现方式；数据内容是指行业内业务涉及的数据范围。业务是服务直接面向的层面。其中，内容即对服务业务的描述；接口交互方式根据获取服务的模式进行定义；请求应答数据内容，即获取服务时提供的参数以及得到服务时的返回参数；有/无状态接口调用是指服务是否随着获取时间顺序而改变，包括同步和异步两种接口调用方式；通信方式和通信协议是指由于服务的远程性需要在实现服务前确定如何通信。

服务体系结构从理论上说明一个完整的服务接口定义应该对数据和业务层面的所有内容进行定义。服务接口的定义原则主要有两点：定义规范性原则和粒度合理性原则。定义规范性原则是指每个服务接口在定义业务范围时都按照接口规范进行定义，接口规范是根据服务体系结构进行面向航空业务的语法规定；粒度合理性原则是指在满足 SOA 原则，即服务的粒度比 API 粒度大的情况下，同时考虑服务编排组合的需求，划定细粒度的业务范围，以满足服务组合与编排的需求。

3.3.2　接口规范

适配器接口规范是从服务体系结构的各个方面对适配器的服务接口进行规则制定，其提供了接口定义的依据，包括接口需要制定的各种内容和相应规则。

巴科斯范式（Backus-Naur Form, BNF）是针对自然语言在描述语法规则时出现的二义性问题所设计的一种递归式定义方法，可以用来描述 SWIM 适配器接口规范的内容与规则。接口规范的 BNF 范式描述如下所述。

<interface_specification> :: = <definition>

<definition> :: = <data >“&”< service>

<data>::=<data_type>“:”<data_format>“&” <data_swim_domain>

<data_type>::=“SWIM_ComplexType”|“SWIM_SimpleType”

<data_format>::=“XML”

<data_swim_domain>::=<data_swim_domain>|<data_swim_domain>“.”<data_swim_subdomain>

<data_ swim_domain>::=<data_ swim_domain_name>

<data_ swim_subdomain>::=<data_ swim_subdomain_name>

<data_ swim_domain_name>::=<identification>

<data_subdomain_name>::=< identification >

<service>::=“<”<service_description>“&”<service_define>“/>”

<service_description>::=<identification>

<service_define>::=<service_interface>

<service_interface>::=<service_name>“&”<service_para>“&”<service_interaction_mode>
“&”<service_status_mode>“&”<service_protocol>

<service_name>::=< identification >

<service_interface_mode>::=“req/resp”|“pub/sub”

<service_para>::=“（”<service_para_list>“）”

<service_para_list>::=<para_define>

<para_define>=<para_define>“,”<para>|<para>

<para>=<paramode><paratype>“:”<paraname>“=”<paravalue>

<paramode>::=“in”|“out”

<paratype>::=<int_type>|<char_type>|<float_type>|<string_type>

int_type:: =“INT8”| “INT8U” | “INT16” | “INT16U”| “INT32”| “INT32U” |“INT64| “INT64U”

<char_type>::=“CHAR”

<float_type>:: = “FLOAT32” | “FLOAT64”

<string_type>:: = “STRING”

<paraname>::=<identification>

<paravalue>::=<value_identification>

<value_identifier>::=<int_expression>|<float_expression>|<char_expression>|<string_expression>

<int_expression>::= <signal_expression> | <dec_expression> | “0x’’<hex_expression> | “0o”<oct_expression> |“0B”<bin_expression>

<hex_expression>:: =<hex_num> | {<hex_expression> }<hex_num>

<identification>::=<string_expression>

上述接口规范的 BNF 范式描述是对服务体系结构中的所有内容进行具体规范化，使用符号化的表达限定数据和业务中的每项内容，适配器服务接口定义应当在接口规范下进行。接口规范规定了数据类型为两类，即 SWIM 数据模型中的简单类型与复杂类型；数据格式为 SWIM 规范中的 XML 格式；数据内容由 SWIM 数据模型域和子域中的数据组成。另外，接口规范规定了业务相关的内容。其中，服务名称限定为字符串表述；输入/输出参数以列表形式表示，参数指明参数类型、参数名称和参数值；服务交互模型分为请求/响应和订阅/发布两种；服务通信协议规定使用 SOAP 或者消息队列。适配器需要针对 SWIM 架构和接口规范进行服务接口定义。

3.3.3 服务接口定义

服务接口定义是针对业务范围进行规范化的服务详细描述，每个服务接口即代表一种服务。按照拓扑结构服务可以分为两类，即信息型服务和复合型服务。根据服务接口的粒度合理性原则与定义规范性原则，本章主要采用了信息型服务。信息型服务可以让用户对服务发布的内容进行访问，其仅完成一个独立的业务范围内任务，并可以被视为“原子”性操作。

SWIM 适配器中的服务应基于细粒度的业务归类，并且应该根据 SWIM 数据模型涉及的数据域进行归类。具体的数据模型域及子域中对应的服务列表如表 3-2 所示。

其中，FIXM 中对应航班信息服务，包括航班（Aircraft）、到达（Arrival）、离港（Departure）、机载能力（Capability）、货物（Cargo）、紧急情况（Emergency）、航路（Enroute）7 个子数据域中对应的 7 个信息型服务。AIXM 中对应航空信息服务，包括机场（Airport/Heliport）、空域（Airspace）、障碍物（Obstacle）、导航与导航点（Navaid）、等待航线（Holding）、组织（Organization）、飞行程序（Producer）、航路（Route）、服务（Service）、雷达监视系统（Surveillance）10 个子数据域共 20 项信息型服务。

表 3-2　服务列表

数据域	子数据域	服务名称
FIXM	Aircraft	航班基本信息服务
	Capability	航班机载通导设备能力信息服务
	Arrival	航班到达信息服务
	Cargo	危险货物信息服务
	Departure	航班离港信息服务
	Emergency	航班紧急情况信息服务
	Enroute	航班航路信息服务
AIXM	Airport/Heliport	机场基本信息服务
		机场停机坪信息
		机场灯光信息服务
		机场地标信息服务
		机场跑道信息服务
		机场滑行道信息服务
	Airspace	空域信息服务
		空域活动信息服务
	Holding	等待航线信息服务
	Navaid	导航信息服务
		导航参考点信息服务
	Obstacle	障碍物信息服务
	Organization	相关组织单位信息服务
	Producer	进近程序信息服务
		到达程序信息服务
		综合飞行程序信息服务
	Route	航路信息服务
		航班限制条件信息服务
	Service	航行服务信息服务
	Surveillance	监视系统信息服务
WIXM	ILAMET	低空重要气象信息服务
	SIGMET	重要气象信息服务
	Volcanic Ash	火山灰信息服务

对上述服务的接口进行定义和实现，是适配器服务交互层功能实现的基本内容。接口定义即根据接口规范中的变量定义具体的服务。表 3-3 列举了上述服务中的 7 种服务接口的定义实例。

表 3-3 中，前 4 种服务接口定义为请求/响应式的交互方式，并使用 SOAP 通信协议，而后 3 种定义为订阅/发布式，使用 JMS 通信协议。各项服务接口都定义了输入（in）和输出（out）参数的类型与参数名，并定义了业务涉及的数据域与数据类型。因此，根据服务接口定义，服务调用者即可得到服务的全部信息，包括需要输入的参数和可以得到的返回数据以及以何种方式调用服务等信息。

表 3-3 服务接口定义实例

服务名称	数据类型	数据域	服务参数	交互方式	通信协议
航班基本信息服务	AircraftType	FIXM.Aircraft	in string_type:AircraftDesignator out string_type:ReturnAircraftInfo	req/resp	SOAP/HTTP
航班能力信息服务	CapabilityType	FIXM.Capability	in string_type:AircraftDesignator out string_type:ReturnCapabilityInfo	req/resp	SOAP/HTTP
航班到达信息服务	ArrivalType	FIXM.Arrival	in string_type:AircraftDesignator out string_type:ReturnArrivalInfo	req/resp	SOAP/HTTP
航班离港信息服务	DepatureType	FIXM.Depature	in string_type:AircraftDesignator out string_type:ReturnDepatureInfo	req/resp	SOAP/HTTP
航班航路信息服务	EnrouteType	FIXM.Enroute	in string_type:AircraftDesignator out string_type:ReturnEnrouteInfo	req/resp	JMS/TCP
机场基本信息服务	AirportHeliportType	AIXM.AirportHeliport	in string_type:AirportDesignator out string_type:ReturnAirportInfo	pub/sub	JMS/TCP
低空重要气象信息服务	ILAMETType	WIXM.ILAMET	in string_type:AirportDesignator out string_type:ReturnILAMETInfo	pub/sub	JMS/TCP

3.3.4 服务接口实现

根据服务接口的定义以及交互方式的不同，分别使用 JAX-WS 和 JMS 作为服务接口的实现技术规范。JAX-WS 是用于构建使用 XML 进行通信的 Web 服务和客户端的技术规范[44]。JAX-WS 将 Java 的实现类通过注释包装为 Web 服务，注释通过指定服务的目标命名空间、服务名称、端口名称和 WSDL 的存储路径创建相应服务。

使用 JAX-WS 实现的服务接口实例及其对应的技术参数如表 3-4 所示。

表 3-4 服务接口实现的 JAX-WS 参数实例

服务名称	目标命名空间	服务接口英文命名	服务端口名	WSDL 存储位置
航班基本信息服务	http://mashallerService.fixmnew.com/	AircraftMashallerService	AircraftMashallerPort	WEB-INF/wsdl/AircraftMashallerService.wsdl
航班能力信息服务	http://mashallerService.fixmnew.com/	CapabilityMashallerService	CapabilityMashallerPort	WEB-INF/wsdl/CapabilityMashallerService.wsdl
航班到达信息服务	http://mashallerService.fixmnew.com/	ArrivalMashallerService	ArrivalMashallerPort	WEB-INF/wsdl/ArrivalMashallerService.wsdl
航班离港信息服务	http://mashallerService.fixmnew.com/	DepartureMashallerService	DepartureMashallerPort	WEB-INF/wsdl/DepartureMashallerService.wsdl
航班航路信息服务	http://mashallerService.fixmnew.com/	EnrouteMashallerService	EnrouteMashallerPort	WEB-INF/wsdl/EnrouteMashallerService.wsdl

表 3-4 中，目标命名空间用于区别同名但不同业务领域的服务，使用 URL（Uniform Resource Locator）表示，由于服务接口的实现中没有同名服务，因此，目标命名空间使用了同样的参数。服务接口名、服务端口、服务 WSDL 位置则实现了唯一的服务接口。

JMS 将以发布/订阅方式进行交互的服务发布在消息服务器中，由服务器提供服务接口供用户调用。使用 JMS 实现的服务接口中，参数为服务主题。主题对服务接口进行区分，用户通过主题订阅对应的服务。表 3-5 描述了使用 JMS 进行服务接口实现的参数列表。

表 3-5　服务接口实现的 JMS 参数实例

服务名称	目标命名空间	服务接口英文命名	服务端口名	WSDL 存储位置
航班基本信息服务	http://mashallerService.fixmnew.com/	AircraftMashallerService	AircraftMashallerPort	WEB-INF/wsdl/AircraftMashallerService.wsdl
航班能力信息服务	http://mashallerService.fixmnew.com/	CapabilityMashallerService	CapabilityMashallerPort	WEB-INF/wsdl/CapabilityMashallerService.wsdl
航班到达信息服务	http://mashallerService.fixmnew.com/	ArrivalMashallerService	ArrivalMashaller Port	WEB-INF/wsdl/ArrivalMashallerService.wsdl
航班离港信息服务	http://mashallerService.fixmnew.com/	DepartureMashallerService	DepartureMashallerPort	WEB-INF/wsdl/DepartureMashallerService.wsdl
航班航路信息服务	http://mashallerService.fixmnew.com/	EnrouteMashallerService	EnrouteMashallerPort	WEB-INF/wsdl/EnrouteMashallerService.wsdl

表 3-5 是所有使用 JMS 实现的服务接口参数，其中每个服务对应了相应的服务主题，主题将作为服务接口名供服务消费方订阅。

3.4　适配器实现流程

实现流程根据开发设计按照模块功能顺序进行，主要包括数据源的处理、数据转换流程、服务封装流程以及服务交互过程。

3.4.1　数据源的处理

数据源的处理是为了解析数据源，提取能映射到相应的数据结构中的相关数据项，以便后续过程对数据进行转换。航空转报系统承载了包括多种不同格式的报文业务。AFTN 报文作为民航空管业务的主要承载报文，其数据内容构成航班信息。航行通告（Notice to Airmen, NOTAM）报文在目前的航空情报业务中作为 AIS 所交付的一体化航行情报系列资料中的重要业务报文，是典型的动态航空情报的载体，其与静态数据航行资料汇编（Aeronautical Information Publication, AIP）共同服务于航空域的信息业务。气象报文承担航空气象服务的业务，主要包括终端区和航路上的天气观测报告和重要气象情报，如重要气象（Significant Meteorological, SIGMET）报文和低空重要气象报文。

报文解析使用了正则表达式方法。正则表达式多用于字符串的匹配场景，可以作为格式相对固定报文的解析方法。适配器使用的数据源包括 AFTN 报文、NOTAM 报文和 ILAMET 报文，其正则表达式解析如下。

（1）AFTN 报文

AFTN 报文是固定飞行转报网络上的报文，报文格式满足民航局的标准要求。AFTN 报文有 16 个报种、16 个编组，每个报种都由固定的编组种类与顺序构成。领航计划（Flight Plan, FPL）报文是实际业务中最常见的报文之一。假设编组用字母 G 和编组数作为下标组合表示，以 FPL 报种报文为例，其规范编组顺序为 G3-G7-G8-G9-G10-G13-G15-G16-G18。因此，根据 AFTN 报文的编组规范[45]，将报文以编组为单位进行划分，并将每个编组中数据项以正则表达式表示，可以得到报文编组、编组内容及其正则表达式对应关系的表格，部分编组及其正则表达式如表 3-6 所示。

表 3-6　AFTN 报文编组及其数据项的正则表达式

<table>
<tr><th>编组</th><th>编组内容</th><th>编组数据项</th><th>正则表达式</th></tr>
<tr><td rowspan="3">G3</td><td rowspan="3">电报类别、编号和参考数据</td><td>G3a：用 3 个字母表示电报类别</td><td>\（FPL|CHG|CNL|DEP|ARR|DLA|CPL|EST|CDN|ACP|LAM|RQP|RQS|SPL|ALR|RCF）|\（FPL|CHG|CNL|DEP|ARR|DLA|CPL|EST|CDN|ACP|LAM|RQP|RQS|SPL|ALR|RCF）</td></tr>
<tr><td>G3b：电报编号，1～4 个字母表示发报的空中交通服务单位，后随斜线（/），后随 1～4 个字母表示收报的空中交通服务单位，后随 3 个数字，表示所发电报的顺序号</td><td>[A-Z]{1,4}\/[A-Z]{1,4}\d{3}</td></tr>
<tr><td>G3c：1～4 个字母后随斜线（/），后随 1～4 个字母，后随 3 个数字，表示对 B 项回复的顺序号</td><td>[A-Z]{1,4}\/[A-Z]{1,4}\d{3}</td></tr>
<tr><td rowspan="3">G5</td><td rowspan="3">紧急情况说明</td><td>G5a：危险等级</td><td>\-（INCERFA|ALERFA|DETRESFA）</td></tr>
<tr><td>G5b：电报签发者，用 8 个字母表示</td><td>\/（[A-Z]{7}）（[A-Z]{1}|\bX|\d{1}）</td></tr>
<tr><td>G5c：紧急情况的性质</td><td>\/\w+（\s\w+）*</td></tr>
<tr><td rowspan="3">G7</td><td rowspan="3">航空器识别标志和 SSR 模式及编码</td><td>G7a：航空器识别标志，填写不超过 8 个字符</td><td>\-[A-Z]{3}\d{4}|[A-Z]{3}\d{3}</td></tr>
<tr><td>G7b：SSR 模式字母 A 表示有关“G7c”的 SSR 模式</td><td>[Q-Z]{1}</td></tr>
<tr><td>G7c：SSR 编码 4 位数字表示</td><td>\/A\d{4}</td></tr>
<tr><td rowspan="2">G8</td><td rowspan="2">飞行规则及种类</td><td>G8a：飞行规则，一个字母表示</td><td>[IVYZ]{1}</td></tr>
<tr><td>G8b：飞行种类，一个字母表示</td><td>[GMNSX]{1}</td></tr>
<tr><td rowspan="3">G9</td><td rowspan="3">航空器数目、机型和尾流等级</td><td>G9a：航空器数目，用 2 位数字表示</td><td>\-\d{0,2}</td></tr>
<tr><td>G9b：航空器机型，用 2～4 个字符</td><td>\w{2,4}</td></tr>
<tr><td>G9c：尾流等级，一个字母表示航空器的最大允许起飞重量</td><td>\/[HML]{1}</td></tr>
<tr><td rowspan="2">G10</td><td rowspan="2">机载设备</td><td>G10a：无线电通信，导航及进近设备填写一个字母</td><td>\-（[NS]{1}[A-Z]{1,24}</td></tr>
<tr><td>G10b：监视设备，一个或两个字母</td><td>\/[NACXPISD]{1,2}</td></tr>
</table>

表 3-6 中列出了部分报文编组和数据项的正则表达式。因此，可以根据此实现对所有报种的 AFTN 报文进行匹配与编组分割，并存入相应数据结构。由于数据结构对应数据模型中的对象，因此，需要将 AFTN 报文中的数据项映射到相应的对象中。以 FIXM 数据模型中航空器（Aircraft）包中的对象为例，映射结果如表 3-7 所示。

表 3-7 航空器对象（Aircraft）与 AFTN 报文映射结果

对象	属性或简单继承类	类型	编组字段:数据项	举例
航空器	航空器颜色	ColourChoice	G19g :A/	A/YELLOW
	航空器数目	Count	G9a	11
	重要标记	CharacterString	G19g :A/	A/STAR
航空器注册	无	CharacterString	G7a	B2553、N2567GA
尾流类型	无	ENUM	G9c：/	/M
航空器类型	航空器数目	Count	无	无
航空器参考类型（抽象类）	无	无	无	无
ICAO 参考类型（继承类）	ICAO 航空器类型指示	AircraftTypeDesignator	G9c：-	-B737
其他航空器参考类型（继承类）	其他航空器类型	CharacterString	自定义	无
航空器联络地址	无	CharacterString	G18a：CODE/	CODE/ Beijing, China
航空器进近类别	无	ENUM	G18a：PER/	PER/A

表 3-7 中列出了航空器包中涉及的所有航空器对象及其所属的属性或者继承类，以及相应的数据类型、映射的编组和编组举例。数据类型包括定义的基本数据类型，如字符串类型（CharacterString）和枚举类型（ENUM），以及定义的复杂类型，如航空器类型指示类型（AircraftTypeDesignator）。将每一个报文数据项映射到相应对象的内容和属性内容，即完成 AFTN 报文数据源的预处理过程。

（2）NOTAM 报文

NOTAM 报文是给飞行员的通知，采用通信网络方式分发，并对航空的设施、服务、程序或危险的开始与改变以及状态进行通知。根据 NOTAM 报文的派发程序[46]，NOTAM 报文主要由报头、电报编号、限定行以及 A-G 项的正文部分组成。使用正则表达式对 NOTAM 报文的解析如表 3-8 所示。

表 3-8 中列出了 NOTAM 报文各个数据项和对应正则表达式。因此，可以对任意NOTAM报文进行正则表达式的匹配并提取相应的数据项作为航行情报数据源。

表 3-8 NOTAM 报文正则表达式

<table>
<tr><th>NOTAM 组成项</th><th>数据项</th><th>举例</th><th>正则表达式</th></tr>
<tr><td rowspan="5">报头</td><td>电报等级</td><td>GG</td><td>（GG|DD）</td></tr>
<tr><td>收电单位代码</td><td>ZBBBYNYX</td><td>[A-Z]{8}</td></tr>
<tr><td>签发日期时间</td><td>01</td><td>（[012][1-9]|3[01]）</td></tr>
<tr><td>签发时间</td><td>1539</td><td>（[01]*|2[0-3]）（[0-5]*）</td></tr>
<tr><td>发报单位</td><td>ZBTJIOXX</td><td>[A-Z]{8}</td></tr>
<tr><td rowspan="3">电报系列编号和代码</td><td>系列和编号/年</td><td>A0623/91</td><td>[ACD]（.{4}）/（.{2}）</td></tr>
<tr><td>电报类型</td><td>NOTAMN</td><td>NOTAM[NCR]</td></tr>
<tr><td>被替代或取消航行通告编号</td><td>无</td><td>[ACD]（.{4}）/（.{2}）</td></tr>
<tr><td rowspan="10">限定行</td><td>FIR</td><td>EGXX</td><td>[A-Z]{4}</td></tr>
<tr><td>Q 代码</td><td>QRDCA</td><td>Q（[A-Z]{2}）（[A-Z]{2}）</td></tr>
<tr><td>飞行种类</td><td>IV</td><td>（I?V?|K）</td></tr>
<tr><td>飞行目的</td><td>NBO</td><td>（N?B?O|M|K）</td></tr>
<tr><td>影响范围</td><td>W</td><td>（A?E|A?W|K|A）</td></tr>
<tr><td>下限</td><td>000</td><td>\d{3}</td></tr>
<tr><td>上限</td><td>400</td><td>\d{3}</td></tr>
<tr><td>坐标半径</td><td>5510N00520W050</td><td>（[0-8]\d[0-5]\d[NS]）（[0-2]\d{2}|3[0-5] \d）[0-5]\d[EW]</td></tr>
<tr><td>情况所在地</td><td>EGTT EGPX</td><td>（[A-Z]{4}）{1,7}</td></tr>
<tr><td rowspan="3">有效时间</td><td>起始时间</td><td>9104030730</td><td>（\d{2}）（0[1–9]|1[0–2]）（0[1–9]|[12]\d|3[01]）（[01]\d|2[0–3]）（[0–5]\d）</td></tr>
<tr><td>终止时间</td><td>9104030730</td><td>（\d{2}）（0[1–9]|1[0–2]）（0[1–9]|[12]\d|3[01]）（[01]\d|2[0–3]）（[0–5]\d）（EST）?|PERM</td></tr>
<tr><td>有效时间段</td><td>APR 03 07 12 21 24 AND 28 0730 TO 1500</td><td>\D.*\s</td></tr>
<tr><td colspan="2">明语</td><td>DANGER AREA DXX IS ACTIVE</td><td>\E.*\s</td></tr>
<tr><td rowspan="2">上下限</td><td>下限</td><td>GND</td><td>SFC|GND|\d{6}M\s（AGL|AMSL）|FL\d{3}</td></tr>
<tr><td>上限</td><td>12200AMSL</td><td>UNL|\d{6}（AGL|AMSL）|FL\d{3}</td></tr>
</table>

（3）ILAMET 报文

ILAMET 报文是承载了航路重要气象情报的业务报文之一。航路重要气象情报是由气象监视台发布，且可能影响有关航路上航空器飞行安全的天气现象，以及这些现象在时间和空间上的发展，以缩写明语对其发生和预期发生的进行简要说明。航路重要气象情报根据其位于高空（高于 10 000 ft，即高于 3 048 m）或低空（低于 10 000 ft，即低于 3 048 m）分为 SIGMET 报文和 ILAMET 报文两种。

表 3-9 中列出了 ILAMET 报文的数据项内容及其对应的正则表达式。因此，可以对任意 ILAMET 报文进行正则表达式的数据项解析和划分，并提取数据项作

为气象信息的数据源。

表 3-9 ILAMET 报文数据项的正则表达式

数据项	描述	举例	正则表达式
服务于报文涉及的飞行情报区或者管制区空中交通服务单位地名代码	四字代码	YUCC	\d{4}
电报序号	与当日份数一致	2 VALID	\d{1}\SVALID
有效时段	日期时间/日期时间	221215⁄221600	\d{6} \/\d{6}
始发电报的气象监视台的地名代码	四字代码并以-结束	YUDO-	[A-Z]{4}\-
为之发布重要气象情报的飞行情报区或者管制区名称	名称以及飞行情报区或者管制区	AMSWELL FIR	[A-Z]{7}\xFIR|UIR |（FIR\/UIR）
天气现象描述	雷暴甚至大冰雹	OSBC T	（ OSBC|EMBD|FRQ|LSQ ） \sT\s（HVYGR）?
	中度颠簸	MOD TURB	MOD\sTURB
	重度颠簸	WEV TURB	SEV\sTURB
	中度积冰	MOD ICE	MOD\sICE
	重度积冰	SEV ICE	SEV\sICE
	冻雨	FZRA	FZRA
	山地波	MOD MTW	（MOD|SEV）\sMTW
	孤立的、分离的、成片的积雨云	ISOL CB	（ISOL|OCNL|FRQ）\sCB
	云组（+底高单位）	BKN CLD	（BKN|OVC）\sCLD
	孤立的冰雹雷暴	SOL TSGR	（ISOL|OCNL）\sTSGR
	冰雹	GR	GR
	火山灰	VA	VA
	风速（+风速和单位或者+能见度）	SFC WSPD	SFC WSPD
观测或者预报	观测到的并预报时用 OBS，预报的尚未观测到用 FCST	OBS AT 1205	OBS\s（AT\s\d{4}）?
位置/高度层	区域参照纬度、经度或著名地理位置和受影响的高度层	48 DEG N 10 DEG E AT FL080	（TOP\s|LTD\s）?（ABV\s）?（BTN\s）?FL\d{3}\s（（N|S）\sOF\s（\d{2}\sDEG\s（N|S）））{1,}
运动和方向	移动以海里/小时为单位，方向用八方位表示	STNR	MOV\s|QUASI\sSTNR\s|WDS PR\s|STNR\s（E|N|S|W）?
强度变化	减弱（WKN）、平缓（NC）、加强（INTSF）	NC	WKN|NC|INTSF

航路重要气象情报的编报使用 ICAO 组织统一规定的英文缩写明语[47]和国际航空电码表[48]。根据其进行编报的 ILAMET 所有数据项及其对应的正则表达式如表 3-9 所示。

3.4.2 数据转换流程

本章基于 Java 语言，利用上述的数据模型，实现了从数据源到规范的 XML 格式相应转换。JAXB 提供的序列化接口可将 Java 对象序列化为 XML 数据。因此，可以使用 JAXB 对物理模型对应的数据结构进行序列化，使用 Java 语言对数据结构进行操作。具体实现流程如图 3-17 所示。

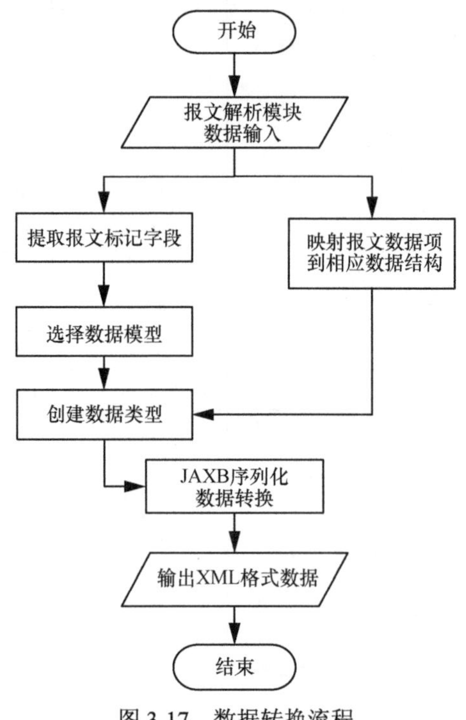

图 3-17　数据转换流程

图 3-17 中，程序首先将从输入的报文中提取报文标记字段用于选择匹配的数据模型，并将数据项映射到对应的数据结构。然后，匹配的数据模型进一步创建相应的数据类型，并将对应的数据结构中的数据值传入数据类型中。最后，将数据类型进行 JAXB 序列化处理。处理过程首先利用物理模型对应的数据结构进行 JAXB 元素的创建；然后，使用其提供的序列化接口将数据对象序列化，即可得到 XML 格式数据，得到的 XML 格式数据满足 SWIM 数据模型中的数据结构以及格式标准。整个转换流程完成了适配器对输入数据的格式转换与统一，实现了数据转换。

3.4.3　服务封装流程

适配器需要对不同服务接口定义进行相应类别服务的封装。服务的开发流程根据服务接口定义的调用方式的不同而有所不同。例如，航空信息服务类的航空业务，需要航空情报消费方如航空公司采取订阅/发布式的调用方式，当服务更新时，航空情报会自动推送给订阅消费方；而航班类业务需要服务使用者主动提出申请，同步调用服务。因此，在适配器关于服务开发流程上，针对不同服务接口采取了两种开发方法，一种是订阅/发布式的服务，另一种是请求/响应式的服务。具体的服务开发流程如图 3-18 所示。

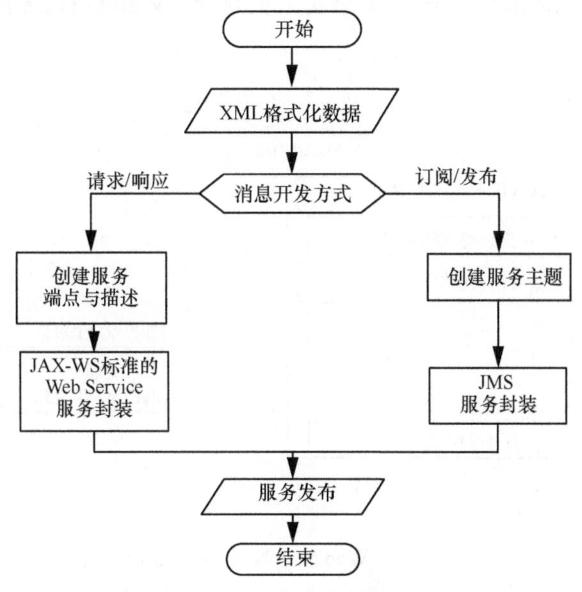

图 3-18　服务开发过程

服务开发流程中，根据不同的消息分为两种开发方式。一种针对实时性要求较高的信息业务，如航班信息业务，使用 JAX-WS 标准开发请求/响应式的 Web Service；另一种使用 JMS 开发以实现订阅/发布式的服务，如航空信息业务以及气象信息业务。Web Service 开发过程中，采用了自底向上的开发方式，首先实现服务业务组件；然后将组件暴露为满足 JAX-WS 标准的服务，并配置服务端点；最后生成 WSDL。JMS 既支持订阅/发布消息模式的异步信息传递方法，并且支持多种结构化和半结构化的消息对象的传递，也支持传递 XML 格式的消息[49]。ICAO 建议在 WS 系列标准没有完善的前提下，使用 JMS 作为消息订阅/发布的方式。JMS 提供了一套接口供服务发布者和服务订阅者使用，双方需要共同维护一个会话以及由其创建的主题，服务发布者将信息封装到 JMS 服务器上的特定会话主题上。

当两种方式的服务开发完成后，就可以进行服务的发布，供服务调用者在远端调用服务。最终，将不同方式开发的服务发布在服务器上，以供服务调用者进行调用。

3.4.4 服务交互过程

服务发布成功后，需要实现服务交互过程以完成服务的调用。服务交互过程描述了服务参与方在过程中的角色和时序流程，使用 UML 中的顺序图来表示。在使用 Web Service 技术发布的服务中，服务的交互需要使用 SOAP 协议。SOAP 是一种基于 XML 的用于交换结构化信息的轻量级消息交互协议。SOAP 的特性使其成为 Web Service 消息传输协议事实上的标准。Web Service 的交互的过程如图 3-19 所示。

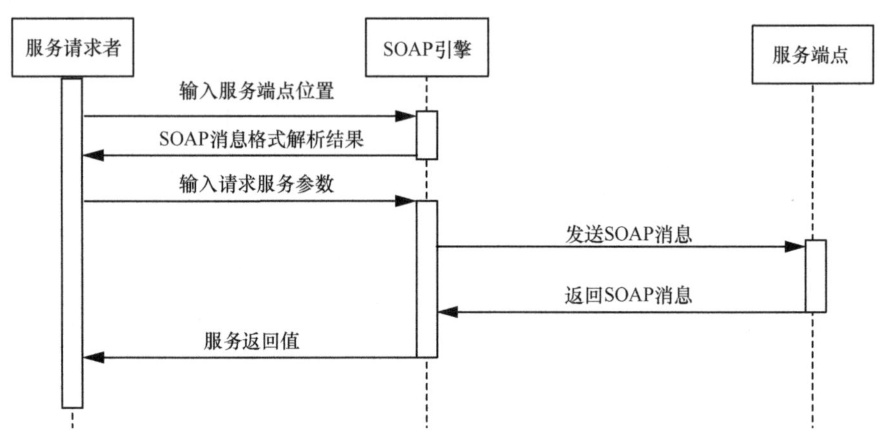

图 3-19　Web Service 的交互过程

图 3-19 是服务交互的 UML 顺序图，UML 顺序图主要说明了交互的详细过程。服务请求者首先发送服务端点位置到 SOAP 引擎，SOAP 引擎会对这个服务端点上的 WSDL 进行解析，并将此服务实例的 SOAP 消息格式返回给服务请求者。然后，服务请求者根据此服务格式输入相应的服务请求参数给 SOAP 引擎，由引擎传递给服务端点处的服务。最后，服务按服务接口定义产生的 WSDL 中的描述规则返回相应 SOAP 消息，并由 SOAP 引擎传递给服务请求者。

在使用 JMS 实现的订阅服务上使用订阅/发布交互模式，交互顺序如图 3-20 所示。在 JMS 封装的服务交互流程中，服务订阅者首先创建 JMS 会话并订阅此会话上的特定主题，然后等待发布者发布服务。当服务发布者发布服务时，首先连接相应会话并连接到同一个主题，然后发送消息到这个会话，会话触发监听器执行监听方法，将返回消息推送给服务订阅者。这个过程中，服务订阅者只需要连接到 JMS 会话和主题，然后等待服务发布者发送消息。因此，此交互过程即完成服务订阅/发布式的异步调用。

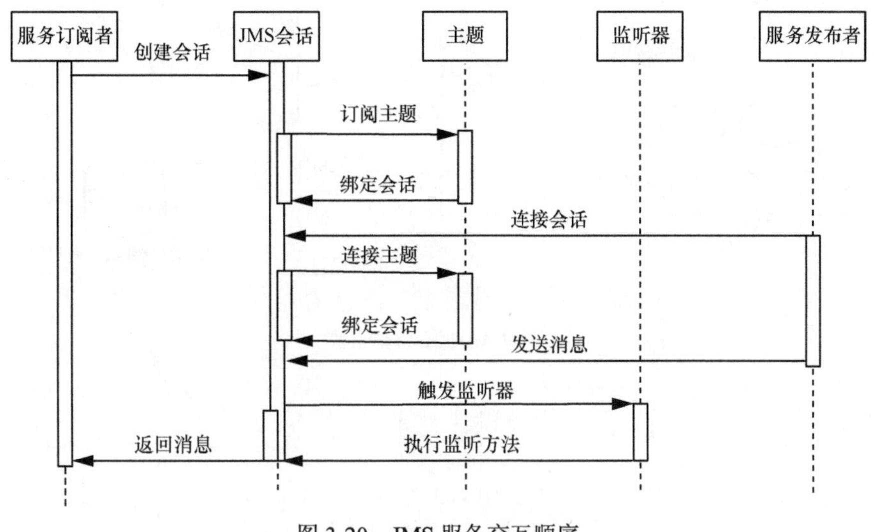

图 3-20　JMS 服务交互顺序

3.5 实验仿真及结果分析

本节通过集成测试和系统测试，设计多种报文作为测试用例，分别对适配器的各个模块功能以及整体功能和性能进行测试。

3.5.1　测试过程

测试过程从不同的层次上分为集成测试和系统测试。其中，集成测试又叫组装测试，是针对模块进行测试；系统测试是对开发的系统的功能和性能进行整体测试。测试拓扑图如图 3-21 所示。

图 3-21 中，将适配器搭载在 Tomcat 服务器和 ActiveMQ 服务器上，Tomcat 服务器用来发布 Web Service 技术封装的服务；ActiveMQ 服务器用来发布 JMS 封装的服务，包括持久化和非持久化两种。持久化服务器会将服务保留在磁盘中，因而支持历史服务的接收；非持久化服务器则只能提供服务调用方连接后的服务传递。服务器分别连接了相应的报文数据库。用户可以通过用户交互界面使用服务器上运行的适配器。具体的测试环境中的服务器参数如表 3-10 所示。

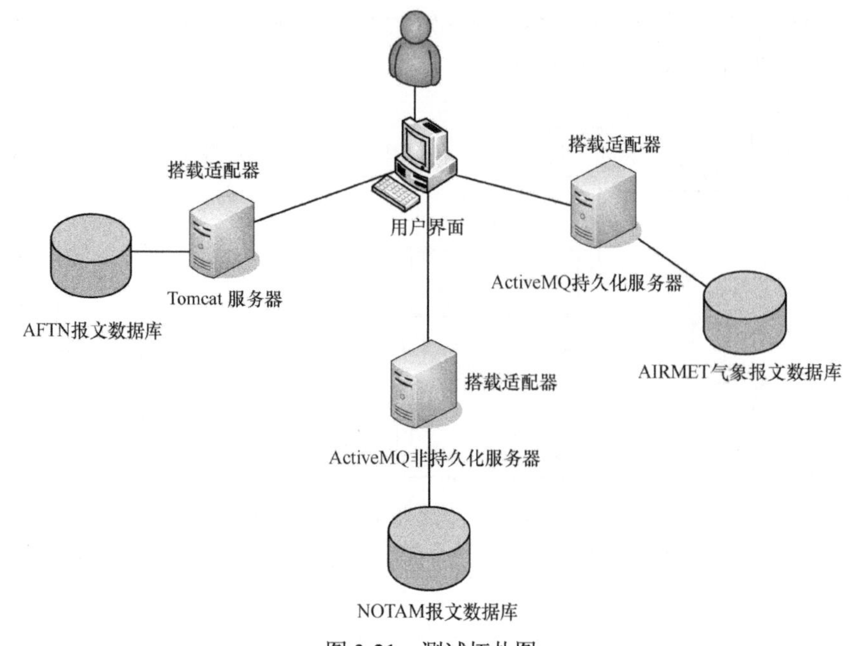

图 3-21　测试拓扑图

表 3-10　测试环境服务器参数

服务器	版本	运行操作系统
Tomcat 服务器	7.0.76	Linux RedHat5
ActiveMQ 持久化服务器	5.11.1	Windows7
ActiveMQ 非持久化服务器	5.11.1	Windows8

用户交互界面运行环境如下：操作系统为 Windows7，CPU 为 3.2 GHz，内存为 4 GB 浏览器采用 360 浏览器上。测试用例中的数据构成和来源如表 3-11 所示。

表 3-11　测试数据构成和来源

测试数据	构成	来源
ATS 报文	FPL 报文	AFTN 转报网络
	DEP 报文	AFTN 转报网络
	ARR 报文	AFTN 转报网络
	DLA 报文	AFTN 转报网络
航空情报	AIP 报文	中国民航空中交通管理系统
	NOTAM 报文	中国民航空中交通管理系统
气象报文	ILAMET 报文	ICAO 报文实例

表 3-11 的测试数据中，空中交通服务（Air Traffic Service, ATS）报文是 ICAO 空中交通管理文件中的标准报文，测试使用的 4 种报文均来源于 AFTN 转报网络，其中，FPL 报文为领航计划报，DEP 报文为起飞报，ARR 报文为到达报，DLA 报文为延误报；航空情报相关数据由 AIP 报文和 NOTAM 报文构成，来源于中国民航空中交通管理系统发布的文件；气象报文来自 ICAO 给出的报文实例。

3.5.2 集成测试

集成测试使用了黑盒测试方法，适配器的两个设计层次上的模块都使用了这种方法。黑盒测试方法是在不关心模块内程序的逻辑结构的情况下，对模块是否能正确接受输入和得到正确输出进行测试。因此，在适配器的两个模块中进行各种测试用例的输入并观察输出，得到测试结果。其中，测试用例的设计采取了等价划分的方法。等价划分方法是黑盒测试中常用的测试用例设计方法，其将数据划分为若干等价子类，从各个集合中选取若干个输入数据作为测试用例进行测试。

（1）数据转换模块测试用例及结果

数据转换模块的测试中，测试用例的设计按照数据模型划分为 FIXM、AIXM、WIXM 这 3 种模型中对应的输入数据子集合。模块在 FIXM 输入数据子集合中选择 4 种 AFTN 报文，分别为 FPL 报文、DEP 报文、ARR 报文、DLA 报文，作为测试用例；选取 NOTAM 报文中的 NOTAMN 作为 AIXM 输入数据子集合的测试用例；选择低空气象报文 ILAMET 报文作为 WIXM 输入数据子集合中的测试用例进行测试。报文测试用例和测试结果如下。

①┌ FIXM 数据子集合测试

FIXM 数据测试中，设计并使用了 FPL 报文、DEP 报文、ARR 报文和 DLA 报文这 4 种 AFTN 报文作为测试用例。FPL 报文测试用例如图 3-22 所示。

```
FF EETNZTZX
200056 LFPYZMFP
（FPL-SPOOI-IG
-PA31/L-SGY/S
-EPKK0500
-N0160F100 DCT KEKUS R232 TRZ T707 TOMTI N869 OKX P96 HDO
M748 RENDO/N0170F060 Q230 TADUV Z21 WRB DCT
-EDVK0230 EDLN EDDK
-OPR/TENG DEVELOPMENT SP. Z O.O. RMK/IFPS CHANGE OF ROUTE
ACCEPTED DOF/100501 ORGN/EPKKZPZX）
```

图 3-22　FPL 报文测试用例

图 3-23 是以图 3-22 的 FPL 报文作为测试用例进行数据转换模块测试的结果。可以看到，FPL 报文中关于航空器信息的数据项映射到了航空器对象中，并在序列化后得到航空器元素的 XML 实例，且和数据模型 FIXM 中的航空器物理模型定义的数据结构和内容一致。

```
<?xml version="1.0" encoding="UTF-8" standalone="no"?>
<message xmlns:ns2="http://www.fixm.aero/flight/4.0"
xmlns:ns3="http://www.fixm.aero/messaging/4.0"
xmlns:ns4="http://www.fixm.aero/base/4.0">
  <ns2:aircraft wakeTurbulence="L">
    <ns2:aircraftType>
      <ns2:type xmlns:xsi=http://www.w3.org/2001/XMLSchema-instance icaoAircraft
TypeDesignator="PA31" xsi:type="ns2:IcaoAircraftTypeReferenceType"/>
     </ns2:aircraftType>
    <ns2:capabilities standardCapabilities="STANDARD">
<ns2:communication>
    <ns2:communicationCapabilityCode>Y</ns2:communicationCapabilityCode>
      </ns2:communication>
      <ns2:navigation>
        <ns2:navigationCapabilityCode>G</ns2:navigationCapabilityCode>
      </ns2:navigation>
      <ns2:surveillance>
       <ns2:surveillanceCapabilityCode>S</ns2:surveillanceCapabilityCode>
      </ns2:surveillance>
    </ns2:capabilities>
  </ns2:aircraft>
</message>
```

图 3-23　FPL 报文数据转换测试结果

DEP 报文测试用例如图 3-24 所示。

```
FF EETNZTZX
200658 LFPYZMFP
(DEP-SIO611/A0467-LIML0656-EETN)
```

图 3-24　DEP 报文测试用例

使用图 3-24 作为测试用例进行数据转换模块的系统测试，测试结果如图 3-25 所示。可以看出，与 DEP 报文有关起飞信息的数据项映射到了对应的 XML 实例中的<departure>元素，并包含<aerodrome>机场子元素以指明起飞机场。

ARR 报文的测试用例如图 3-26 所示。

```
<?xml version="1.0" encoding="UTF-8" standalone="no"?>
<message xmlns:ns2="http://www.fixm.aero/flight/4.0"
xmlns:ns3="http://www.fixm.aero/messaging/4.0"
xmlns:ns4="http://www.fixm.aero/base/4.0">
<ns3:flight>
  <ns2:aircraft/>
    <ns2:departure>
    <ns2:aerodrome xmlns:xsi="http://www.w3.org/2001/XMLSchema-instance"
locationIndicator="LIML" xsi:type="ns4:IcaoAerodromeReferenceType"/>
    <ns2:estimatedOffBlockTime
timeReference="0656">2018-01-21T06:56:00.000Z</ns2:estimatedOffBlockTime>
    </ns2:departure>
    <ns2:destination>
    <ns2:aerodrome xmlns:xsi="http://www.w3.org/2001/XMLSchema-instance"
locationIndicator="EETN" xsi:type="ns4:IcaoAerodromeReferenceType"/>
    <?xml version="1.0" encoding="UTF-8" standalone="no"?>
    <message xmlns:ns2="http://www.fixm.aero/flight/4.0"
    xmlns:ns3="http://www.fixm.aero/messaging/4.0"
xmlns:ns4="http://www.fixm.aero/base/4.0">
    <ns3:flight>
    <ns2:aircraft/>
    <ns2:departure>
    <ns2:aerodrome xmlns:xsi="http://www.w3.org/2001/XMLSchema-instance"
    locationIndicator="LIML" xsi:type="ns4:IcaoAerodromeReferenceType"/>
    <ns2:estimatedOffBlockTime timeReference="0656">2018-01-21T06:56:00.000Z
</ns2:estimatedOffBlockTime>
    </ns2:departure>
    <ns2:destination>
    <ns2:aerodrome xmlns:xsi="http://www.w3.org/2001/XMLSchema-instance"
locationIndicator="EETN" xsi:type="ns4:IcaoAerodromeReferenceType"/>
    </ns2:destination>
    <ns2:enRoute>
    <ns2:currentSsrCode ssrMode="A">0467</ns2:currentSsrCode>
    </ns2:enRoute>
    </ns3:flight>
    </message>
```


图 3-25　DEP 报文测试结果

```
FF EETNZTZX
200056 LFPYZMFP
(ARR-AMC4574-LMML-ULLI0056)
```

图 3-26　ARR 报文测试用例

图 3-27 为图 3-26 中 ARR 报文测试结果。测试结果表明，ARR 报文中的降落信息成功映射到<arrival>标签内的到达元素，包括实际的到达时间以及到达机场子元素，数据转换结果符合数据模型规范。

DLA 报文测试用例如图 3-28 所示。

```
<?xml version="1.0" encoding="UTF-8" standalone="no"?>
<message  xmlns:ns2="http://www.fixm.aero/flight/4.0"xmlns:ns3="http://www.fixm.  aero/
messaging/4.0" >
   <ns3:flight>
      <ns2:aircraft/>
         <ns2:arrival>
            <ns2:actualTimeOfArrival>2018-01-22T00:56:00.000Z
            </ns2:actualTimeOfArrival>
            <ns2:aerodrome      xmlns:xsi="http://www.w3.org/2001/XMLSchema-instance"
locationIndicator="ULLI" xsi:type="ns4:IcaoAerodromeReferenceType"/>
          </ns2:arrival>
          <ns2:departure>
            <ns2:aerodrome      xmlns:xsi="http://www.w3.org/2001/XMLSchema-instance"
locationIndicator="LMML" xsi:type="ns4:IcaoAerodromeReferenceType"/>
         </ns2:departure>
         <ns2:enRoute/>
            <ns2:flightIdentification aircraftIdentification="AMC4574"/>
      </ns3:flight>
</message>
```

图 3-27 ARR 报文数据转换测试结果

```
FF EETNZTZX
200145 LFPYZMFP
(LA-KZU1207-LTFJ0330-EETN)
```

图 3-28 DLA 报文测试用例

图 3-29 是图 3-28 中的测试用例对应的数据转换模块测试结果。其中指示了<departure>元素与包含的起飞机场和预计起飞时间，以及<destination>元素中包含的目的地机场。

```
<?xml version="1.0" encoding="UTF-8" standalone="no"?>
<message xmlns:ns2="http://www.fixm.aero/flight/4.0"
xmlns:ns3="http://www.fixm.aero/messaging/4.0"
xmlns:ns4="http://www.fixm.aero/base/4.0">
<ns3:flight>
   <ns2:aircraft/>
      <ns2:departure>
         <ns2:aerodrome xmlns:xsi="http://www.w3.org/2001/XMLSchema-instance"
         locationIndicator="LTFJ" xsi:type="ns4:IcaoAerodromeReferenceType"/>
         <ns2:estimatedOffBlockTime timeReference="0330">2018-01-22T03:30:00.000Z
         </ns2:estimatedOffBlockTime>
      </ns2:departure>
      <ns2:destination>
         <ns2:aerodrome xmlns:xsi="http://www.w3.org/2001/XMLSchema-instance"
locationIndicator="EETN" xsi:type="ns4:IcaoAerodromeReferenceType"/>
      </ns2:destination>
      <ns2:enRoute/>
      <ns2:flightIdentification aircraftIdentification="KZU1207"/>
   </ns3:flight>
</message>
```

图 3-29 DLA 报文测试结果

② AIXM 数据子集合测试

测试用例使用 NOTAM 报文中 NOTAMN 类型的报文，如图 3-30 所示。

```
A0046/13 NOTAMN
Q) ZABB/QFALC/IV/NBO/A
/000/999/5353N02802E005
A) ZABB B) 1309012100 C) 1309020200
E) AERODROME CLOSED
```

图 3-30　NOTAM 报文测试用例

在相应的机场 AIP 资料的基础上，由上述测试用例得到的有关机场要素的 XML 数据如图 3-31 所示。


```
<aixm:Airport/Heliportxmlns:gco="http://www.isotc211.org/2005/gco"
xmlns:aixm="http://www.aixm.aero/schema/5.1"
xmlns:gmd="http://www.isotc211.org/2005/gmd"
xmlns:gts="http://www.isotc211.org/2005/gts"
xmlns:gsr="http://www.isotc211.org/2005/gsr"
xmlns:gss="http://www.isotc211.org/2005/gss"
xmlns:message="http://www.aixm.aero/schema/5.1/message"
xmlns:event="http://www.aixm.aero/schema/5.1/event"
xmlns:gml="http://www.opengis.net/gml/3.2"
xmlns:ns10="http://www.w3.org/1999/xlink">
  <gml:boundedByxmlns:xsi="http://www.w3.org/2001/XMLSchema-instance"
xsi:nil="true"/>
   <aixm:timeSlice>
       <aixm:Airport/HeliportTimeSlice>
          <aixm:designator>ZABB</aixm:designator>
          <aixm:name>某大型机场</aixm:name>
          <aixm:locationIndicatorICAO>ZABB</aixm:locationIndicatorICAO>
          <aixm:designatorIATA>PEK</aixm:designatorIATA>
          <aixm:type>aerodrome only</aixm:type>
          <aixm:certifiedICAO>YES</aixm:certifiedICAO>
          <aixm:privateUse>NO</aixm:privateUse>
          <aixm:controlType>civil control</aixm:controlType>
          <aixm:fieldElevation uom="ft">15.2</aixm:fieldElevation>
          <aixm:verticalDatum nilReason="12">12</aixm:verticalDatum>
          <aixm:magneticVariation>121.666</aixm:magneticVariation>
          <gml:validTime>
              <gml:TimePeriod gml:id="CY01_TS02_TP01">
                   <gml:beginPostion>2013-09-01T21:00:00<gml:beginPostion>
                   <gml:endPostion>2013-09-02T02:00:00<gml:endPostion>
              <gml:TimePeriod>
          <gml:validTime>
      <aixm:interpretation>TEMPDELTA</aixm:interpretation>
      <aixm:sequenceNumber>46</aixm:sequenceNumber>
             <aixm:Airport/HeliportAvailability>
                  <aixm:operationalStatus>
                       AERODROME CLOSED
</aixm:operationalStatus>
   </aixm:Airport/HeliportAvailability>
          </aixm:availability>
       </aixm:Airport/HeliportTimeSlice>
    </aixm:timeSlice>
</aixm:Airport/Heliport>
```


图 3-31　NOTAM 报文测试结果

图3-31中将NOTAM报文中关于机场关闭的信息数据项叠加在了国内某大型机场的航空情报汇编上，以 Airport/Heliport 要素为主元素进行 XML 的实例化。

③ WIXM 数据子集合测试

WIXM 数据测试使用 ILAMET 报文作为测试用例，如图 3-32 所示。

```
YUDD ILAMET 1 VALID 151520/151800 YUSO –
YUDD SHANLON FIR ISOL TS
OBS N2706 W07306 CB TOP FL500 WI 150NM OF CENTRE STNR WKN
```

图 3-32　ILAMET 报文测试用例

ILAMET 报文数据转换测试结果如图 3-33 所示。


```
<wixm:ILAMETxmlns:xlink="http://www.w3.org/1999/xlink"
xmlns:gml="http://www.opengis.net/gml/3.2"
xmlns:gco="http://www.isotc211.org/2005/gco"
xmlns:wixm="http://www.wixm.aero/wixm/2.0"
xmlns:xsi="http://www.w3.org/2001/XMLSchema-instance"
xmlns:metce="http://def.wmo.int/metce/2013"
xmlns:om="http://www.opengis.net/om/2.0"
xmlns:sams="http://www.opengis.net/samplingSpatial/2.0"
xmlns:sf="http://www.opengis.net/sampling/2.0"
xmlns:aixm="http://www.aixm.aero/schema/5.1"
xsi:schemaLocation="http://www.wixm.aero/wixm/2.0
http://www.wixm.aero/schema/2.0/wixm.xsd
http://www.aixm.aero/schema/5.1
http://www.aixm.aero/gallery/content/public/schema/5.1_profiles/AIXM_WX/5.1a/AIXM
_Features.xsd"
gml:id="ilamet-a6-1a-TS" status="NORMAL">
  <wixm:issuingAirTrafficServicesUnit>
    <aixm:UnitTimeSlicegml:id="uts1">
        <gml:timePosition>2012-08-25T16:00:00Z</gml:timePosition>
        <aixm:name>YUCC FIC</aixm:name>
        <aixm:type>FIC</aixm:type>
        <aixm:designator>YUCC</aixm:designator>
        </aixm:UnitTimeSlice>
        </wixm:issuingAirTrafficServicesUnit>
        <wixm:originatingMeteorologicalWatchOffice>
        <aixm:UnitTimeSlicegml:id="uts2">
        <gml:validTime></gml:validTime>
        <aixm:interpretation>BASELINE</aixm:interpretation>
        <aixm:name>YUCC MWO</aixm:name>
        <aixm:type>MWO</aixm:type>
        <aixm:designator>YUCC</aixm:designator>
        </aixm:UnitTimeSlice>
        </wixm:originatingMeteorologicalWatchOffice>
        <wixm:validPeriod>
        <gml:TimePeriodgml:id="tp1">
        <gml:beginPosition>2014-05-15T15:20:00</gml:beginPosition>
```


图 3-33　ILAMET 报文数据转换测试结果

```
        <gml:endPosition>2014-05-15T18:00:00</gml:endPosition>
        </gml:TimePeriod>
        </wixm:validPeriod>
        <wixm:phenomenonxlink:href="http://codes.wmo.int/49-2/AirWxPhenomena
/ISOL_TS"/>
        <wixm:analysis>
        <om:OM_Observationgml:id="analysis">
        <om:typexlink:href="http://codes.wmo.int/49-2/observation-
type/IWIXM/1.0/ILAMETEvolvingConditionAnalysis"/>
        <om:result>
        <wixm:EvolvingMeteorologicalCondition
        intensityChange="WAKEN">
        <wixm:directionOfMotion
        uom="deg">STNR</wixm:directionOfMotion>
        <wixm:geometry>
        <aixm:AirspaceVolume>
        <aixm:upperLimituom="FL">500</aixm:upperLimit>
        <aixm:horizontalProjection>
        <gml:CircleByCenterPointnumArc="1">
        <gml:pos>27.06 -73.06</gml:pos>
        <gml:radiusuom="n.mi">150</gml:radius>
        </gml:CircleByCenterPoint>
        </aixm:horizontalProjection>
        </aixm:AirspaceVolume>
        </wixm:geometry>
        </om:result>
        </om:OM_Observation>
        </wixm:analysis>
        </wixm:ILAMET>
```


图 3-33　ILAMET 报文数据转换测试结果（续）

图 3-33 是图 3-32 中的 ILAMET 报文经过数据转换模块后得到的 XML 格式数据，ILAMET 元素为根元素，并包含各项数据模型中定义的数据结构和内容。

分布在 FIXM、AIXM、WIXM 这 3 个数据模型子集合中的 6 个测试用例及其测试结果总结如表 3-12 所示。

表 3-12　测试用例及其测试结果

用例号	用例内容	预期输出结果	输出成功与否	与数据模型匹配与否
1	FPL 报文	航空器信息 XML 文档	是	是
2	DEP 报文	离港信息 XML 文档	是	是
3	ARR 报文	到达信息 XML 文档	是	是
4	DLA 报文	延迟信息 XML 文档	是	是
5	NOTAMN 报文	新航空通告报文	是	是
6	ILAMET 报文	低空气象报文	是	是

表 3-12 中总结了 6 种报文在数据转换模块中的测试情况。其中，前 4 个测试用例是 FIXM 数据模型子集合中的，第 5 个测试用例是 AIXM 数据模型子集合中的，而第 6 个测试用例是 WIXM 数据模型子集合中的。结果显示，承载航班信息业务的几种 AFTN 报文、承载航空情报业务的 NOTAMN 以及 ILAMET 报文都能成功输出目标 XML 文档。

（2）服务交互模块测试用例与结果

服务交互模块测试也采用黑盒测试中的等价划分测试方法，分别针对 Web Service 和 JMS 两种不同方式发布的服务进行测试。

① Web Service 测试

航行信息服务使用 Web Service 进行开发，测试包括航空器信息服务、到达信息服务、机载通信能力信息服务、离港信息服务。使用 MyEclipse 集成开发工具进行 JAX-WS 标准的 Web 服务开发，并使用 Tomcat 发布服务。服务发布后，通过登录服务端点查看是否成功发布。以服务分类中的航班信息服务为测试用例进行举例。

图 3-34 是航空器上的部分航班信息服务发布在服务端点上的 WSDL 页面。WSDL 描述了航空器信息服务的接口和具体的服务实现端点位置，包括输入/输出信息以及服务实现的端点位置和调用方法。服务的调用通过 SOAP 进行，相应的 SOAP 测试用例如图 3-35 所示。

图 3-34　航空器信息服务发布 WSDL 页面

图 3-35 中的 SOAP 是根据航空器信息服务的 WSDL 对服务调用的方法描述创建的，服务调用的输入信息中要求输入航班识别号，在<arg0>元素中输入后发

送 SOAP 请求，得到测试结果如图 3-36 所示。

```
<soapenv:Envelope
xmlns:soapenv="schemas.xmlsoap.org/soap/envelope/"
xmlns:mas=" mashallerService.fixmnew.com/">
    <soapenv:Header/>
    <soapenv:Body>
        <mas:aircraftmashaller>
            <!--Optional:-->
            <arg0>B-2213</arg0>
        </mas:aircraftmashaller>
    </soapenv:Body>
</soapenv:Envelope>
```

图 3-35　航空器信息服务调用 SOAP 测试用例

图 3-36 是图 3-35 中的 SOAP 调用航空器信息服务的测试返回结果。SOAP 返回信息在<Body>消息体元素中，其中<return>返回值元素包含调用服务后返回的信息。测试结果表明，服务返回值成功返回了航班识别号为 B-2213 的航空器相关信息的 XML 格式数据，包括航空器尾号、重要标记、进近类别、联系地址等。

```
<S:Envelopexmlns:S="http://schemas.xmlsoap.org/soap/envelope/">
    <S:Body>
        <ns2:aircraftmashallerResponse
xmlns:ns2="http://mashallerService.fixmnew.com/">
            <return><![CDATA[<?xml version="1.0" encoding="UTF-8"
standalone="yes"?><ns2:Aircraft xmlns="http://www.fixm.aero/base/4.0"
xmlns:ns2="http://www.fixm.aero/flight/4.0"
xmlns:ns3="http://www.fixm.aero/messaging/4.0" wakeTurbulence="L"
significantMarkings="boeingsigh" registration="B-2213" numberOfAircraft="1"
aircraftApproachCategory="A" aircraftAddress="BejingAirport"><ns2:aircraftType
numberOfAircraft="1"><ns2:type
xmlns:xsi="http://www.w3.org/2001/XMLSchema-instance"
xsi:type="ns2:IcaoAircraftTypeReferenceType"
icaoAircraftTypeDesignator="Boeing-A2300"/></ns2:aircraftType></ns2:Aircraft>]]>
</return>
        </ns2:aircraftmashallerResponse>
    </S:Body>
</S:Envelope>
```

图 3-36　调用航空器信息服务测试结果

② JMS 服务测试结果

JMS 是订阅/发布式服务使用的服务封装方式。在这类服务测试中，测试用例使用航空信息服务中机场信息服务和低空重要气象信息服务。按照 JMS 服务的交互过程对服务交互模块进行测试，开启 JMS 服务器进行两个订阅者消息的订阅操作。

测试结果通过 JMS 代理服务器的网页输出端口以及服务订阅者客户端的控制台输出得到。测试用例中的两个订阅者订阅主题为 Airport/Heliport 的服务，当服务提供者发布消息服务后，两个订阅者即可监听服务并获取信息。使用浏览器登录 JMS 服务器输出端口，显示的测试结果如图 3-37 所示。

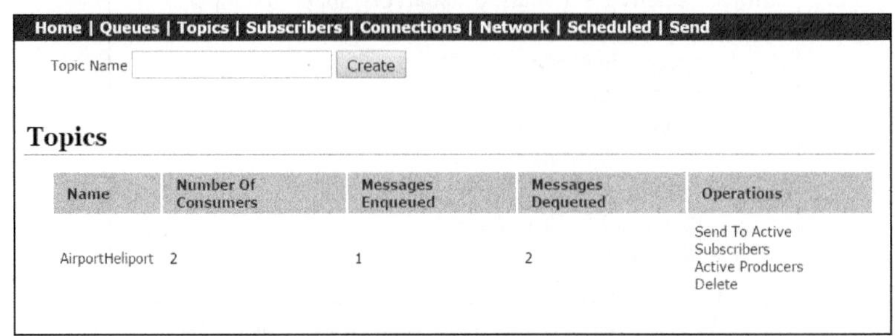

图 3-37　机场/直升机场信息服务 JMS 发布测试结果

图 3-37 中，JMS 服务器显示了关于机场服务的消息主题下订阅者和发布者的交互测试结果。其中，Airport/Heliport 主题下有两个订阅者，当服务消息进入主题后，两个订阅者将分别得到消息。图 3-38(a)和图 3-38(b)分别显示订阅者 1 和订阅者 2 接收到 Airport/Heliport 服务的 XML 消息输出。

(a) 订阅者 1 输出结果

(b) 订阅者 2 输出结果

图 3-38　机场/直升机场信息服务测试订阅者输出结果

ILAMET 服务也使用了 JMS 进行发布，与机场信息服务不同的是，服务订阅者使用持久化订阅方式，即可以接收离线状态时服务发布者发布的历史消息。测试流程如下。

（a）启动 JMS 服务器。

（b）将服务订阅者设置客户端身份，连接并注册到服务器。

（c）服务订阅者断开与服务器的连接。

（d）服务发布者发布服务到 JMS 服务器。

（e）服务订阅者重新连接到服务器，接收离线时期的历史消息。

JMS 服务器持久化订阅输出的测试结果如图 3-39 所示。图 3-39 的测试结果表明，JMS 持久化测试中使用一个 ILAMET 服务的订阅者，且订阅者在消息发布前开始离线，消息发布后仍然能接收到离线期间的 3 个历史消息。

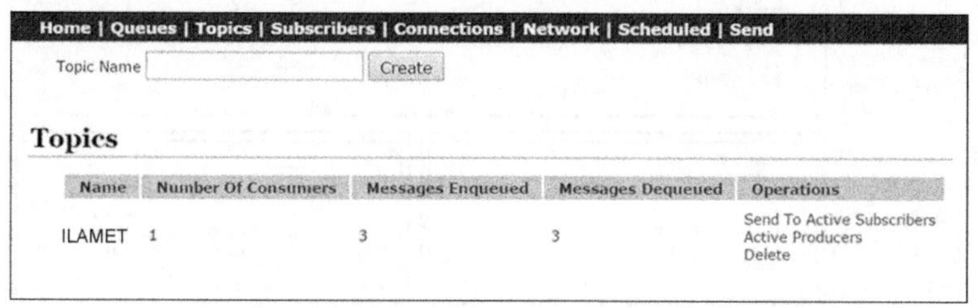

图 3-39　低空重要气象服务 JMS 持久化发布测试结果

订阅者客户端的测试结果如图 3-40 所示。图 3-40 的测试结果表明，适配器实现了持久化订阅 ILAMET 服务的离线消息接收。其优势在于增加了服务订阅者的灵活度，订阅者不需要时刻保持在线，因此节省了订阅者的计算资源开销。

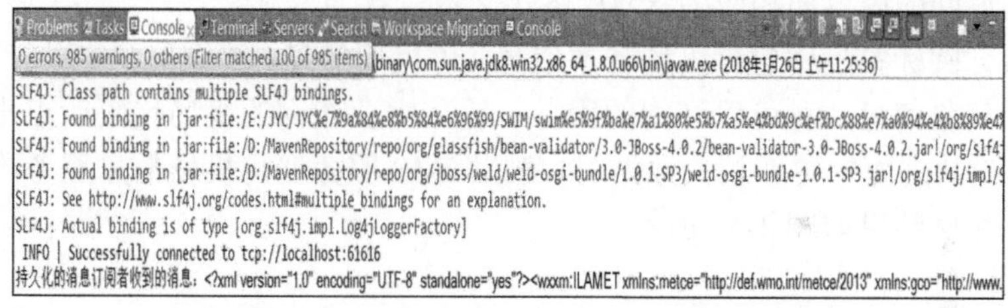

图 3-40　低空重要气象服务订阅者测试结果

3.5.3　系统测试

系统测试对适配器整体进行了功能测试和性能测试，测试过程和结果如下所述。

（1）功能测试

功能测试是对适配器的整体功能进行测试，测试用例对适配器的界面进行设计。为了方便用户的使用以及整体适配器的功能测试，设计了请求/响应和订阅/发布两种业务类型的用户界面。开发使用了 JSP 技术以及 HTML、CSS、JavaScript 等静态网页开发语言。

用户界面包括用户信息部分、主界面的服务请求和服务订阅等几个标签栏。针对服务请求和服务订阅两个标签栏进行测试，在用户界面中输入航班号并点击航班基本信息服务的请求按钮后，即可得到请求返回测试结果，测试结果如图 3-41 所示。

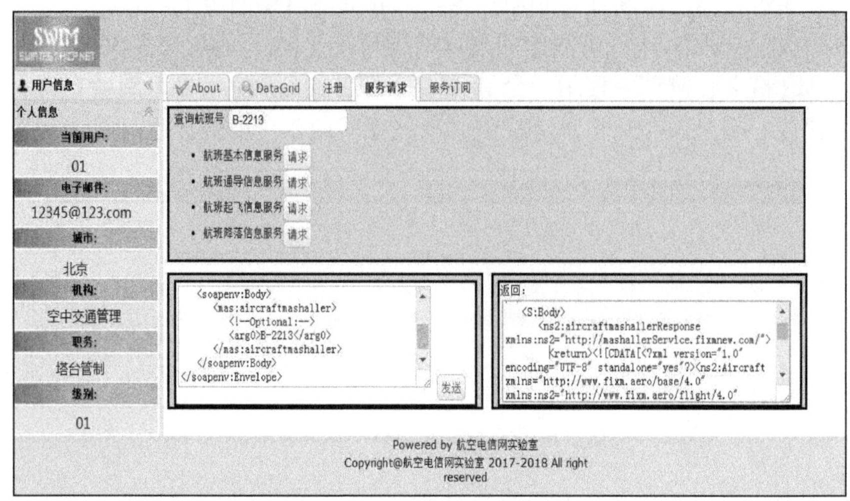

图 3-41　航班基本信息服务测试结果

图 3-41 中，在生成的 SOAP 文本框中点击发送按钮，即可得到返回的 SOAP，可以看到返回的内容即相应的 XML 格式文本信息。

服务订阅标签栏中包含机场基本信息、停机坪信息、跑道信息、滑行道信息、以及低空气象信息几种可以订阅的服务。输入需要查询的机场代码后点击机场信息订阅，当数据库中更新相关数据时，触发 JMS 服务器将机场信息服务推送给订阅页面。测试结果如图 3-42 所示。

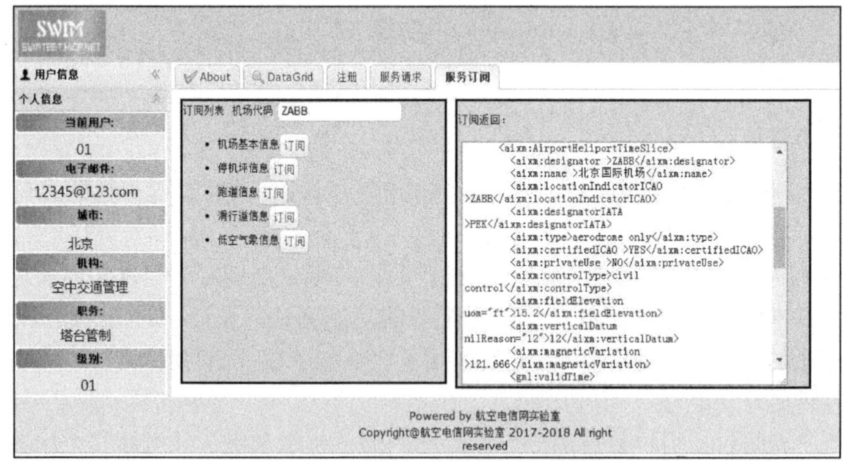

图 3-42　机场基本信息订阅测试结果

如图 3-42 所示，订阅机场基本信息后，当更新北京国际机场（四字代码 ZABB）的相关信息时，在订阅返回文本框中即可得到相应信息。对适配器的界面功能测试总结了多个测试用例的测试情况。

表 3-13～表 3-15 展示了使用不同测试用例的情况下，适配器的整体界面功能测试结果，包括主要控件和操作的测试结果。测试结果显示，用户登录、服务请求以及服务订阅中相应操作的测试用例全部通过测试，得到与预期相符的结果。

表 3-13　用户登录功能测试结果

用例编号	测试数据	测试操作	期望结果	实际结果	评测
1	用户名=01，密码=123456	输入表单，点击登录	登录成功跳转到主页面	跳转主页面	测试通过
2	用户名=01，密码=123456	输入表单，点击登录	不跳转页面，提示密码错误	弹框提示密码错误	测试通过
3	用户名=05，密码=123456	输入表单，点击登录	提示用户不存在	弹框提示用户不存在	测试通过

表 3-14　服务请求功能测试结果

<table>
<tr><th>用例编号</th><th>测试数据</th><th>测试操作</th><th>期望结果</th><th>实际结果</th><th>评测</th></tr>
<tr><td rowspan="2">1</td><td rowspan="2">表单输入文本框，航班号=B-2213</td><td>输入文本框，点击航班基本信息服务请求按钮</td><td>左下文本框显示请求航班基本信息请求服务的 SOAP 文档</td><td>显示带有航班号参数的 SOAP</td><td>测试通过</td></tr>
<tr><td>点击发送按钮</td><td>请求适配器服务端点，右下文本框返回 SOAP 文档</td><td>返回相应航班号的航班信息服务数据</td><td>测试通过</td></tr>
<tr><td rowspan="2">2</td><td rowspan="2">表单输入文本框，航班号=B-2203</td><td>输入文本框，点击航班基本信息服务请求按钮</td><td>左下文本框显示航班基本信息请求服务的 SOAP 文档</td><td>显示带有航班号参数的 SOAP</td><td>测试通过</td></tr>
<tr><td>点击发送按钮</td><td>请求适配器服务端点，右下文本框返回 SOAP 错误返回文档</td><td>返回报错信息的 SOAP，提示航班不存在</td><td>测试通过</td></tr>
<tr><td rowspan="2">3</td><td rowspan="2">表单输入文本框，航班号=B-2213</td><td>输入文本框，点击航班通导信息服务请求按钮</td><td>左下文本框显示航班通导信息请求服务的 SOAP 文档</td><td>显示带有航班号参数的 SOAP</td><td>测试通过</td></tr>
<tr><td>点击发送按钮</td><td>请求适配器服务端点，右下文本框返回 SOAP 文档</td><td>返回相应航班号的航班通导信息服务数据</td><td>测试通过</td></tr>
<tr><td>4</td><td>表单输入文本框，航班号=B-2203</td><td>点击发送按钮</td><td>请求适配器服务端点，右下文本框返回 SOAP 错误返回文档</td><td>返回报错信息的 SOAP，提示航班不存在</td><td>测试通过</td></tr>
<tr><td rowspan="2">5</td><td rowspan="2">表单输入文本框，航班号=B-2213</td><td>输入文本框，点击航班起飞信息服务请求按钮</td><td>左下文本框显示请求航班起飞信息服务的 SOAP 文档</td><td>显示带有航班号参数的 SOAP</td><td>测试通过</td></tr>
<tr><td>点击发送按钮</td><td>请求适配器服务端点，右下文本框返回 SOAP 文档</td><td>返回相应航班号的航班起飞信息服务数据</td><td>测试通过</td></tr>
</table>

（续表）

用例编号	测试数据	测试操作	期望结果	实际结果	评测
6	表单输入文本框，航班号=B-2203	输入文本框，点击航班起飞信息服务请求按钮	左下文本框显示航班起飞信息请求服务的 SOAP 文档	显示带有航班号参数的 SOAP	测试通过
		点击发送按钮	请求适配器服务端点，右下文本框返回 SOAP 错误返回文档	返回报错信息的 SOAP，提示航班不存在	测试通过
7	表单输入文本框，航班号=B-2213	输入文本框，点击航班到达信息服务请求按钮	左下文本框显示请求航班到达信息服务的 SOAP 文档	显示带有航班号参数的 SOAP	测试通过
		点击发送按钮	请求适配器服务端点，右下文本框返回 SOAP	返回相应航班号的航班到达信息服务数据	测试通过
8	表单输入文本框，航班号=B-2203	输入文本框，点击航班到达信息服务请求按钮	左下文本框显示航班到达信息请求服务的 SOAP 文档	显示带有航班号参数的 SOAP	测试通过
		点击发送按钮	请求适配器服务端点，右下文本框返回 SOAP 错误返回文档	返回报错信息的 SOAP，提示航班不存在	测试通过

表 3-15 服务订阅功能测试结果

用例编号	测试数据	测试操作	期望结果	实际结果	评测
1	表单输入文本框，机场代码=ZABB	提交机场基本信息订阅按钮	提示订阅成功	提示订阅成功	测试通过
		更新数据库中 ZABB 的机场基本信息	右侧文本框显示更新的机场信息 XML 文档	显示更新的机场信息 XML 文档	测试通过
2	表单输入文本框，机场代码=ZAXX	提交机场基本信息订阅按钮	提示机场信息不存在	提示机场信息不存在	测试通过
3	表单输入文本框，机场代码=ZABB	提交低空气象信息订阅按钮	右侧文本框显示更新的机场信息 XML 文档	显示更新的机场信息 XML 文档	测试通过
		更新数据库中 ZABB 的信息	右侧文本框显示更新的低空气象信息 XML 文档	显示更新的低空气象信息 XML 文档	测试通过
4	表单输入文本框，机场代码=ZAXX	提交低空气象信息订阅按钮	提示低空气象信息不存在	提示低空气象信息不存在	测试通过

（2）性能测试

性能测试对适配器的性能需求进行相关测试，包括适配器的数据转换时间效率、服务交互响应时间效率，以及适配器用户界面的加载时间、资源消耗情况、不同环境下的运行情况。

适配器的数据转换时间效率表示其数据转换模块的时间消耗。测试使用 3.5.2

节所述 4 种测试用例，分别通过数据转换模块进行 30 次数据转换，统计测试时间并计算每个测试用例的平均数据转换时间，测试结果如表 3-16 所示。

表 3-16　数据转换时间效率测试结果

测试用例	转换时间/ms											
	1	2	3	4	5	6	7	8	9	…	30	平均值
FPL 报文测试用例	395	371	336	383	380	337	351	384	389	…	374	370.0
DEP 报文测试用例	305	307	299	313	309	311	315	299	294	…	297	304.9
ARR 报文测试用例	310	281	304	294	302	300	309	300	308	…	286	299.4
DLA 报文测试用例	301	297	298	299	282	293	301	300	304	…	290	296.5

测试结果显示时间效率均为 ms 级别，符合适配器的数据转换性能需求。数据转换性能测试还统计了使用不同长度和不同种类的报文作为测试用例时数据转换平均耗时的关系。

将 4 种报文作为测试用例，测试了每种报文在不同报文长度下 30 次的平均数据转换耗时，如图 3-43 所示。从图 3-43 中可以看出，随着报文长度增加，数据转换平均耗时也平缓增加，但均保持在 ms 量级。其中，FPL 报文作为数据源时，耗时较其他 3 种数据源有明显增加，这与 FPL 报文本身涉及数据类型有关。FPL 作为航行前准备的领航计划业务数据源，包含信息量更多并对应更多的数据结构，因此数据转换耗时更长。

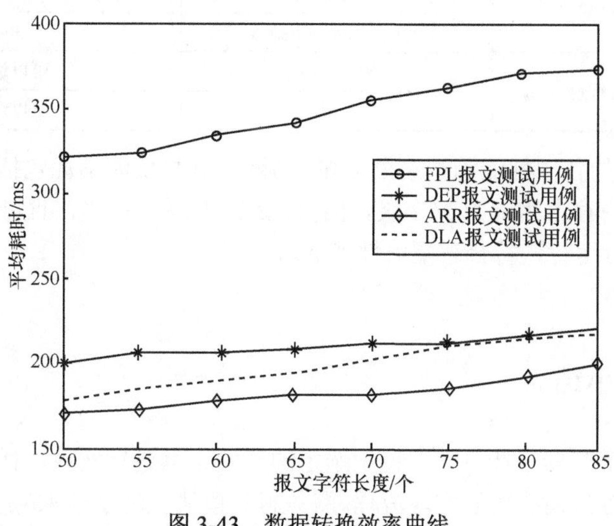

图 3-43　数据转换效率曲线

对于服务响应时间效率的测试采用了压力测试方法。每种服务在 5 个线程，持续时间为 60 s 的相同测试场景下进行请求/响应的交互时间测试。测试结果如表 3-17 所示。

表 3-17　服务响应时间效率测试结果

服务名称	最小响应时间/ms	最大响应时间/ms	平均响应时间/ms	最后一次响应时间/ms	请求数/次	平均每秒响应数/次
航空器基本信息服务	5 737	35 812	9 884.52	35 812	140 852	1 841
航班机载能力信息服务	4 978	27 764	8 437.36	25 144	136 321	1 542
航班离港信息服务	4 676	29 836	8 514.27	26 173	138 737	1 581
航班到达信息服务	4 114	25 165	8 221.67	24 132	135 123	1 524
航班航路信息服务	4 232	26 568	8 341.53	24 437	134 241	1 503

表 3-17 列举了 5 种航班信息服务的响应时间，包括最小响应时间、最大响应时间、平均响应时间、最后一次响应时间、请求数和平均每秒响应数。服务的平均响应时间在 10 s 以内，且在多线程服务请求的情况下没有出现失败响应。测试结果说明，服务响应在多线程情况下可以保持稳定，同时服务交互响应时效满足设计指标要求。

适配器的其他性能指标测试结果，包括网页加载时间、计算资源消耗以及运行环境可行性，如表 3-18 所示。

表 3-18　其他性能测试结果

性能指标	测试项目	测试结果
计算资源消耗	程序空间占用/MB	17.4
	服务器运行内存占用/MB	90.9
网页加载时间	登录页面加载时间/ms	254
	主页面加载时间/ms	300
运行环境可行性	Windows	可以运行
	Linux	可以运行

由表 3-18 的各项性能测试结果可知，适配器计算资源消耗包括程序空间占用和服务器运行内存占用都为 MB 级，网页加载时间为 ms 级，且可以在 Windows 及 Linux 上同时运行，符合适配器性能需求。

3.6　本章小结

本章根据适配器设计方案，使用选定的开发工具进行实现，详细描述了数据转换模块和服务封装模块的实现流程。服务封装模块实现了请求/响应和订阅/发布两种不同调用方式的服务封装以及服务交互过程。最后，设计各类报文作为测试用例，对适配器进行集成测试和系统测试，分别给出了其模块的功能测试结果以及系统的整体功能和性能测试结果，验证了适配器的有效性。

第 4 章 SWIM 安全网关中授权服务和访问控制的设计与实现

授权服务通过制定访问策略规定了某类用户在当前作用域内对该资源所具有的操作权限，是 SWIM 安全服务的重要组成部分[50-52]。针对 SWIM 开放式、分布式的网络特点，本章利用基于属性的访问控制（Attribute-Based Access Control, ABAC）模型作为授权及访问控制方案的基础，判定用户的访问权限，在保护系统中隐私数据的同时，避免了海量信息、节点移动等问题对系统性能的影响，介绍了授权服务模块的设计与实现。

4.1 授权服务设计方案

ABAC 模型中，访问请求和访问策略均由属性集表示。在权限判定过程中，权限判定点将访问请求中所携带的属性信息与该类资源对应策略中的访问结构相关联，从而判定请求者是否具有此项权限。

图 4-1 给出了一个典型的权限判定场景，其中，请求者利用属性集表示为华北空管局飞行服务报告室的情报人员，所访问的资源类型为中国国航发布的飞行计划信息。由该类资源所对应策略的访问结构可知，该用户具有此项访问权限，可以从 SWIM 中得到相应的服务信息[53-55]。

根据上述场景，SWIM 中授权服务的设计流程如图 4-2 所示。

如图 4-2 所示，授权服务主要包括如下步骤。

（1）归纳典型的航空业务，总结我国民航的基本业务流程。

（2）对 SWIM 中航空用户、服务信息等要素所涉及的属性进行定义。

（3）针对 SWIM 服务特点，为系统中服务信息制定适当的命名方式，并依据命名对信息进行划分。

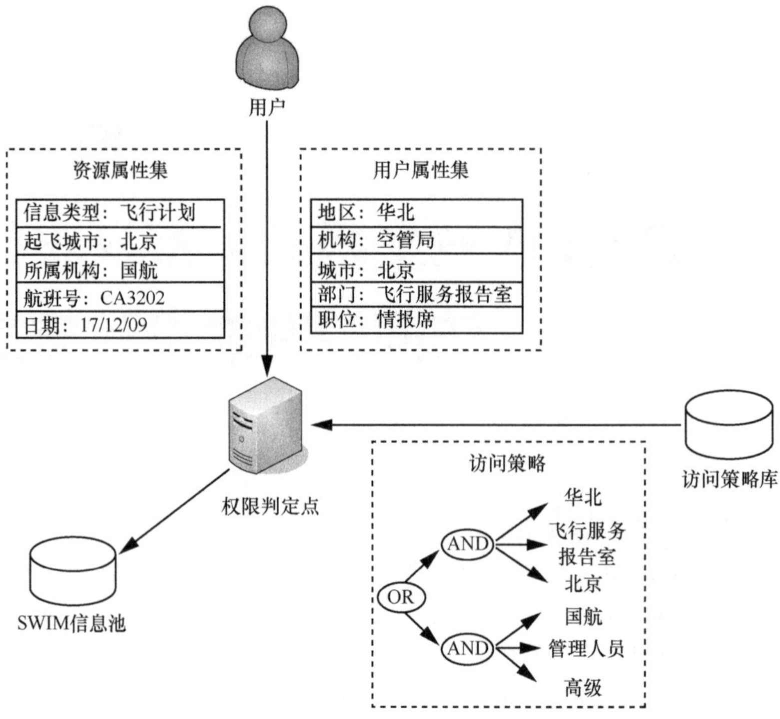

图 4-1　SWIM 权限判定场景

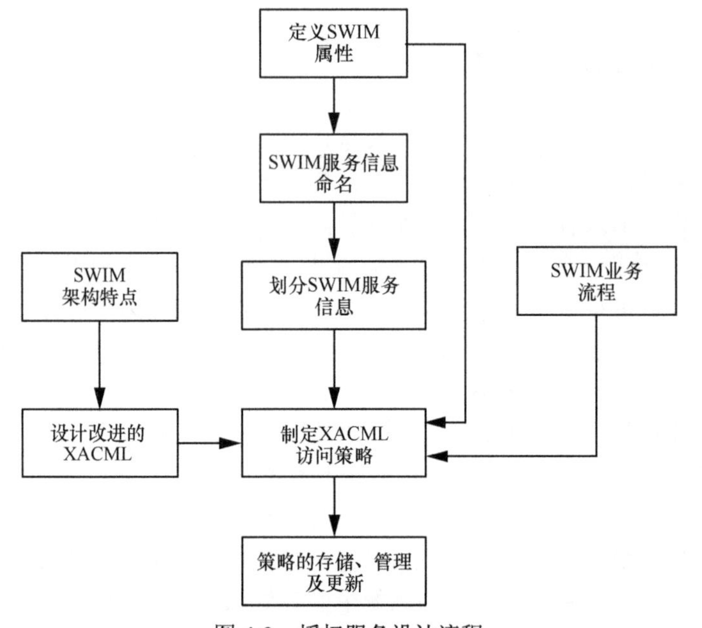

图 4-2　授权服务设计流程

（4）结合系统结构和服务信息的特点，对 XACML 授权模型进行改进。

（5）依据业务流程和 SWIM 属性，针对系统中各类服务信息，利用改进的 XACML 制定访问策略。

（6）对制定好的访问策略进行存储和管理，在必要时进行更新。

4.2 授权服务的实现

本节依据上述设计方案，利用 MyEclipse 开发环境实现了 SWIM 中的授权服务功能。虽然 SWIM 节点既是信息发布方，又是信息消费方，但为了将功能分离，本节分别针对服务端和客户端创建了两个项目。本节简要介绍服务端的项目结构并重点分析授权模块的实现，服务端项目整体结构如图 4-3 所示。

图 4-3　服务端项目整体结构

Src 文件夹：用于存放项目中所有 Java 源代码以及 Hibernate 框架中的配置文件。

Auth 包：用于存放授权服务中策略生成、更新等相关程序，这部分程序将在本节的后续内容中进行详细说明。

Bean 包：用于存放项目中所需的 javabean 类，包括代表雷达信息的 Radarinfo、代表气象信息的 Weatherinfo、用于生成 XACML 的 XmlAttribute。

DAO 包：用于存放与数据库连通的 DAO 接口，以便将低级别的数据访问逻辑与高级别的业务逻辑分离，包括服务信息的增加、删除、查找等抽象方法的定义。

Impl 包：用于存放 DAO 接口的相应实现类。

Xacml 包：用于存放 SUN 公司的开源 XACML 代码，在策略生成、更新的过程中用到了其中部分方法。

Service 包：用于存放所提供的服务及其代理类，负责处理客户端的服务请求。

WebRoot 文件夹：主要存放用于描述所提供服务的 WSDL 文档。

下面对授权服务中的关键代码实现进行说明。

授权服务主要包括策略生成与策略更新两个模块，由于二者具有相似的实现方式，因此本节主要针对策略生成模块进行详细介绍。图 4-4 为该模块的 UML 类图。

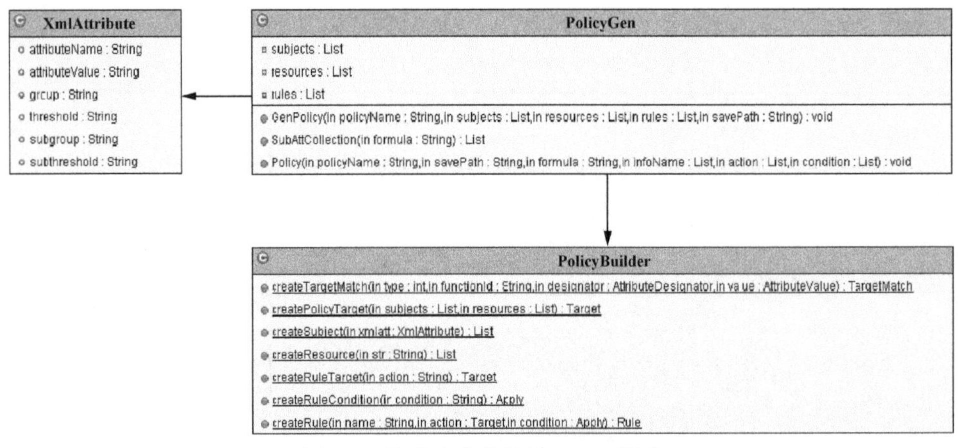

图 4-4 策略生成模块的 UML 类图

其中，XmlAttribute 是生成 XACML 策略的核心，该类中封装了主体属性的属性名、属性值、当前及外部的分组号、门限值等信息，并提供了相应的 set()、get()方法。PolicyGen 中的 SubAttCollection()方法通过对输入的布尔表达式进行解析，得到一组 XmlAttribute 类型的对象，并将其保存到 List 容器中作为其他方法的入口参数。

PolicyBuilder 类针对 XACML 策略中的各类元素提供了相应的生成方法，表 4-1 描述了各方法的方法名、返回值类型及所实现的功能。

表 4-1　PolicyBuilder 方法

返回值类型	方法名	方法实现功能
List	createSubject（XmlAttributexmlAtt）	生成<Subject>元素
List	createResource（String infoName）	生成<Resource >元素
Target	createPolicyTarget（List subjects, List resources）	生成<Policy>下的<Target>元素
Target	createRuleTarget（String action）	生成<Rule >下的<Target>元素
Apply	createRuleCondition（String condition）	生成<Condition >元素
Rule	createRule（String name, Target action, Apply condition）	生成<Rule >元素
Target Match	createTargetMatch（int type, String functionId, AttributeDesignator designator, AttributeValue value）	生成<Subject>、<Resource >、<Action>下的<Match>子元素

PolicyGen 类根据 PolicyBuilder 类提供的方法完成策略的生成工作。该类主要包含 3 个方法，具体如下。SubAttCollection( )方法主要负责主体属性的转化工作；GenPolicy( )方法是策略生成的核心方法；Policy( )方法负责接收策略的原始参数，对其进行预处理，并通过调用 GenPolicy( )实现策略的生成。

下面主要对 GenPolicy( )方法进行说明，该方法详细代码如下。

```
public void GenPolicy (String policyName, List subjects, List resources, List rules, String savePath) throws Exception{
    URI policyId = new URI(policyName);
    URI combiningAlgId = new URI (OrderedDenyOverridesPolicyAlg.algId);
    CombiningAlgFactory factory = CombiningAlgFactory.getInstance( );
    RuleCombiningAlgorithmcombiningAlg = (RuleCombiningAlgorithm) (factory
    .createAlgorithm (combiningAlgId) );
    Target policyTarget = PolicyBuilder.createPolicyTarget
    (subjects, resources);
    Policy policy = new Policy(policyId, combiningAlg, null,
    policyTarget, rules);
    OutputStreamfout = new FileOutputStream(savePath);
    policy.encode(fout, new Indenter( ));
    fout.close( );
    }
```

GenPolicy( )方法共有 5 个入口参数，返回值为空。其中，policyName 表示策略的名称，savePath 表示策略的绝对存储地址，subjects、resources 和 rules 分别表示在 Policy( )方法中生成的 XACML 对应元素集合。GenPolicy( )方法首先导入开源 XACML 包，生成 URI、CombiningAlgFactory 等类对象，通过调用其中的方法完成策略的命名，并选定拒绝优先的策略组合算法；然后，利用传入的 rules 以及所生成的 policyId、policyTarget 等对象，构造包含全部策略信息的 Policy 类对象；最后，利用 encode( )方法将该对象格式化为标准的 XACML 形式，并输出到指定的文件中。

4.3 访问控制总体方案

本节在简述 ABAC 模型特点及优势的基础上，说明了 SWIM 的访问控制架构及其权限判定流程。

4.3.1 基于属性的访问控制

随着信息技术的高速发展以及云计算、移动计算等新技术的兴起，静态的、粗粒度的传统访问控制方式已很难满足安全需求[56]。因此，针对分布式、开放式的网络环境，多种细粒度的新型访问控制模型被提出，ABAC 模型便是其中之一，也是当前访问控制领域的研究热点[57]。

与基于角色的访问控制（Role Based Access Control, RBAC）[58]中主体用户、客体资源以及授权方式都由唯一标识所表示不同[59]，ABAC 中引入了属性的概念，以属性作为模型中的最小单位，并利用属性集对各类要素进行描述，从而实现灵活的、细粒度的访问控制。ABAC 模型是一个四元组 (S,O,P,E)，S 表示所有访问主体含有的全部属性；O 表示系统环境中可访问客体所含有的属性；P 表示主体对客体所实施的不同操作；E 表示当前访问发生时的环境信息[60]。此外，s、o、p、e 分别表示主体、客体、行为和环境四类属性中的某一种独立属性。

利用 ABAC 四元组可以对环境中的实体进行描述，表示为 $X(x.a_1,x.a_2,\cdots,x.a_n)$。其中，$X$ 为实体名，$x.a_m,x\in(s,o,p,e),m\in(1,\cdots,n)$ 为属性名，表明了该属性所属的实体类型。属性元组是实体的实例，在上述实体形式中，属性元组的形式为 $<x.v_1,x.v_2,\cdots,x.v_n>,x\in(s,o,p,e)$，其表示属性值为 $v_1,v_2,\cdots,v_n$ 的 x 类实体集。在开放式网络环境中，实体通常是静态的，而属性元组是动态的，是随时间不断变化的。

通过上述概念，可以对 ABAC 中的基本概念进行清晰的描述。一个四元组 $(<s.v_1,s.v_2,\cdots,s.v_n>,<o.v_1,o.v_2,\cdots,o.v_m>,<p.v_1,p.v_2,\cdots,p.v_k>,E)$，表示具有 $s.v_1,s.v_2,\cdots,s.v_n$ 属性的主体，在环境 E 下，对具有 $o.v_1,o.v_2,\cdots,o.v_m$ 属性的客体进行 $p.v_1,p.v_2,\cdots,p.v_k$ 类型的操作。

ABAC 基本模型如图 4-5 所示。PEP（Policy Enforcement Point）代表策略执行点，负责接收用户的原始访问请求并将其转化为基于属性的访问请求形式；PDP

（Policy Decision Point）代表策略判定点，负责根据转化后的访问请求以及所访问资源的对应策略来判定权限并向 PEP 返回相应结果；AA（Attribute Authorities）代表属性权威，负责管理主体、客体及环境等属性；PAP（Policy Administration Point）代表策略管理点，负责生成及管理各类资源对应的访问策略[61]。模型通过上述各功能点的协作，对用户的访问请求做出权限判定。

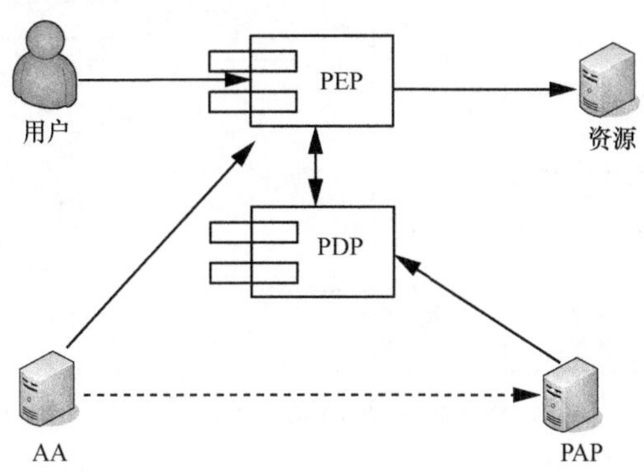

图 4-5 ABAC 基本模型

表 4-2 中总结了自主访问控制（Discretionary Access Control, DAC）[62]、强制访问控制（Mandatory Access Control, MAC）[63]、RBAC 这 3 种传统访问控制方式以及 ABAC 各自的特点。从表 4-2 中可以看出，相比于 3 种传统的访问控制方式，ABAC 无论是在灵活性、访问控制粒度，还是在保密性和信息完整性方面都有着出色的性能。由于 SWIM 连通各类 ATM 网络，其中包含多个信息域、海量的航空用户及数据资源，本身具有异构性、开放性的网络特点，因此利用 ABAC 作为 SWIM 的访问控制方式是十分合适的。

表 4-2 访问控制方法比较

访问控制方法	核心	授权方式	保密性	灵活性	粒度	信息完整性
DAC	拥有者	静态	弱	灵活	粗粒度	不可保障
MAC	级别	静态	强	不灵活	粗粒度	不可保障
RBAC	角色	静态	较强	较灵活	粗粒度	可保障
ABAC	属性	动态	强	灵活	细粒度	可保障

4.3.2 SWIM 访问控制框架

针对 SWIM 的系统架构特点，本节以 ABAC 技术为基础，提出了一种适用于 SWIM 的访问控制框架，以保障系统中信息和隐私安全[64]。SWIM 访问控制框架如图 4-6 所示。

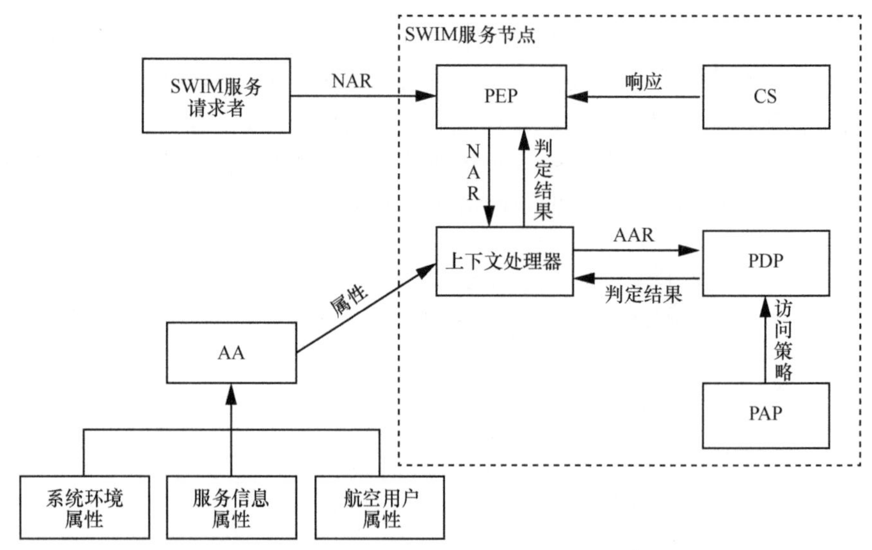

图 4-6 SWIM 访问控制框架

其中，NAR（Natural Access Request）表示原始访问请求；AAR（Attribute Access Request）表示基于属性的访问请求，SWIM 服务节点表示拥有所请求信息或信息副本的接入节点，CS 代表本地服务节点中的信息缓存。

4.3.1 节已对访问控制准备阶段中的属性提取及策略制定过程进行了重点研究，本节主要说明执行阶段的基本流程。执行阶段主要包括以下几个步骤。

（1）服务请求者根据服务信息的命名规则构建相应的 NAR，通过传输路径中各节点的 FIB 找到含有请求信息或对应副本的 SWIM 服务节点，并将 NAR 传送给该节点中的 PEP 模块中。

（2）PEP 将接收到的 NAR 交至上下文处理器，上下文处理器依据 NAR 所携带的访问请求信息，向 AA 请求所需的用户、资源等属性，并利用这些属性构建相应的 AAR 传输给 PDP 模块。

（3）PDP 模块依据 AAR 中所请求服务信息的命名，向 PAP 请求相匹配的访问策略，并根据 AAR 中所携带的请求者属性集和操作类型、所返回策略中的访问结构以及当前网络环境来判定权限，最后将判定结果返回给上下文处理器。

（4）上下文处理器对接收到的基于属性的判定结果进行格式转换，并将转换后结果返回给 PEP。

（5）若判定结果为允许访问，则 PEP 从本地 CS 中获取相应的服务信息返回给请求者；若判定结果为拒绝访问，PEP 将返回相应的失败信息。

本方案选用改进的 XACML 描述访问控制模块中的访问策略以及基于属性的请求与响应。

4.4　访问控制功能的实现

本节依据上述设计方案，利用 MyEclipse 开发环境实现了 SWIM 中的访问控制功能。下面对客户端项目中的主要文件进行简要介绍，并重点分析访问控制模块的实现。客户端项目结构如图 4-7 所示。

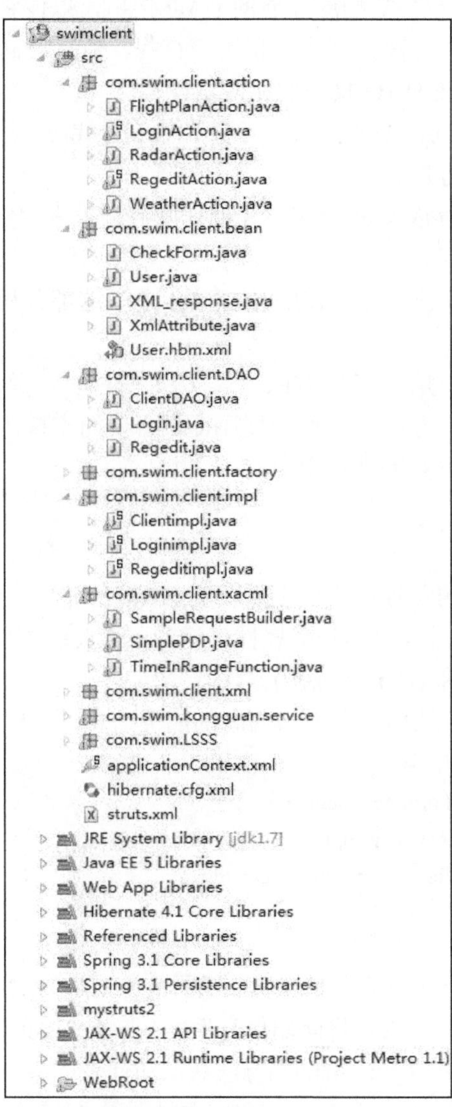

图 4-7　客户端项目结构

Src 文件夹：用于存放项目中所有 Java 源代码以及 Spring、Struts2、Hibernate 等框架中的配置文件。

Action 包：用于存放项目中各类服务对应的 action 类，包括注册、登录以及对飞行计划、气象、雷达等服务信息的访问。本项目采用 Struts2 框架，action 对象是其中的核心，主要负责处理 HTTP 请求。

Bean 包：用于存放项目中所需的 javabean 类，包括用于表单提交的 CheckForm、用于 XACML 解析的 XmlAttribute、代表用户信息的 User 等。

DAO 包：用于存放与数据库连通的 DAO 接口，以便将低级别的数据访问逻辑与高级别的业务逻辑分离，其中包括用户查找、信息存储等抽象方法的定义。

Impl 包：用于存放 DAO 接口的相应实现类。

Xacml 包：用于存放 SUN 公司的开源 XACML 代码，在访问请求形式转换过程中用到了其中部分方法。

Service 包：用于存放通过 JAX-WS 根据服务端程序生成的客户端程序，负责与服务端进行信息交互。

LSSS 包：用于存放属性关联算法的相关代码，这部分程序将在本节的后续内容中进行详细说明。

WebRoot 文件夹：用于存放 JSP、JS、CSS 等网页相关代码。

之外，其他库文件和配置文件为程序提供必要的支持。下面将分模块对访问控制方案中的关键代码实现进行说明。

4.4.1 预处理模块

访问控制方案中的预处理模块主要负责 AAR 的生成，通过 XACML 形式的 AAR 将本次权限判定过程中的相关属性传送到属性关联模块中。预处理模块主要包括 getcurrentUser( )和 editrequest ( )方法。

getcurrentUser( )方法用于获取访问者的属性信息，详细代码如下。

```
public User getcurrentUser( ){
String userId = checkForm.getClient( );
Clientimpl client = new Clientimpl( );
User current_user = client.querybyId （userId）;
return current_user;
}
```

getcurrentUser( )方法不含入口参数，返回值为 User 类对象。其中，checkForm 是类中定义的表单对象，负责将前端信息返回到后台。getcurrentUser( )方法通过调用 checkForm 对象中的 getClient( )方法获取访问者的标志号，并以其为入口参数，调用 Clientimpl 中的 querybyId ( )方法从数据库中取得访问者的全部属性信息，生成相应的持久化对象 current_user。

editrequest ( )方法用于构建 AAR，详细代码如下。

```
public void editrequest (User user, String str, String request) throws Exception {
RequestCtx request = new RequestCtx (
SampleRequestBuilder.setupSubjects (user),
SampleRequestBuilder.setupResource( ),
SampleRequestBuilder.setupAction (str), new HashSet( ));
OutputStreamfout = new FileOutputStream (request);
request.encode (fout, new Indenter( ));
fout.close ( );
}
```

editrequest ( )方法有 3 个入口参数，返回值为空。其中，user 为 getcurrentUser( )方法返回的当前用户的持久化对象，字符串对象 str 中记录了本次访问的操作类型，request 记录了 AAR 存储的绝对路径。editrequest ( )方法利用开源 XACML 中 SampleRequestBuilder 类提供的多个静态方法，将上述信息转化为 RequestCtx 类对象，然后通过 RequestCtx 类中的 encode( )方法将该对象格式化为标准的 XACML 形式并输出到指定的文件中，最终得到本次访问的 AAR。

4.4.2 属性关联模块

属性关联模块通过建立由预处理模块生成的 AAR 和对应 XACML 策略中访问结构间的关系得到判定结果，是访问控制方案的关键。根据 4.4.1 节中的算法描述，属性关联模块主要分为结构转换、秘密共享矩阵的生成和权限判定 3 个部分。

在结构转换过程中，主要实现了 XACML 文档的解析，并将解析后的信息转化为布尔表达式。由于 XACML 本质上是 XML 的一种特殊形式，因此本节方案采用 XML 文档解析方式中的 SAX（Simple API for XML）模式。不同于 DOM 解析需要将数据存入内存，通过构建文件树实现解析功能，SAX 解析通过对文档逐行扫描，在读入的过程中完成 XML 解析，并且可以根据需求建立自定义模型。因此，对于结构复杂的 XACML 策略，快速、灵活的 SAX 解析方法更加适用。

在生成秘密共享矩阵过程中，程序利用循环结构将布尔表达式进行逐层转化，直至表达式中子元素全部分解为属性形式。整体设计思路在访问控制总体方案中已详细介绍，具体实现代码分为两部分。第一部分主要负责确定本次循环中需要解析的子策略，并对上一次循环所生成的结果进行更新存储；此外，变量的定义与初始化工作也在此部分程序中实现。第二部分主要负责本次循环中的矩阵生成工作。程序利用子策略的起始位置、门限数、元素个数等信息，结合上一次循环所生成矩阵的行、列数，将布尔型表达式通过多次循环转化为线性秘密分享矩阵及其映射的形式。

在权限判定过程中，根据矩阵知识将方程组求解问题转换为矩阵求秩问题。程序利用 Java 矩阵工具包 Jama 将上述步骤中生成的二维数组转化为矩阵形式，并对其进行转置、求秩等操作，最终通过生成矩阵与其增广矩阵间的关系得到本次访问的判定结果，并将结果转化为 String 形式传送给结果返回模块。

由于本模块代码量大，不便于展示，下面通过 UML 类图对属性关联模块中各实现类的功能及相互间的关系进行介绍，如图 4-8 所示。

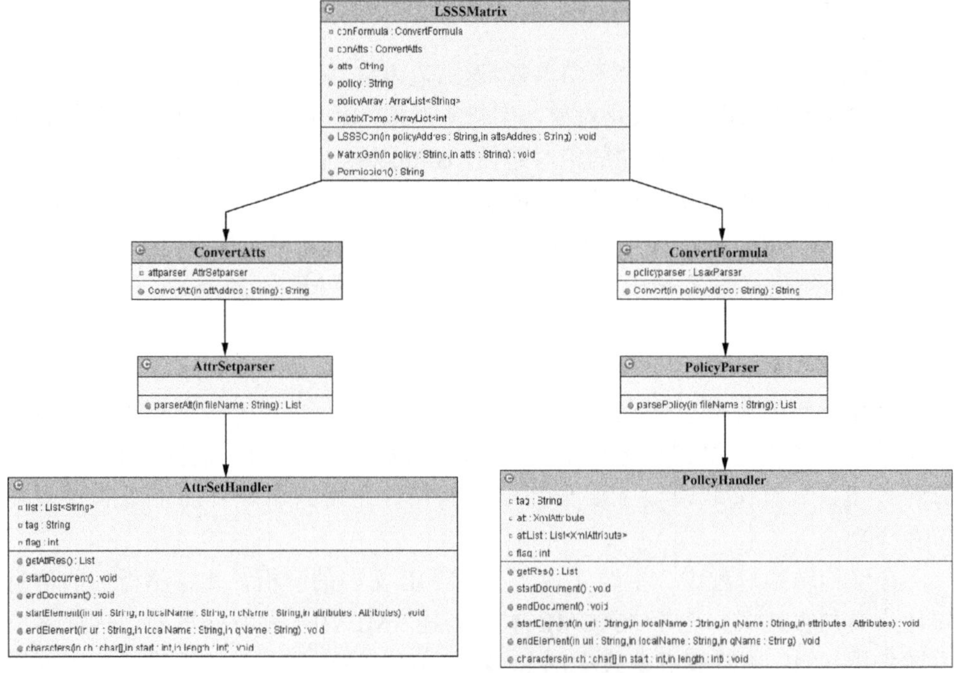

图 4-8　属性关联算法的 UML 类图

PolicyHandler 类：为解析 XACML 访问策略所创建的事件处理程序，实现了 ContentHandler 接口。当遇到特定事件时，通过 startDocument( )、startElement( )、characters( )等回调方法对事件进行响应，返回相应的属性信息。

PolicyParser 类：为解析 XACML 访问策略所创建的解析器，需要与事件处理程序 PolicyHandler 配合完成解析功能。在文档解析过程中，解析器将事件发送给 PolicyHandler，并将所得到的属性信息存入 List 容器。

ConvertFormula 类：将通过 PolicyParser 解析后得到的属性信息进行格式化，构成属性关联中所需的布尔表达式。

AttrSetHandler 类、AttrSetparser 类、ConvertAtts 类分别是针对 XACML 请求的事件处理程序、解析器及格式转换程序，功能与实现方式和上述三类相似。

LSSSMatrix 类：负责属性关联及权限判定的工作。该类中主要包括 convertFormula、convertAtts 两个字段以及 LSSSCon( )、MatrixGen( )、Permission( ) 3 个方法。LSSSCon( )通过调用 convertFormula、convertAtts 中的相应方法，将指定路径的请求和策略转化为布尔表达式；MatrixGen( )方法负责将布尔表达式转化为矩阵及其映射的形式；Permission( )方法负责判定访问权限，并返回一个 String 类型对象以表明判定结果。

4.4.3　结果返回模块

访问控制方案中的结果返回模块根据属性关联结果将相关信息返回给访问者。为了更直观地进行展示，本节项目将信息返回到前端页面上。结果返回模块为不同种类的服务信息编写了不同的实现方法，但各个方法的总体流程类似，因此，下面以 getradarinfo( )为例进行介绍。

getradarinfo( )方法用于返回雷达信息，详细代码如下。

```
public String getradarinfo (String result) throws Exception{
if（result.equals ("Permit"){
KgService kg = new KgService( );
KgserviceDelegatekgdel = kg.getKgPort( );
radinfos = kgdel.showradar (checkForm.getYear( ),
checkForm.getMonth( ), checkForm.getFlightnum( ));
for (int i = 0; i<radinfos.size( ); i++){
JSONObject json = new JSONObject( );
backinfo.add (i, json);
}
return "checksuccess";
}else{
        return "checkfail";
        }
    }
```

getradarinfo( )方法含有一个入口参数 result，返回值为 String 对象。首先，根据 result 判定属性关联结果，若判定结果为 Permit，则利用 KgService 和 KgserviceDelegate 类得到相应的服务接口，通过其中的 showradar( )方法将信息返回到 Radarinfo 类型的 List 容器中，将该容器中信息转换为 JSON 形式并返回内容为 checksuccess 的字符串；若判定结果为其他，则直接返回内容为 checkfail 的字符串。最后，程序通过返回值将相应的信息返回到前端页面上。

4.5 实验测试及分析

本章系统可分为注册、登录、授权、访问控制和信息传输 5 个功能模块，其中授权和访问控制模块是研究重点，其他模块是系统正常运行的基础。本节将对上述功能进行测试和分析。

测试用例如表 4-3 所示。

表 4-3 功能测试用例

测试名称	测试操作	测试目的
注册功能测试	进入注册页面，注册用户信息	测试注册功能是否正常；注册信息是否可转化为 SWIM 属性
登录功能测试	利用用户名和口令进行登录操作	测试登录功能是否正常
授权服务功能测试	对服务信息制定访问策略并存储到指定路径	测试是否能生成正确的策略，是否可以为访问控制模块提供正确的策略集
访问控制功能测试	选定服务信息，对该类服务信息执行访问操作	测试访问控制功能是否正常
信息传输功能测试	以授权用户身份访问服务信息	测试服务端与客户端的连通是否正常

依据上述测试用例，针对系统中可能发生的各类情况对各功能模块进行多次实验，其中，授权服务功能需要在 MyEclipse 的控制台中进行测试。所得功能测试结果如表 4-4 所示。

表 4-4 功能测试结果

测试名称	测试结果
注册功能测试	输入正确的用户信息时，用户注册成功并跳转到登录界面 注册信息不符合要求时，提示相应的错误信息 点击重置时，注册信息被清空 注册成功后，可在系统界面的用户信息中找到正确的属性信息
登录功能测试	输入正确的用户名和密码可进入系统界面 用户名或密码有误时，提示“用户名或密码错误，请重新输入”
授权服务功能测试	在控制台中输入正确的授权信息，可在指定路径处找到相应的策略 输入信息有误时，在控制台输出“输入信息有误” 存储路径不存在时，在控制台输出“当前路径不存在”
访问控制功能测试	授权用户访问服务信息时，系统界面返回相应的信息 非授权用户访问服务信息时，系统提示“您没有此项权限” 服务信息类型填写有误时，系统提示相应的错误信息
信息传输功能测试	服务端正常开启并存有所请求信息时，服务信息返回到客户端界面 服务端未开启时，控制台输出错误信息 服务端正常开启但不含有所请求信息时，返回结果为空

上述测试中所涉及的系统界面及返回结果如下所述。

用户注册界面如图 4-9 所示，用户需要在该界面中填写个人基本信息，这些信息经过安全认证后可存入 AA 中作为该用户的部分主体属性。用户注册成功后，系统自动跳转至登录界面，如图 4-10 所示，已注册的用户需在登录界面中填写正确的用户名及密码。

请您准确填写如下信息！

用户名：chen

密码：••••••

确认密码：••••••

邮箱：

机构：空管局　华北空管局

职位：飞行服务

城市：北京

提交　重置

图 4-9　用户注册界面

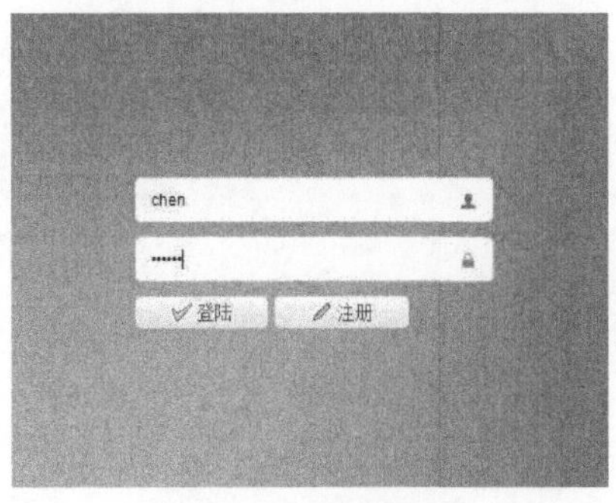

图 4-10　登录界面

用户登录成功后，可进入 SWIM 对服务信息进行访问。用户选定所需的服务类型并填写相关参数，即可对此类信息发起访问请求。若用户具有相应权限，发布者节点或存有信息副本的中间节点将相应服务信息返回；若用户不具有此项权限，系统会返回失败信息。测试中分别选取授权和非授权用户访问北京地区的飞行计划信息，测试结果如下。

授权用户访问结果如图 4-11 所示，当前用户隶属于华北空管局北京地区飞行服务报告室。由于该用户符合策略中的访问结构，访问控制模块判定该用户为授权用户，系统界面会返回服务信息。非授权用户访问结果如图 4-12 所示，该用户是华北空管局在首都国际机场的塔台管制员，不具有飞行计划的访问权限，属于非授权用户，系统会返回相应的失败信息。

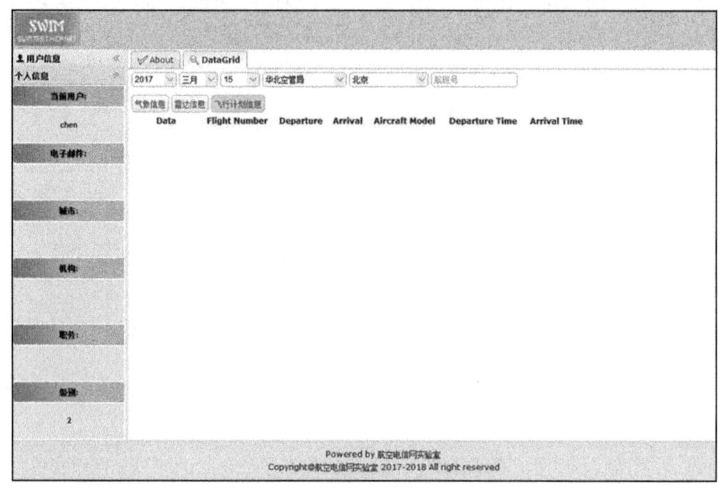

图 4-11　授权用户访问结果

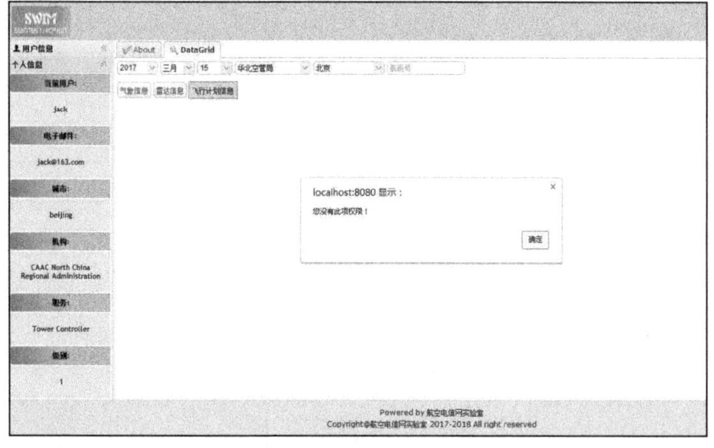

图 4-12　非授权用户访问结果

上述功能测试结果表明本方案可以实现 SWIM 中授权服务及访问控制功能，下面将在此基础上对授权模块、访问控制模块以及系统整体性能进行测试分析。

4.5.1　授权模块性能测试

本节主要对授权模块中策略生成时间和存储空间进行测试和分析。

（1）策略生成时间

访问策略的制定和更新是授权模块的主要功能，而策略生成是制定与更新过程中的主要工作，因此本实验主要对策略生成时间进行测试。实验利用含有不同属性数的访问结构生成策略，每组测试重复 100 次，计算策略平均生成时间如表 4-5 所示。测试结果表明，属性数从 5 增加到 50，策略平均生成时间增加了 8.689 ms，增加趋势并不明显。图 4-13 为策略平均生成时间随属性数的变化曲线，可以更加直观地观察策略平均生成时间变化趋势。由于系统中策略由航空业务流程决定，具有较强的稳定性，并且大部分策略的访问结构都可利用 50 个以内的属性集进行描述，因此时间消耗可以为系统所接受。

表 4-5 策略平均生成时间

属性数	生成时间/ms							
	1	2	3	…	98	99	100	平均值
5	57.982	58.859	58.475	…	59.099	58.035	57.748	58.366
10	59.520	59.828	58.661	…	60.708	60.127	60.259	59.851
15	60.819	60.167	60.887	…	61.141	60.201	60.149	60.561
20	60.713	61.231	61.299	…	61856	60404	61.069	61.095
25	61.675	61.699	61.622	…	62.078	61.913	61.968	61.826
30	63.054	63.365	62.336	…	62.044	63.171	63.583	62.926
35	64.156	64.563	64.366	…	64.663	64515	63.932	64.366
40	65.456	64.596	65.010	…	65.653	65055	64.930	65.117
45	65.733	66.313	66.401	…	66.418	65.791	67.089	66.291
50	66.867	66.934	66.964	…	67.695	66.618	67.252	67.055

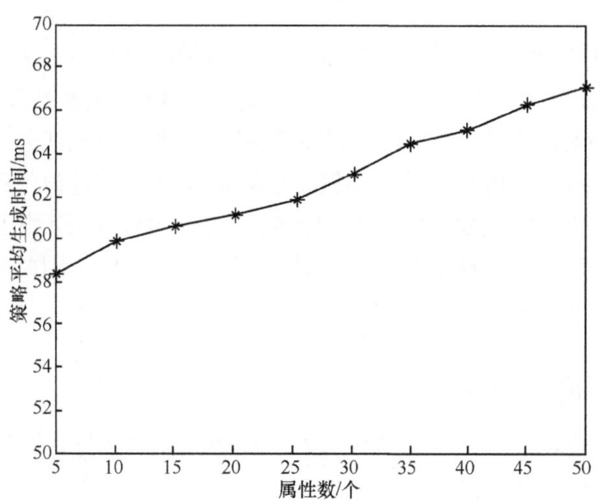

图 4-13 策略平均生成时间随属性数的变化曲线

（2）策略存储空间

在策略存储空间方面，原有 XACML 策略描述语言在主体元素<Subjects>中设置子元素<Subject>，实现了主体用户间的或运算，使一条 XACML 访问策略可以控制多个不同主体。这种做法虽然增强了灵活性，但不同用户间所具有的相同属性会产生冗余信息，造成更大的存储开销。本方案改进了 XACML 策略描述语言，通过在<Subject>元素中引入分组及门限等概念，真正实现了属性间的或运算，在增强策略表述能力的同时，减少了策略的存储空间。

实验测试多组含有不同属性数的访问策略所占用的存储空间，并取平均值，所得结果如图 4-14 所示。

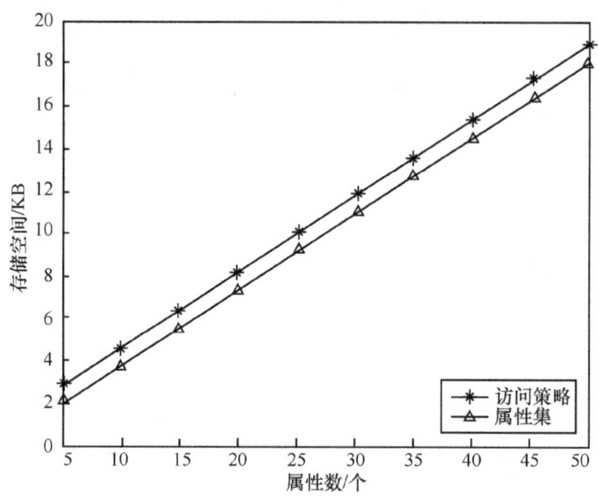

图 4-14　策略存储空间对比

随着策略中属性数的上升，属性集在策略中所占空间的比例越来越大。当策略中含有 10 个属性时，属性集占总存储空间的 80.3%；当属性超过 25 个时，所占比例达到 90.8%，由此可知，属性集是策略中的主要组成部分。通过减少策略中冗余的属性信息，可以有效地减小策略的存储空间，并且访问策略越复杂，本方案的优势越明显。由于 SWIM 中访问策略的结构相对复杂，并且适用于同一条策略的用户大多在地区、城市等属性上具有相同的属性值，因此本方案可以有效减少 SWIM 服务节点中的策略存储容量。

4.5.2　访问控制模块性能测试

本节主要对访问控制模块中的属性关联算法及模块整体性能进行测试分析。

（1）属性关联时间

随着属性数量的增长，访问策略的结构会更加复杂，属性关联时间也会随之增加，因此，本实验主要验证方案中属性关联算法的权限判定时间与属性数量的关系。实验中，利用含有 5 个属性的 SWIM 用户，分别对含有不同属性数的访问策略所对应的服务信息发起 100 次访问请求，并记录权限判定的平均用时，结果如表 4-6 所示。

表 4-6 权限判定时间

属性数	判定时间/ms							
	1	2	3	…	98	99	100	平均值
5	35.446	35.290	35.411	…	35.637	35.157	35.487	35.365
10	36.715	35.869	36.125	…	35.955	35.830	36.514	36.154
15	38.030	37.467	37.820	…	37.401	37.212	37.401	37.718
20	38.949	38.220	38.688	…	38.029	38.318	38.923	38.560
25	38.768	39.414	39.830	…	39.771	40.070	40.009	39.622
30	40.758	40.317	41.300	…	40.291	41.247	40.729	40.661
35	41.747	42.520	42.302	…	42.011	41.747	41.735	41.885
40	42.607	42.934	43.105	…	43.062	42.829	42.486	42.860
45	43.897	43.206	43.289	…	43.219	42.886	44.100	43.386
50	43.861	44.957	44.274	…	44.025	44.100	44.618	44.241

从表 4-6 中可以看出，权限判定时间平均值随属性数的增加而增加，但属性数从 5 增长到 50，时间仅增加了约 9 ms，增长趋势并不明显。利用 50 个属性值完全可以将 SWIM 中访问策略清晰描述，最终的判定时间不会超过 45 ms，可以被系统所接受。

此外，本节还对原有 XACML 访问控制方案中的属性关联部分进行了性能测试，并与本方案进行比较。所得结果如图 4-15 所示。

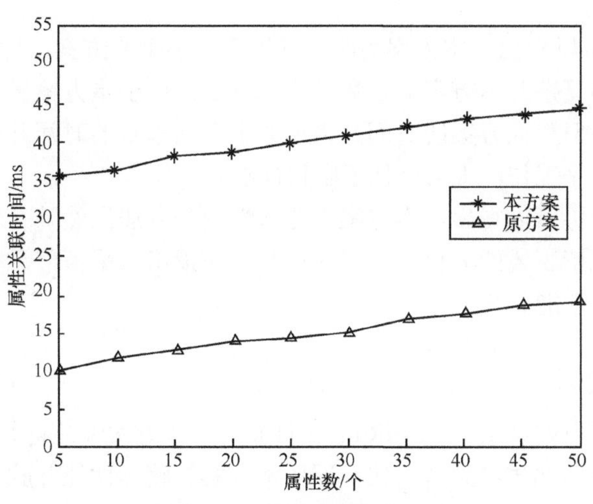

图 4-15 属性关联方法性能对比

相比于原方案，本方案中引入了 LSSS 和 MSP 的相关算法，因此具有较高的时间复杂度，但从曲线的斜率可以看出，两种方案随属性数目的增加，时间的增长速度是相近的。如图 4-15 所示，策略的访问结构增加了 45 个属性，两种方案的属性关联时间分别增加了 8.876 ms 和 8.816 ms，因此，两种方案不会因为属性数量的增大而导致性能的差距加大。

（2）访问控制方案整体时间性能

实验对访问控制方案和原有 XACML 访问控制方案的整体性能进行了测试与比较。利用具有相同属性的 SWIM 用户，分别在两种方案中对含有不同属性数的访问策略所对应的服务信息发起 100 次访问请求，记录访问控制的整体用时并取平均值，实验结果如图 4-16 所示。

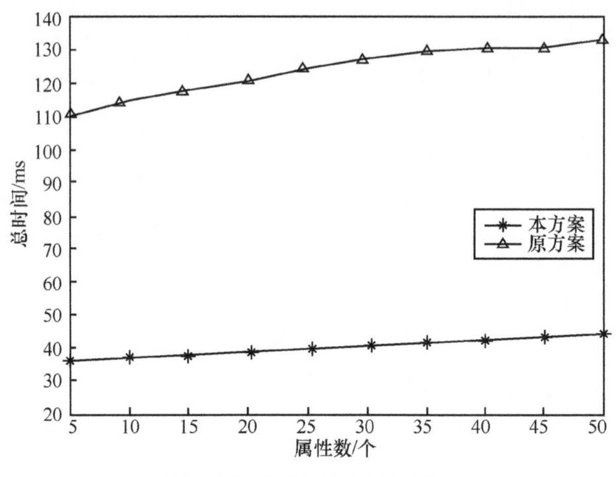

图 4-16 总体方案性能对比

由图 4-16 可以看出，本方案的时间开销明显小于原方案，拥有更好的性能，并且访问结构越复杂，本方案的优势越明显。这是由于本方案虽然在属性关联方法上耗时更多，但整体方案的时间开销近似于方法本身的时间开销，而原方案需要策略匹配等前序工作，大大降低了整体性能。

基于上述分析可以得出，本方案中的属性关联方法虽然具有较高的时间复杂度，但其可以支持表述能力更加丰富的策略，使策略和服务信息相对应，有效提高了方案的整体性能。

4.5.3 系统性能测试

本节利用压力测试工具 LoadRunner 11.0 对整体方案性能进行测试，通过与原有 XACML 方案的测试结果相对比，评估本方案的整体性能并验证本方案是否符合各项设计指标。测试用例与方法描述如表 4-7 所示。

表 4-7　系统测试用例与测试方法

测试用例编号	SWIMclient_test_01
测试目的	验证大量用户并发访问特定资源时，两种访问控制方案的整体性能
测试条件	用户的账号和密码可以满足用户本次登录需求 用户的属性集可以满足用户访问特定资源的权限
脚本描述	Action1：用户登录 Action2：输入服务信息类型，执行访问操作
测试场景	分别针对两种访问控制方案，利用 100 个虚拟用户对北京地区的气象信息进行并发访问
测试结果描述	在测试场景中，用户可以对特定服务信息进行正常访问，本方案的各项性能均满足预期设计指标

图 4-17 为脚本运行状态，描述了测试期间虚拟用户的数量随时间的变化。测试中初始用户为 20 个，每 10 s 增加 20 个用户，增加到 100 个用户后运行 3 min，然后每 10 s 减少 20 个用户，直至系统中用户全部注销。

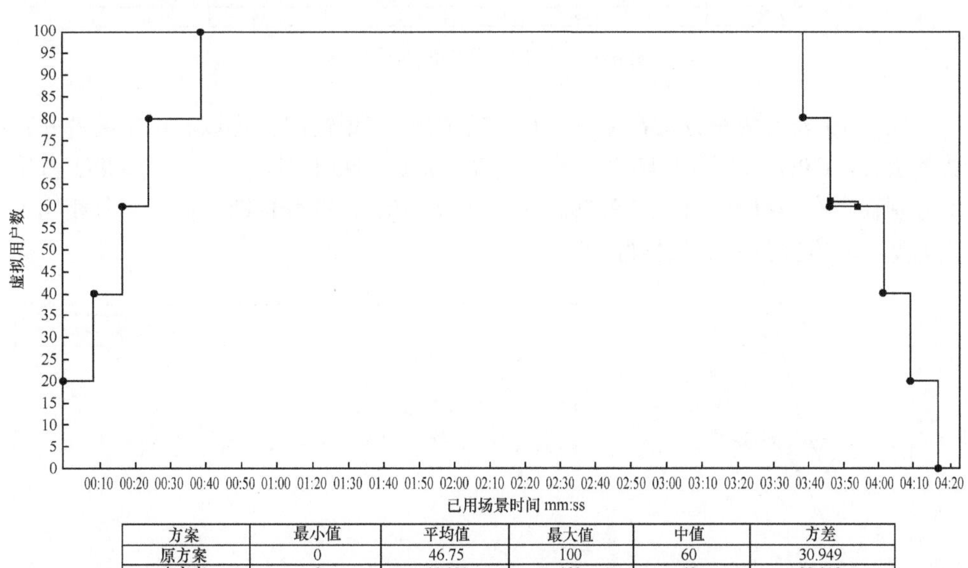

方案	最小值	平均值	最大值	中值	方差
原方案	0	46.75	100	60	30.949
本方案	0	45.455	100	40	32.012

图 4-17　脚本运行状态

图 4-18 表示两种方案在测试过程中平均事务响应时间的变化。可以看出，平均事务响应时间随并发用户数量的增加而上升，当用户量达到峰值时，两种方案的平均响应时间分别为 0.163 s 和 0.121 s。相比于原方案，本方案的平均响应时间减少了 0.042 s，最大响应时间减少了 0.064 s，因此本方案在执行速度上略优于原方案，符合预期指标。由于两方案在测试过程中所采用的登录方式相同，因此图 4-18 中只显示一条登录时间曲线，对比可知，访问控制操作的耗时远低于登录操作。

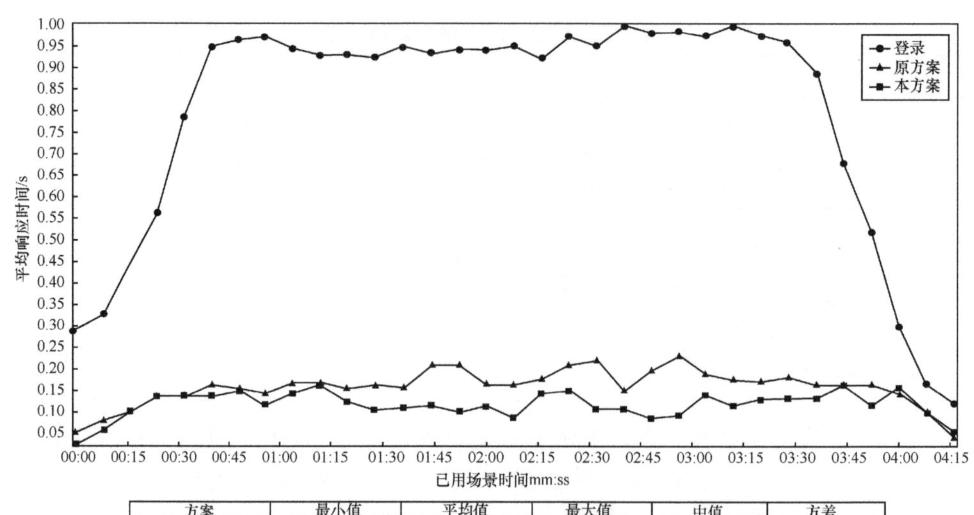

方案	最小值	平均值	最大值	中值	方差
登录	0.123	0.795	1.001	0.943	0.271
原方案	0.047	0.163	0.236	0.17	0.043
本方案	0.032	0.121	0.172	0.119	0.031

图 4-18　平均事务响应时间对比

图 4-19 表示两种方案在测试过程中的 CPU 使用情况。可以看出，随着并发数的上升，CPU 占用率也随之上升，当并发量达到峰值时，两方案的 CPU 占用率分别稳定在 32.046%和 35.847%，均远小于 70%，符合预期指标；并且相比于原方案，本方案具有更加良好的性能。

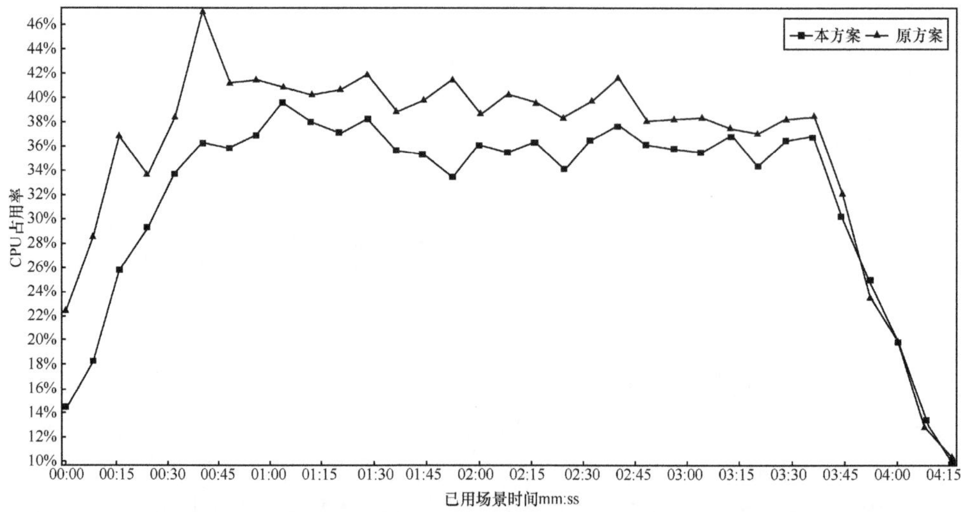

方案	最小值	平均值	最大值	方差
本方案	8.499%	32.046%	44.048%	8.267
原方案	8.164%	35.847%	53.518%	8.76

图 4-19　CPU 占用率对比

系统的压力测试统计结果如表 4-8 所示。根据其中事务通过数和事务失败数可求得本方案的成功率达到 99.75%，符合预期设计指标，表明本方案可以在并发性较大的环境中正常使用。

表 4-8　压力测试统计结果

测试指标	原方案数据	本方案数据
最大用户数/个	100	100
总吞吐量/bit	6 186 326 824	6 188 079 949
平均吞吐量/(bit·s^{-1})	23 522 155	23 528 821
总点击次数/次	300 360	301 350
平均点击次数/(次·s^{-1})	1 142.053	1 145.817
事务通过数/个	10 160	10 428
事务失败数/个	23	26

在相同的网络环境中，平均点击次数和平均吞吐量的大小可以在一定程度上表明程序性能的优劣。从表 4-8 可以看出，两种方案在测试环境中的平均点击次数和平均吞吐量相近，表明两方案都具有较好的程序稳定性，不会因并发量的上升而导致系统性能的恶化。

改变上述测试用例中的用户数量，对两种方案在不同并发环境中的性能进行对比，对比结果如图 4-20 所示。

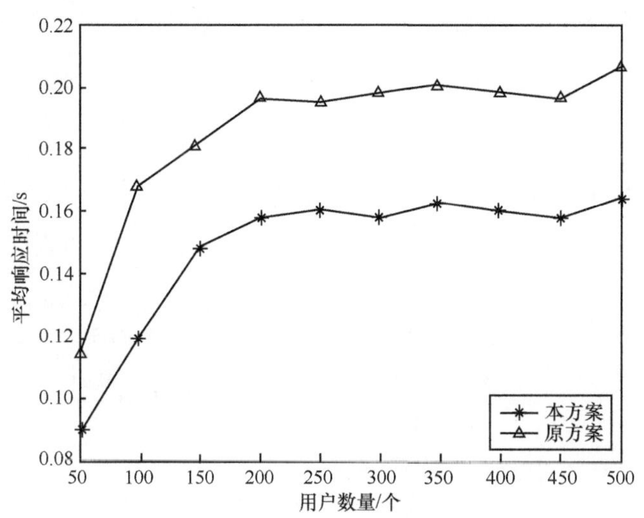

图 4-20　不同用户场景下平均响应时间对比

由图 4-20 可知，当用户数量从 50 增长到 200 时，两方案的平均响应时间都会随着用户数量的增加而上升；当用户数量从 200 进一步增长到 500 时，两方案的平均响应时间分别稳定在 0.160 s 和 0.198 s。这是由于实验平台的带宽有限，所测试事务的总量不会无限增长，当用户达到一定数量时，吞吐量、点击次数和事务的总量会稳定在固定值，从而导致响应时间趋于稳定。无论是在并发量较低的上升阶段还是在并发量较大的稳定阶段，本方案性能均优于原有 XACML 方案。

4.6 本章小结

为了保障 SWIM 中隐私数据安全，本章提出了一种基于属性的授权及访问控制方案。首先，分析了 SWIM 基本业务流程中存在的安全隐患，提出了数据安全和隐私保护的总体方案。然后，针对航空用户和 ATM 数据特点，对其中的属性和服务信息命名进行了定义，并利用改进的 XACML 授权模型为各类服务信息制定了相应的访问策略。在此基础上，结合 ABAC 基本框架，提出了一种细粒度的访问控制方案，并在方案中设计了一种灵活的属性关联算法以支持表述能力更加丰富的访问策略，提高方案整体性能。最后，对所提出的整体方案进行实验测试，通过数据分析验证其功能和性能。

第 5 章 基于属性加密的 SWIM 授权服务和访问控制方法的研究

为了保证 SWIM 和底层服务或不被攻击，保障数据完整性，以及对系统或用户存取数据类型和途径等进行管理，本章研究了 SWIM 的访问控制策略和方法，在比较分析各种访问控制方法优缺点的基础上，结合 SWIM 的 SOA（Service-Oriented Architecture）体系结构，在基于属性加密（Attribute-Based Encryption, ABE）的 SWIM 访问控制策略的基础上，研究了 SWIM 3 种实体的属性，对系统中的属性进行了定义；设计了基于密文策略的属性加密（Ciphertext Policy ABE, CP-ABE）方法的 SWIM 访问控制方法，并对其安全性进行了分析。仿真实验结果表明，该方法可以实现 SWIM 细粒度的属性授权，保障 SWIM 数据安全和实现其隐私保护。

5.1 SWIM 基于属性的授权服务

为实现 SWIM 的灵活属性授权服务，本章提出了一种属性撤销方法。该方法将密钥版本号与密钥加密密钥 KEK（Key Encryption Key）树相结合，引入代理重加密机制，实现 SWIM 的属性撤销，并分析了数据的机密性和安全性。分析结果说明，该方法能够实现 SWIM 中的属性撤销，保证了 SWIM 的数据安全，实现了权限的有效控制，可以为 SWIM 安全服务框架的构建提供保障。

5.1.1 SWIM 结构

SWIM 具有自己独特的系统结构，如图 5-1 所示，SWIM 信息共享系统分为三层。最底层是网络支撑层，主要连接物理设备，各种传输协议也在其中。中间层是技术服务/数据访问层，设置了 SWIM 网关，是系统最重要的部分。最上层是应用层。数据格式规范不同于 SWIM 的原系统可通过适配器先进行格式转换，然后接入 SWIM 网关；而对于新系统要求格式与 SWIM 保持一致才可以直接接入。

SWIM 囊括了民航网络系统运行中涉及的全部资源和用户，SWIM 的授权服务要顾及全部用户和资源。授权服务器需要部署在技术服务\数据访问层，SWIM 网关作为授权的基础支撑，能够为访问控制提供授权管理。对于不同地域的 SWIM 网络来说，可以将其看作不同域，每个域都有自己的 SWIM 网关服务器，用于对不同域之间的访问进行授权管理。

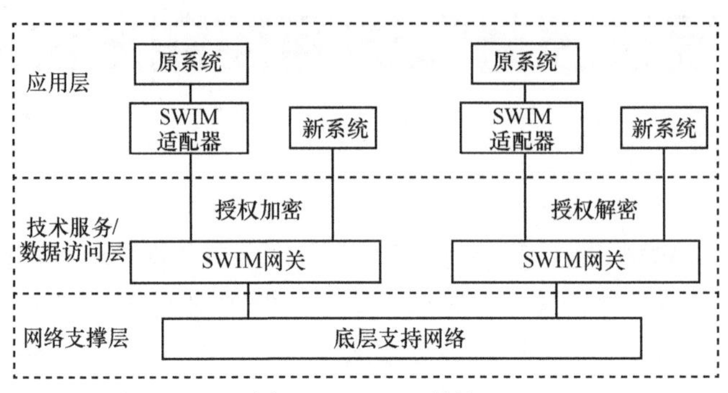

图 5-1　SWIM 结构

5.1.2　属性授权模型

系统安全框架包括多方面的内容，而注册、身份认证和授权是 SWIM 中访问控制要实现的主要功能。所以，用户要先进行注册，完成注册后，对资源发起访问时需要先获得系统认证，才能获得权限对加密的资源进行访问。已获得权限的用户，在属性未经撤销和授权策略未经改变的前提下，能够访问资源而不需再次获得授权。图 5-2 为访问控制流程图。

用户发起访问时，首先检测用户是否注册，如果注册，授权服务器读取用户的注册信息，获取用户的属性集；如果没有注册则返回进行注册。然后，检测是否已经认证，若认证未成功，则返回认证服务器重新认证；如果成功，则检测用户是否经过授权。经过授权的用户就可以获取权限，访问加密资源；未经过授权的用户需要通过授权服务器进行决策授权。

SWIM 用户访问控制模型如图 5-3 所示，具体步骤如下。

（1）SWIM 用户通过接入服务器发起访问资源的请求。

（2）授权服务器从注册信息数据库读取用户的信息，获取用户的属性集。

（3）授权服务器从认证信息数据库获取认证状态，判断是否认证成功。

（4）获取了认证用户的属性集后，授权服务器调用策略服务器，策略服务器调用策略数据库，根据获得的属性集判断用户是否可以得到授权。

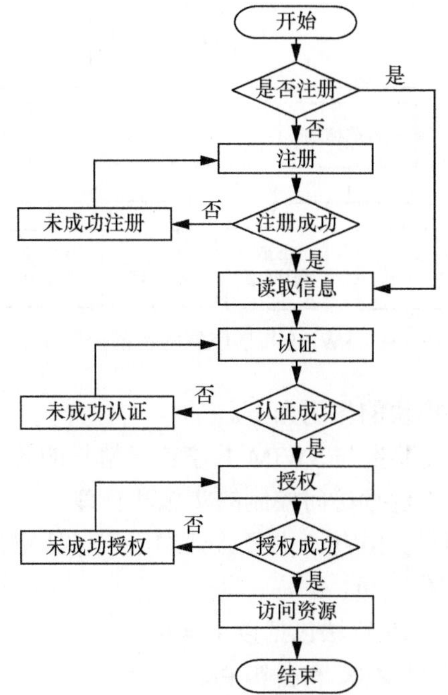

图 5-2　访问控制流程

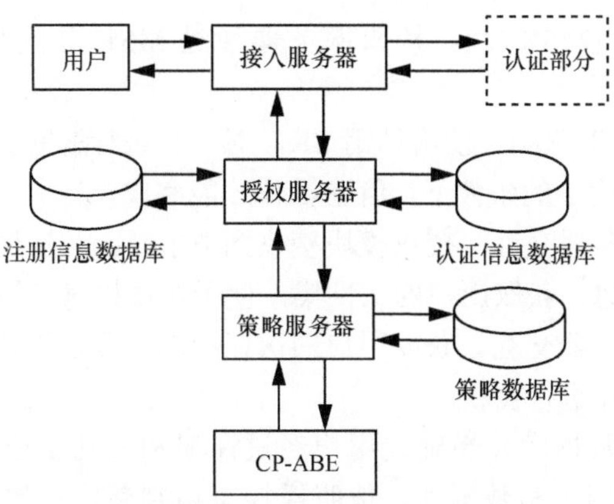

图 5-3　SWIM 用户访问控制模型

（5）CP-ABE 中，私钥对应属性，而密文对应访问策略，用户的属性满足密文策略时，就可以得到相对应的权限密钥，解密得到消息明文。CP-ABE 将密钥发送给策略服务器，策略服务器通过授权服务器发送给用户，用户就可以对资源进行访问。

SWIM 共享信息访问的访问控制模块由接入模块、策略模块和授权模块三部分组成，各模块组成如图 5-4 所示。

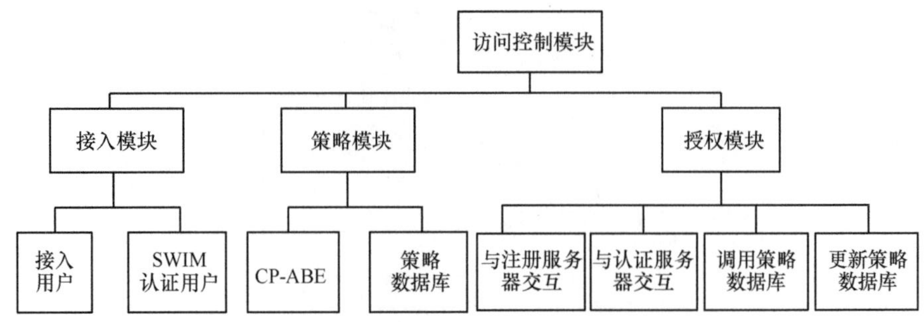

图 5-4　SWIM 共享信息的访问控制模块

访问控制模块中各模块的作用如下。

（1）接入用户。将需要参与 SWIM 共享信息情景的各方用户进行接入，形成一个统一的网络共同体，进行访问控制的实施和管理。

（2）SWIM 认证用户。SWIM 中经认证的用户包括空管局、机场、航空公司等 SWIM 成员机构的工作人员。

（3）CP-ABE。CP-ABE 算法包括以下 4 部分。

- Setup。生成主密钥 MSK 和公钥 PK。
- CT=Encrypt(PK, *m*, *T*)。使用 PK、访问策略 *T*，将消息明文 *m* 进行加密，生成密文 CT。
- SK=Keygen (MSK, *L*)。授权服务器通过 MSK 和用户属性 *L* 生成私钥 SK。
- *m*=Decrypt(CT, SK)。使用私钥 SK，对 CT 进行解密获得消息 *m*。只有 *L* 满足访问结构 *T* 的条件下，解密操作才能完成。

（4）与注册服务器交互。授权模块接收到请求时，与注册服务器进行交互，读取用户的注册信息，获取用户的属性集，便于在授权时使用。

（5）与认证服务器交互。获取用户的认证状态，即是否合法认证、是否成功认证，认证成功才能进行授权。

（6）调用策略数据库。当确定用户经过注册和成功认证之后，依照已获得的用户属性集，调用策略数据库，按照授权策略判断用户的请求能否满足访问条件，决定用户对资源具有的权限授权响应结果，并且执行判决结果，允许或者拒绝访问。

（7）更新策略数据库。在定义的属性改变或者用户权限改变时，及时更新策略数据库，以免造成重要信息的泄露或者正当请求被拒绝。

5.1.3　授权服务器模型

图 5-5 展示了不同域间 SWIM 网络的访问控制部署。当用户进行访问时，需

要先通过接入服务器接入本域的授权服务器，接入服务器将不同的数据类型进行格式转换，然后通过虚拟专用网（Virtual Private Network, VPN）接入 Internet 中对外域的资源进行访问。本域的授权策略可以很好地保护本域资源的信息完整性和安全性，并且可以通过 VPN 实现与其他域进行信息的高效安全交互。从图 5-5 中可以看出，SWIM 的授权服务可以直接在 Internet 的环境下进行，不需要再建立专门网络，这对民航系统来说，节省了大量的开支，并且使网络结构简洁，便于维护和管理。

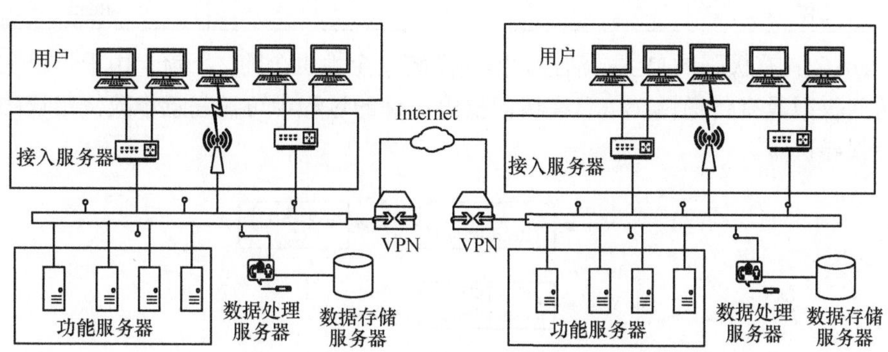

图 5-5 不同域间 SWIM 网络的访问控制部署

5.2 基于属性的访问控制

5.2.1 传统的访问控制模型

通常来说，依照制定访问控制策略途径的不同，访问控制可分为以下几种：传统的按照用户意愿制定策略的 DAC、系统自动为其分配级别且自主性软弱的 MAC、依角色分组从而进行权限授予的 RBAC，以及新型的依实体属性进行授权的 ABAC。

1. 自主访问控制

DAC 是通用性最高的访问控制方法，即客体的属主有权对自己所创立的文件等客体对象进行访问控制管理。自主，顾名思义，即可以按照自身意愿，决定将其客体的访问权限给予何种主体，权限的下放和回收都比较随意化[65]，DAC 的访问控制策略以个人的意志为转移。

访问控制列表与访问控制矩阵是 DAC 中使用最普遍的实施方式，从表 5-1 的访问控制矩阵中可以清楚地看到每个主体对客体的操作权限。

而图 5-6 所示的访问控制列表以客体为核心，直接为每一个客体指明哪个主体可以对其进行访问。相较于表 5-1 的矩阵表示，访问控制列表更加直观易懂。

图 5-6 对应表 5-1 中所列明的主体访问权限，对某一资源具有访问权限的用户的查询简单明了。

表 5-1 访问控制矩阵示例

主体	客体		
	File X	File Y	File Z
主体 A	Read/Write	—	Read/Write
主体 B	Read	Read/Write	—
主体 C	—	—	Read

DAC 具有极强的自主灵活性，但是系统安全性也会随之下降，由于一个主体的访问权限具有传递性，信息在访问权限传递的过程中可被任意修改，错误的信息会误导决策。

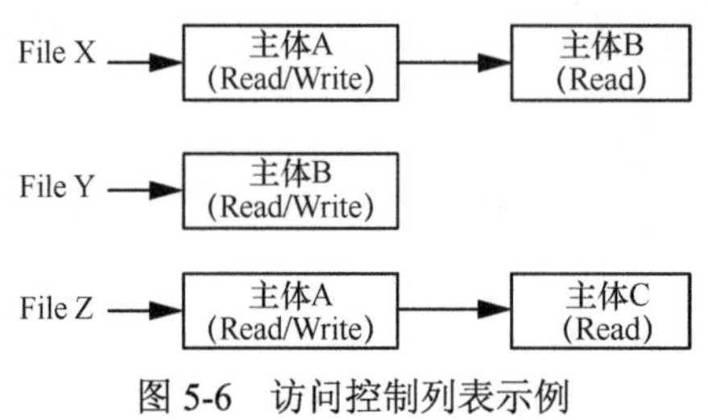

图 5-6 访问控制列表示例

2. 强制访问控制

MAC 的中心思想是，强制为系统资源和用户分配安全等级，根据安全等级来制定主体对资源的操作权限[66]。它强制主体服从访问控制策略，强制性表现在安全等级由系统统一规定，用户不可以改动安全等级，更不可转让自身权限。MAC 利用上读/下写的方式来保护数据的完整性，利用下读/上写的方式来保护数据的机密性[67]。

MAC 中规定了两条原则：不上读和不下写。不上读，即不能越级读信息，只有当主体的安全等级高于客体时，才能读取信息；不下写，即主体的安全等级比客体高时，才能写入信息。因此，信息总是存在一定的流向，从级别低处向高处流动，如图 5-7 所示。

	主体级别		
客体级别	高级别	中级别	低级别
高级别	读/写	写	写
中级别	读	读/写	读
低级别	读	读	读/写

信息流

图 5-7 MAC 信息流

图 5-7 所示 MAC 信息流表明 MAC 中信息单向流动，只能由低到高流动，防止了信息泄露和扩散。但是 MAC 等级严明，过于偏重保密性，用户自身无法对级别做出改动，使用户权限大大降低，不具备合理性，且管理不便，灵活性差。所以，MAC 应用并不广泛，只适用于安全等级特别严格的系统中。

3. 基于角色的访问控制

随着网络的不断发展，对信息安全的要求越来越高，MAC 和 DAC 已很难满足服务需求，因此，RBAC 应运而生。RBAC 首先将用户按照角色分组，然后根据角色授予用户组对资源的访问权限。RBAC 通过将用户、权限以及角色相结合，建立了它们的映射关系，如图 5-8 所示。

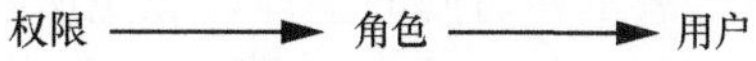

权限 ——→ 角色 ——→ 用户

图 5-8　映射关系

从图 5-8 中可以看出，在基于角色的访问控制中，角色介于权限和用户之间，即用户一旦得到了某个角色，那么他就获得了该角色组被赋予的所有操作权限。RBAC 将权限与角色相关联，可很大程度上减少权限管理的工作量，降低管理开销，从而减轻了系统负担。RBAC 的访问控制模型[68]如图 5-9 所示，系统为用户进行角色分组，用户访问数据文件时，系统通过用户的角色决策是否对其请求做出响应。系统通过为用户动态地分配访问权限可以实现更加灵活的访问控制。

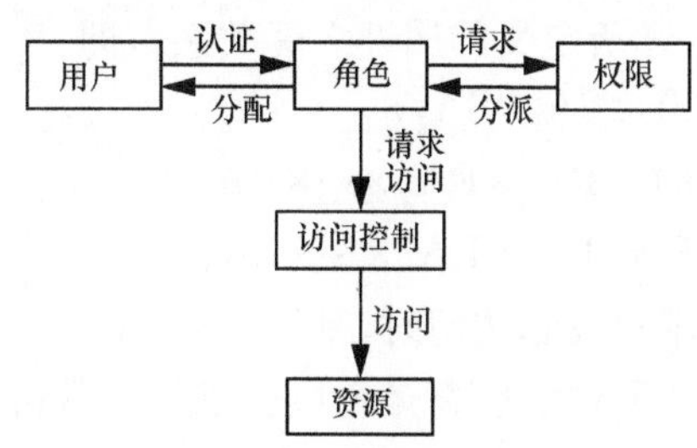

图 5-9　RBAC 模型

RBAC 相较于 MAC 和 DAC 来说有了巨大的进步，但是仍存在很多缺点。首先，RBAC 模型根据角色分类对用户进行授权，资源授权的粒度不够细；其次，RBAC 并没有实现功能和数据权限的完全分离，权限授予的过程复杂且烦琐。此外，随着网络环境中用户数目的快速增长，网络层次极为复杂，节点数目巨大，若要实现系统的安全访问控制，必须要对角色逐个进行定位，在互联网发展迅速的今天，角色和权限的分配工作量仍然很大，RBAC 仍存在其局限性。

5.2.2　基于属性的访问控制

ABAC 是按照用户的属性制定合理的授权策略进行权限的发放，ABAC 适合于分布式应用的发展，它可以随着实体属性的变化更新访问策略。ABAC 在属性的基础上进行授权，相较于 RBAC，ABAC 授权的粒度更加细化、授权更加灵活[69-70]。

5.2.1 节所述几种传统的访问控制方式授权过程死板，应用的局限性较大。ABAC 以属性作为最小单元，以属性加密机制为依托，以用户和资源的属性作为授权依据进行授权[59, 71-72]。

ABAC 模型中包含 3 个实体：主体、资源以及环境。

（1）主体属性。主体，即资源的请求方，主体属性是根据系统要求和自身特点进行定义的。一般情况下，主体的属性包括单位、职位等。

（2）资源属性。资源是被主体访问的实体，它是所有被用户访问的数据。它可以是一个文件夹，也可以是一条记录。资源属性同主体属性相同，是根据实体特点来定义的，例如文件的版本、等级、修改时间等。

（3）环境属性。即系统环境的属性，通常描述的是系统所属的环境，例如系统状态、安全程度等。虽然环境属性常常被访问控制策略所忽略，但却是访问控制过程中重要的一环。

下面，对 ABAC 模型的实体做出定义。S、R、E 分别代表主体、资源和环境。定义 $\mathrm{SA}_k(1 \leqslant k \leqslant K)$ 为主体 S 的属性，$\mathrm{RA}_m(1 \leqslant m \leqslant M)$ 为资源 R 的属性，$\mathrm{EA}_n(1 \leqslant n \leqslant N)$ 为环境 E 的属性[68]。$\mathrm{ATTR}(S)$、$\mathrm{ATTR}(R)$、$\mathrm{ATTR}(E)$分别对应主体 S、资源 R 和环境 E 与上述所定义的属性之间关系，即

主体属性：$\mathrm{ATTR}(S) \subseteq \mathrm{SA}_1 \times \mathrm{SA}_2 \times \cdots \times \mathrm{SA}_K$

资源属性：$\mathrm{ATTR}(R) \subseteq \mathrm{RA}_1 \times \mathrm{RA}_2 \times \cdots \times \mathrm{RA}_M$

环境属性：$\mathrm{ATTR}(E) \subseteq \mathrm{EA}_1 \times \mathrm{EA}_2 \times \cdots \times \mathrm{EA}_N$

在 ABAC 模型中，用户发起访问时，基于一个 S、R、E 的布尔函数来判断主体 S 在当前的网络情况 E 下对信息 R 是否可以进行有效访问，即

$$\mathrm{Can\_access}(S,R,E) \leftarrow f(\mathrm{ATTR}(S),\mathrm{ATTR}(R),\mathrm{ATTR}(E)) \tag{5.1}$$

其中，Can_access 代表用户是否能对资源进行访问，若其值为真，则主体可以对该信息进行访问；若其值为假，则拒绝访问。ABAC 模型的框架如图 5-10 所示。

在基于属性的访问控制中，主体发起对资源的访问请求，模型中的策略实施点调用认证数据的用户认证信息，将用户的请求传递给策略决策点，而策略决策点负责从主体、资源、环境属性集获取 3 种实体的属性，并将这些信息进行处理，然后根据相关的访问控制策略判决用户的属性是否满足策略，决定是否授予用户权限，并将判决结果传输到策略实施点，根据授权结果，由其执行判决决策，允许或拒绝用户的访问请求。密钥数据库可以保存授权过程中产生的密钥。

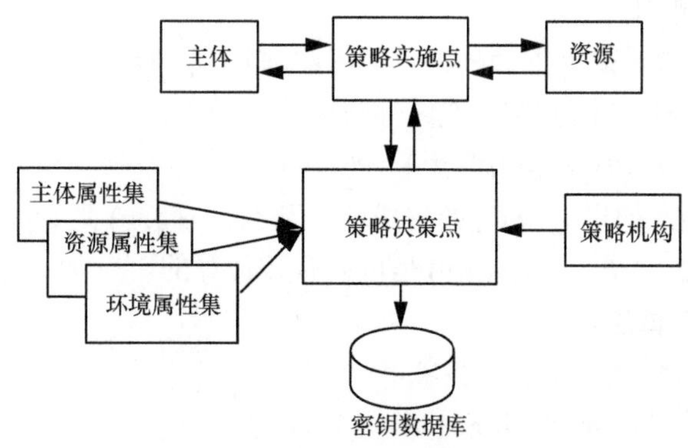

图 5-10 ABAC 模型框架

5.2.3 CP-ABE 概述

在选取适用于 SWIM 的算法时，考虑到 SWIM 的特点，从现存的两种属性加密算法即密文策略的属性基加密（CP-ABE）算法和密钥策略的属性基加密（Key Policy Attribute Based Encryption, KP-ABE）算法[73]中进行选取。KP-ABE 算法中，密钥与访问结构相对应，密文与资源属性相对应；而在 CP-ABE 中，密文对应访问结构，密钥对应一个用户属性集合[74]。这两种算法都支持复杂策略，同样适用于细粒度数据共享。KP-ABE 适用于查询类应用，例如访问数据库、进行音乐点播等；而在 CP-ABE 中，数据发送方制定访问规则，因此更加适用于 SWIM 这种控制类型的应用，例如电子医疗系统等，因此本章选用 CP-ABE 算法来实现 SWIM 的访问控制。

（1）属性

$P=\{P_1,P_2,\cdots,P_n\}$ 为所有属性的集合，则每个用户的属性 A 是 P 的一个非空子集，$A\subseteq\{P_1,P_2,\cdots,P_n\}$，那么 N 个属性可用于鉴别 2^N 个用户。

（2）访问结构

访问结构 τ 是全集 $P=\{P_1,P_2,\cdots,P_n\}$ 的一个非空子集，$\tau\subseteq 2^P\setminus\{\phi\}$。访问结构代表一个属性判断条件，在 τ 中的属性集合称为授权集，不在其中的属性集合则称为非授权集。

（3）访问树

访问树用于描述一个访问结构，树的每个叶节点代表一个属性项，每个内部节点代表一个关系函数，关系函数可以是与或门等。实现过程中，访问树中的每一个节点（包括叶节点）都可定义一个多项式，节点的遍历方式为由根节点开始从上向下、从左向右的先序遍历方法。

（4）双线性映射

G_1、G_T 是阶为素数 p 的循环群，如果映射 $e: G_1 \times G_1 \rightarrow G_T$，满足如下 3 条性质，则称 e 是一个从 G_1 到 G_T 的双线性映射。

① 双线性。$\forall a,b \in \mathbb{Z}_p, e(g^a, g^b) = e(g,g)^{ab}$。

② 非退化性。如果 g 是 G_1 的生成元，那么，$e(g,g)$ 是 G_T 的生成元。

③ 可计算性。$\forall u,v \in G, e(u,v)$ 是可以有效计算的。

（5）CP-ABE 算法

CP-ABE 算法包括以下 4 个步骤。

① Setup。生成主密钥 MSK 和公钥 PK。

② CT=Encrypt (PK, *m*, *T*)。使用 PK、访问策略 *T*，将消息明文 *m* 进行加密，生成密文 CT。

③ SK=Keygen (MSK, *L*)。授权服务器通过 MSK 和用户属性 *L* 生成私钥 SK。

④ *m*=Decrypt (CT, SK)。使用私钥 SK 对 CT 进行解密获得消息 *m*。只有 *L* 满足访问结构 *T* 的条件下，解密操作才能完成。

5.3 SWIM 中属性定义和访问结构

SWIM 中属性定义主要包含 3 种实体属性定义，分别为主体属性、资源属性、环境属性。本节对 SWIM 中 3 种实体的属性进行了具体的定义，并且描述了访问控制结构的表示方法；对 SWIM 访问控制进行模型建立，并且对访问控制的流程进行了详细说明，对于不同域间的 SWIM 通信部署进行了具体的描述。

5.3.1 SWIM 中属性定义

选择基于属性的访问控制进行授权，首先要对 SWIM 中 3 种实体属性及其子目录进行预定义。SWIM 的三大实体包括民航信息化运行阶段涉及的所有信息资源和用户。实体的来源、地区、职位的不同可以造成授权结果的不同，可以根据民航信息化网络的实际情况以及实体之间的属性制定访问策略，实现授权服务。实体属性的定义如下[75]。

主体属性={地区，职位，机构，主体级别}

资源属性={地区，机构，类型，资源级别}

环境属性={时间，网络状态}

现有民航网络中实体的属性可能相当繁杂，这里只选取部分属性进行属性授权服务的说明，其中，实体属性中包含的各属性的定义及取值如表 5-2 所示。

表 5-2　属性定义及取值

属性	定义	取值
地区（area）	资源产生或使用的地理位置	七大空管局所辖区域所包括的城市{北京，天津，上海，乌鲁木齐，…}
机构（organ）	主体或资源所属机构	空管局，机场，航空公司{中国航空,奥凯航空，春秋航空，幸福航空，…}
职位（position）	主体的职位	管制，签派，机组用户，网络维护，ADS-B 用户，…
类型（type）	资源的类型	航班数据，塔台数据，ADS-B 数据，离港信息，气象情报，…
主体级别（level）	主体的级别	1, 2, 3, 4, …
资源级别（rank）	资源的级别	1,2,3,4, …
环境（environment）	上下文信息	time, state

由于我国存在七大空域，因此将地区（area）属性的划分方式定义如下。第一层为空域 AR_i={华北，华东，中南，西南，西北，东北，新疆}；第二层属性的定义具体到每个城市，不同城市对应具体的空域，如图 5-11 所示。将地区属性定义为两层为判决提供了方便，也能排除不合理的情况，例如{华北，广州}就是不可能存在的情况。令 $AR=\{AR_A, AR_B, AR_C, AR_D, AR_E, AR_F, AR_G\}$[75]，其中每一个元素与 AR_i 一一对应。

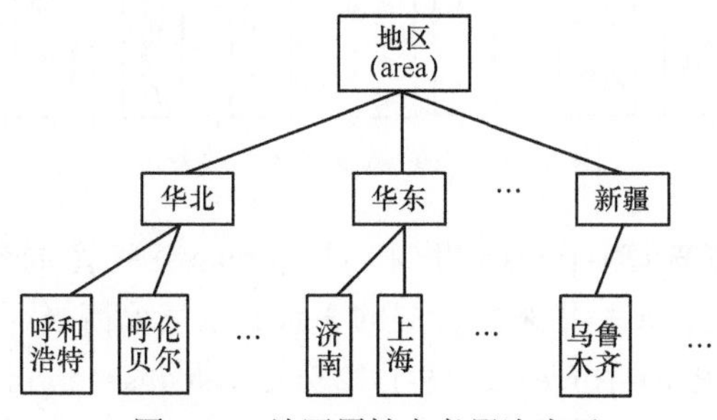

图 5-11　地区属性定义层次表示

以其中的两个空域为例，AR_A 代表华北空域，AR_B 代表华东空域。

AR_A={呼和浩特，呼伦贝尔，北京，太原，石家庄，天津，…}

AR_B={上海，厦门，宁波，杭州，南京，合肥，济南，青岛，温州，…}

机构（organ）和职位（position）属性也可以按照图 5-12 和图 5-13 进行两层定义。对于航空公司来说，地区加上航空公司并不能直接确定用户或资源对应的机构，因此将航空公司定义为两层，如图 5-12 所示。对于职位而言，机场、航空公司、空管局的职位存在差异，因此，职位定义如图 5-13 所示。

属性的定义使实体的表达更为直观，所有实体都可以用简洁明了的语言进行表示。

举例说明如下。

主体属性：ATTR(S)=(area=‘新疆’)∪(organ=‘空管局’)∪(position=‘签派员’)∪(level=‘2’)，表示 S 是新疆空管局的 2 级签派员。

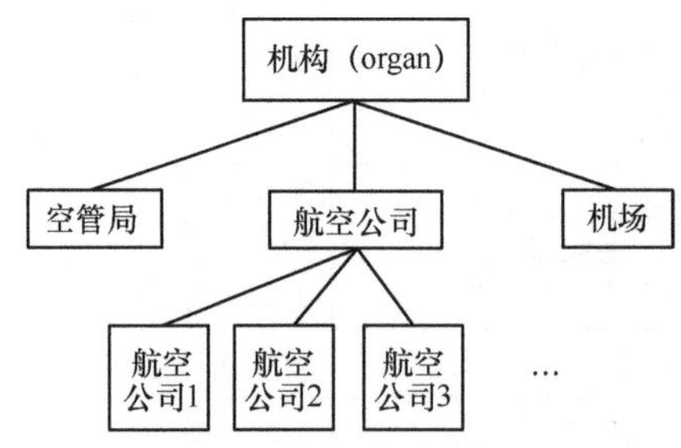

图 5-12　机构属性定义层次表示

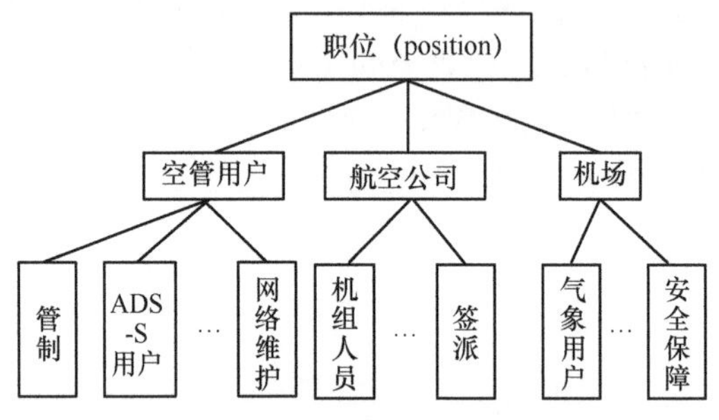

图 5-13　职位属性定义层次表示

资源属性：ATTR(R)=(area=‘华东’)∪(organ=‘空管局’)∪(type=‘气象情报’)∪(rank=‘3’)，表示 R 是华东空管局的 3 级航空气象情报。

环境属性：ATTR(E)=(time=‘2016-1-12 9:55’，status=‘normal’)，表示当前网络环境时间是 2016 年 1 月 12 日 9 点 55 分，网络状态为正常。

5.3.2　SWIM 中访问控制结构

定义访问控制结构如下。其中，访问控制结构 A 表示华北空管局的导航员并且主体级别≤2，或者华北空管局的机场人员或机组人员才能对 resource1（northchina，航行情报，rank=3）进行访问；访问控制结构 B 表示华东空管局 ADS-B 用户或管制员，或者是华东地区机场的 ADS-B 用户才能对 resource2 (eastchina，ADS-B 数据，rank=2)进行访问。

$$A = \text{"northchina\_area and atmb\_organ and((navigation\_position and level} \leqslant 2\text{)or(1 of (airport\_position,airplane\_position)))"} \tag{5.2}$$

$$B = \text{"eastchina\_area and (atmb\_organ and(ADS} - B\_\text{position or navigation\_position))or(airpor and ADS} - B\text{)"} \tag{5.3}$$

表 5-3 形象地表示了在访问控制结构 A 和 B 的条件下，拥有不同属性的用户对相应资源的访问权限。

表 5-3　访问控制结构 A 与 B 示例

客体	主体	
	用户属性（地区，机构，职位，级别）	访问权限
resource1 航行情报 (northchina, rank=3)	northchina, atmb, navigation, level=3	不可访问
	northchina, atmb, navigation, level=2	可访问
	eastchina, atmb, navigation, level=1	不可访问
	northchina, atmb, airplane, level=2	可访问
	northchina, atmb, airport, level=1	可访问
resource2 ADS-*B* 数据 (eastchina, rank=2)	northchina_tianjin, airport, level=3	不可访问
	eastchina, atmb, navigation, level=2	可访问
	eastchina, atmb, network, level=1	不可访问
	eastchina_shanghai, airport, airplane, level=3	不可访问
	eastchina_shanghai, airport, ADS-*B*, level=3	可访问

访问结构 A 可以通过访问树表示，如图 5-14 所示，访问结构是访问树，叶节点表示属性，非叶节点表示一个阈门，阈值为 1 时代表 and 运算，阈值为 2 时代表 or 运算。

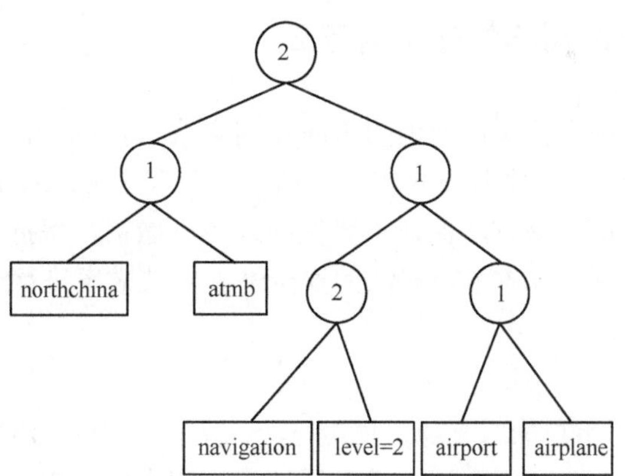

图 5-14　访问结构 A 的访问树表示

分享生成矩阵和映射函数也可以进行访问结构的表示，将访问树转化为矩阵。以访问结构 A 的访问树为例。首先，将根节点标记为(1)，设变量计数器 c=1。然后，自上而下标记其他节点，若节点 x 是一个被向量 $\boldsymbol{v}$ 标记的或门，则将 x 的子

节点也标记为 $\boldsymbol{v}$；若节点 x 是一个被向量 $\boldsymbol{v}$ 标记的与门，则将 x 的一个子节点标记为$(\boldsymbol{v}, 1)$，另外一个子节点标记为$(0, \cdots, 0, -1)$，其中$(0, \cdots, 0)$的长度为 c，计数器的值加 1。在树中所有节点都被标记的情况下，如果叶节点的各向量长度不同，补 0 进行填充。

将 northchina 表示为 a，atmb 表示为 b，navigation 表示为 c，level=2 表示为 d，airport 表示为 e，airplane 表示为 f，则访问控制结构 A 的矩阵表示为

$$(M,\rho)=\begin{pmatrix}1 & 1 & 0\\ 1 & 1 & 0\\ 0 & -1 & 0\\ 0 & 0 & -1\\ 0 & -1 & 0\\ 0 & -1 & 0\end{pmatrix}\begin{pmatrix}a\\ b\\ c\\ d\\ e\\ f\end{pmatrix} \tag{5.4}$$

在 SWIM 的访问控制中，数据发送者可以制定授权策略以决定具有何种属性的用户能够解密其发送的资源。本章已经说明了使用 CP-ABE 进行加密授权的原因，CP-ABE 是密文中对应访问控制策略而密钥对应属性集合[76]。采用 CP-ABE 对资源 resource 加密后，访问控制策略即包括在生成的密文中[77]。访问时，根据用户的私钥对加密资源进行解密，若私钥符合访问控制策略则可以解密，否则不能访问。

5.4 基于 KEK 树的属性撤销方法

本节提出了一种支持属性撤销的访问控制方法。该方法引入代理重加密机制，借鉴了 KEK 树的性质，将其与版本号相结合，在改进 CP-ABE 算法的基础上实现了细粒度属性撤销。该方法保证了属性的细粒度撤销，保持了数据的机密性，在理论上具备了可行性。本节对算法的安全性和算法效率进行了分析。

5.4.1 KEK 树

KEK 树为基于用户的二叉树，如图 5-15 所示。它可以将密钥更新信息发送给未被撤销的用户，用户则利用自己的属性群密钥进行私钥更新。叶节点代表系统中的所有用户的集合，用户都分布在叶节点上，每个节点 V_j 都赋予一个随机数 KEK_j，显而易见，树的根节点与叶节点之间存在一条路径[78]，选取这条路径上的所有 KEK_j，定义为路径密钥 PK_t。举例说明，对于用户 u_6，它对应的用户密钥为 $\mathrm{PK}_6=\{\mathrm{KEK}_{13},\mathrm{KEK}_6,\mathrm{KEK}_3,\mathrm{KEK}_1\}$。最小覆盖元[78]即 KEK 树中能够覆盖属性群 G_i

中所有用户的最少节点集合，例如，$G_i = \{u_1, u_2, u_3, u_6, u_8\}$，则它的最小覆盖元为 $\text{KEK}(G_i) = \{V_4, V_{10}, V_{13}, V_{15}\}$。

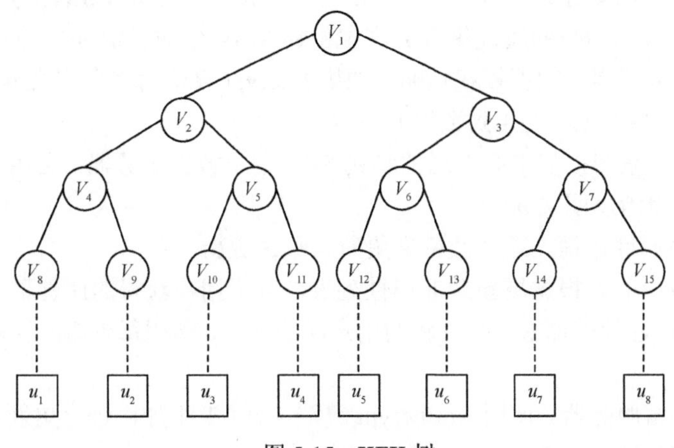

图 5-15　KEK 树

5.4.2　系统模型

本章方法涉及的 4 个主要部分包括数据服务器、授权中心、用户（User）和数据发送者（Data Owner），系统模型如图 5-16 所示。数据发送者制定访问策略，将消息加密后得到密文，并上传到数据服务器；授权中心产生私钥和主密钥，将私钥发送给用户，主密钥自行储存；用户从授权中心获得私钥，访问数据服务器，获得加密后的密文，通过私钥解密密文得到消息。

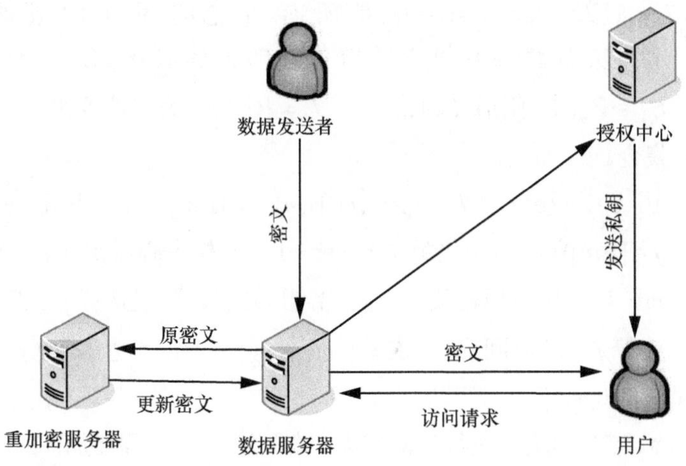

图 5-16　系统模型

该方法针对属性撤销，主要由 6 个算法组成，在不产生属性撤销的情况下，只涉及以下 4 个算法：Setup、Keygen、Encrypt、Decrypt。

（1）授权中心。系统建立，产生公开密钥 PK、主密钥 MSK，并且对版本号进行初始化。根据用户的属性集合 L 和主密钥 MSK 生成私钥 SK。

（2）数据发送者。根据授权策略，调用 Encrypt 算法对消息明文 m 进行加密，得到密文 CT，并将 CT 上传到数据服务器。

（3）用户。获得授权中心发送的私钥 SK，请求数据服务器，利用用户私钥解密密文 CT 获得消息明文 m。

一旦产生属性撤销，还涉及密文更新与私钥更新。

（1）授权中心。根据更新后的属性列表，基于用户获得的属性群密钥，调用 RekeyGen 算法进行重加密，产生新的用户私钥 SK'，私钥每更新一次版本号随之加 1。

（2）重加密服务器。调用 ReEncrypt 算法，对 CT 重加密进行更新，得到新的密文 CT'，同时密文版本号加 1。

（3）用户。若 CT' 的版本号与用户私钥版本号不一致，则无法对信息进行解密，若版本号一致，则进行解密运算，解密 CT' 得到明文 m。

5.4.3 具体算法

该方法可以实现细粒度的属性撤销，进行有效的访问控制，保证 SWIM 的安全，具体实现过程如下。

（1）Setup。系统建立，输入安全参数 k，构造一个阶为素数 p 的双线性群 G_1，g 是群 G_1 的随机生成元，对应的双线性映射是 $e:G_1 \times G_1 \to G_T$，用户属性集合 $L=\{\theta_1,\theta_2,\cdots,\theta_t\}$，$\Omega=\{\mathrm{att}_i, i\in[1,n]\}$ 是所有可能的属性构成的集合，$A_i=\{v_{i,1},v_{1,2},\cdots,v_{i,n_i}\}$ 是属性 att_i 可能的取值，随机选取 $\alpha\in\mathbb{Z}_p$，双线性配对 $E=e(g,g)^{\alpha}$，$t_{i,j}\in\mathbb{Z}_p,(i\in[1,n],j\in[1,n_i])$。$\Gamma=\{G_k\}_{\theta_k\in L}$ 为属性群集合，G_k 是拥有属性 θ_k 的用户集合。

生成公钥 $\mathrm{PK}=(e,g,E,T_{i,j}=g^{t_{i,j}}(i\in[1,n],j\in[1,n_i]))$。主密钥 $\mathrm{MSK}=(\alpha,t_{i,j}(i\in[1,n],j\in[1,n_i]))$，初始化版本号 $\mathrm{ver}=1$，授权中心保留（ver, MSK）。

（2）Keygen。输入用户属性集 L 与主密钥 MSK，随机选择 $\gamma\in\mathbb{Z}_p$，对每个属性 $v_{i,j}\in L$，计算 $T_{i,j}^{\gamma}$，返回私钥 $\mathrm{SK}=(\mathrm{ver},h=g^{\alpha+\gamma},\forall v_{i,j}\in L:T_{i,j}^{\gamma},L)$，其中 ver 为版本号。

（3）Encrypt。数据拥有者运行加密算法。输入公钥 PK，需要加密的明文 m，以及访问策略 τ，随机选择 $s\in\mathbb{Z}_p$，生成密文 $\mathrm{CT}=(\mathrm{ver},C'=mE^s,c=g^s,\tau,\prod_{v_{i,j}\in\tau}T_{i,j}^{s})$，

然后，数据拥有者将密文上传到数据服务器。

（4）Decrypt。用户属性满足授权策略时，算法选择可以满足访问结构 τ 的最小集合 $\tau' \subseteq \tau$，对密文进行解密，如式(5.5)所示。

$$\frac{C'e\left(g^{\gamma},C\prod_{v_{i,j}\in\tau}T_{i,j}^{s}\right)}{e\left(g^{s},h\prod_{v_{i,j}\in\tau'}T_{i,j}^{\gamma}\right)}=\frac{me(g,g)^{\alpha s}e(g^{\gamma},g^{s}g^{sp})}{e(g^{s},g^{\alpha+\gamma}g^{\gamma q})}=m\frac{e(g,g)^{\alpha s}e(g,g)^{s\gamma}e(g,g)^{\gamma sp}}{e(g,g)^{\alpha s}e(g^{\gamma},g^{s})e(g^{\gamma},g^{sp})}=m \quad (5.5)$$

其中，$p=\sum_{v_{i,j}\in\tau}t_{i,j}$。

（5）ReEncrypt。当某一用户失去属性 θ_k 时，随机选取 $s'\in\mathbb{Z}_p$，属性群密钥 $L_{\theta_k}\in\mathbb{Z}_p$，更新密文，$\mathrm{CT}'=(\mathrm{ver},C'=mE^{(s+s')},C=g^{s},\tau,C''=g^{s+s'},C_0=E_k(L_{\theta_k})_{k\in\mathrm{KEK}(G_k)}$，$\prod_{v_{i,j}\in\tau}T_{i,j}^{s}$，密文更新后版本号 ver 加 1。

（6）RekeyGen。根据 KEK 树的性质，拥有属性 θ_k 的用户解密 C_0 得到属性群密钥 L_{θ_k}，随机选取 $\beta\in\mathbb{Z}_p$，密钥每更新一次，ver 在原基础上加 1，生成密钥 $\mathrm{SK}'=(\mathrm{ver},h=g^{\frac{\alpha}{\beta}+\gamma},K=g^{\alpha+\beta},L_{\theta_k},\forall v_{i,j}\in L:T_{i,j}^{\gamma})$。

（7）Decrypt。若解密时为已更新密文，先将密文版本号与私钥版本号进行比对。若版本号不相同，则无法对信息进行解密；若版本号相同，则用私钥进行解密运算，得到消息明文 m。

$$\frac{C'e\left(g^{\beta},C''h\prod_{v_{i,j}\in\tau}T_{i,j}^{s}\right)}{e\left(K,C''C\prod_{v_{i,j}\in\tau'}T_{i,j}^{\gamma}\right)}=\frac{me(g,g)^{\alpha(s+s')}e(g^{\beta},g^{s+s'}g^{\frac{\alpha}{\beta}+\gamma}g^{sp})}{e(g^{\alpha+\beta},g^{s+s'}g^{s}g^{\gamma q})}=m\frac{e(g,g)^{\alpha(s+s')}}{e(g,g)^{\alpha(s+s')}}=m \quad (5.6)$$

5.4.4 方法分析

（1）安全性分析

若用户某属性被撤销，意味着该用户不属于这一属性群。根据 KEK 树的构造，当密文产生更新之后，该用户无法再通过解密 C_0 获取相应属性群密钥，其私钥无法进行更新，因此可以对用户访问权限进行有效的控制，保障系统安全。反之，若用户添加某一属性，访问时系统先将私钥版本号与密文版本号进行比对，如果版本号不同，则无法对数据进行解密；如果版本号相同，且用户属性符合访问策略，就可以解密消息密文。同时，引入代理重加密机制，将密文更新的工作放在重加密服务器中进行，减少了数据发送者的工作量。

抗共谋攻击。本节方法中，即使存在多个未授权用户合谋获取某密文解密，并且他们的联合属性符合访问控制策略，依旧不能对密文解密。由于在生成用户私钥 SK 时，每个用户都随机选取了 γ 将密钥随机化，并且在更新密钥时，随机选取了 β 进行密钥随机化，因此即使未授权用户合谋也无法获取密文进行解密得到明文。

（2）适用性分析

本节方法采用属性作为授权的依据，并且根据属性群密钥的获得来更新用户私钥，在 SWIM 中，属性数量众多，根据属性来获得属性群密钥可以很好地对用户进行多重分组，方便高效；根据用户和资源的属性动态生成授权策略，符合 SWIM 异构性和动态性的特点；另外，用户通过域间协议访问外域，本域的授权策略可以更好地保证本地数据的完整性，服务器的权限分派也更加分散，符合 SWIM 分布性的特点。

（3）性能比较

本节提出的属性撤销方法，既保证了密文长度相对较小，又实现了属性撤销。不同方法的相关参数大小的对比如表 5-4 所示，显然，本节方法的相关参数长度都在一定程度上进行了缩短，具有明显的优势。表 5-4 中，$|G_1|$表示集合 G_1 中元素的字节长度，$|G_T|$和$|Z_P|$同理。

表 5-4　相关参数大小的对比

方法	PK	MSK	SK	CT
文献[40]方法	$(2N'+1)\|G_1\|+\|G_T\|$	$(2N'+1)\ \|Z_P\|$	$(3n+1)\|G_1\|$	$(2N'+1)\|G_1\|+\|G_T\|$
文献[41]方法	$2\|G_1\|+\|G_T\|$	$\|G_1\|$	$(1+n+r_2)\|G_1\|$	$(1+nr_1)\|G_1\|+\|G_T\|$
本节方法	$(N'+1)\|G_1\|+\|G_T\|$	$(N'+1)\ \|Z_P\|$	$(1+n)\ \|G_1\|$	$2\|G_1\|+\|G_T\|$

另外，本节方法在效率上存在明显的优势。算法执行时间主要取决于指数运算和线性对的运算，表 5-5 列出了本节方法与其他方法算法效率的对比。

表 5-5　算法效率的对比

方法	加密	解密
文献[40]方法	$(2N'+1)G_1+2G_T$	$(1+3n)C_e+(3n+1)G_T$
文献[41]方法	$(1+3r_1n)G_1+2G_T$	$(1+r_{1+}n)C_e+(3r_1-1)G_1+3G_T$
本节方法	$2G_1+G_T$	$2C_e+2G_1$

表 5-5 中，n 表示系统中属性的总个数，G_1、G_T、C_e 分别表示群 G_1 的计算复杂度、G_T 的计算复杂度、双线性对运算复杂度；r_1 是与密钥长度相关的属性数量，其随用户的不同而改变。$N'=\sum_{i=1}^{n}n_i$，其中 n_i 是属性 att_i 所有取值的总数，r_2 是与私钥长度有关的属性数量。从表 5-5 可以看出，本节方法在算法效率上具有比较

低的运算次数和计算量，优势明显。

5.5 实验仿真与结果分析

本节通过仿真实验对属性授权的效果进行验证，但是因实验条件有限，不能模拟现实 SWIM 的授权，只验证了 SWIM 中授权的可行性。下面介绍基于属性的 SWIM 访问控制的仿真实验及结果分析。

5.5.1 基于属性的访问控制仿真实验

基于属性的访问控制是将用户属性和资源属性相关联，按照数据发送者的意愿决定具备何种属性组合的用户可以访问资源 *R*。资源的属性为 *R*=(northchina_area, atmb_organ, ADS-B_type, rank=1)，即此资源是华北空管局发布的资源级别为 1 的 ADS-*B* 资源数据。现制定访问策略如下。

$$A = \text{"(1 of(northchina\_area,eastchina\_area)) and atmb\_ogran} \\ \text{and(1 of(navigation\_position,dispatch\_position))"} \tag{5.7}$$

式(5.7)表达了明确的访问策略，只有用户属性集合满足其属于华北或西南空管局，并且职位是导航员或签派员，才能访问特定资源 *R*。

现创建几个用户分别为 user1、user2、user3、user4 以及资源 *R*，每个用户的属性如下所述。

user1：*S*1=(eastchina_area, atmb_organ, network_position, level=3)，即用户 1 是华东空管局的三级网络维护员；

user2：*S*2=(northchina_area, atmb_organ, dispatch_position, level=2)，即用户 2 是华北空管局的二级签派用户；

user3：*S*3=(southwestchina_area, atmb_organ, navigation_position, level=1)，即用户 3 是西南空管局的一级导航员；

user4：没有经过认证。

user1～user3 的具体属性及对资源 *R* 的权限如表 5-6 所示。

表 5-6　用户的属性和权限

用户	地区 area	organization	position	level	对 *R* 的权限
user1	eastchina	atmb	network	3	不可访问
user2	northchina	atmb	dispatch	2	可访问
user3	southwestchina	atmb	navigation	1	可访问

在 Linux 系统下进行系统编程，数据拥有者在对数据进行加密时，按照式(5.7)来制定资源的访问策略，user1 的属性不满足访问策略，没有访问资源 *R* 的权限；user4 没有经过认证，不可访问资源 *R*；只有 user2 和 user3 的属性满足访问策略，可以对资源 *R* 进行访问。

5.5.2 对授权的结果分析

图 5-17 的实验结果说明了授权服务的有效性，下面从适用性、时间效率和安全性方面进行访问控制实验结果分析。

```
leo@leo-virtual-machine ~/cp-abe/cpabe-0.11 $ cpabe-dec pub_key subject1_priv_ke
y resource.cpabe -k
cannot decrypt, attributes in key do not satisfy policy
leo@leo-virtual-machine ~/cp-abe/cpabe-0.11 $ cpabe-dec pub_key subject2_priv_ke
y resource.cpabe -k
leo@leo-virtual-machine ~/cp-abe/cpabe-0.11 $ cpabe-dec pub_key subject3_priv_ke
y resource.cpabe -k
leo@leo-virtual-machine ~/cp-abe/cpabe-0.11 $ cpabe-dec pub_key subject4_priv_ke
y resource.cpabe -k
can't read file: subject4_priv_key
```

图 5-17　实验结果

（1）适用性分析

本节所提授权方法采用基于属性的访问控制方法，选用 CP-ABE 算法进行加密，通过将用户和资源等实体属性关联生成授权策略，授权策略的表达更为直观，由于采用实体属性作为授权依据，制定和更改策略的过程更便捷，契合 SWIM 的动态授权。该 CP-ABE 方案能够支持与或门以及门限操作，对各种资源的发布平台和格式无特定需求，可以应用于异构系统。表 5-7 展示了基于属性的访问控制不可忽略的适用性。

表 5-7　属性授权优势

访问控制方法	授权方式	授权粒度	状态	扩展性	实用系统
DAC	自主	粗粒度	静态授权	不好	文件系统
MAC	按级别	粗粒度	静态授权	不好	核心系统
RBAC	按角色	粗粒度	静态授权	一般	单域系统
ABAC	按属性	细粒度	动态授权	好	多域系统

SWIM 中数据存在于不同的安全域，通过 SWIM 将其互联，属性授权服务可以保障本安全域中资源的安全，授权策略由数据发送者制定，并且可以实现与其他域进行信息的高效安全交互，适应 SWIM 的分布式应用。综上所述，该方案对 SWIM 网络具有高度的适用性。

（2）时间效率分析

算法的时间效率也决定着其优劣程度。为了兼顾效率，本节方案采用公钥密码体制实现加密。测试实验在每个属性长度相同的情况下，选取拥有不同数量的属性的主体和不同数量属性的加密策略进行实验，对加解密和密钥生成时间完成效率分析。属性数量不同的情况下密钥的生成时间如图 5-18 所示，对明文进行加密、对密文进行解密的时间如图 5-19 所示，Encrypt 表示加密时间曲线，Decrypt 线表示解密时间曲线。

从图 5-18 中可以看出，密钥生成时间随着属性数量的增多而呈线性增长趋势。图 5-18 中属性数为 50 个时，密钥生成时间仍然小于 1 s，而在实际的 SWIM 网络系统中，往往只需要不足 10 个属性就可以精确锁定某个用户或资源。图 5-19 中，加解密时间随着属性数增加也呈线性增长，在属性数为 50 时，加密或解密时间均不到 1 s，而在实际的 SWIM 网络系统中，单个密文的访问控制策略中所涉及的属性数量往往不会超过 50，因此，在实际的应用中，加密或解密时间不会超过 1s，时间消耗是可以接受的。

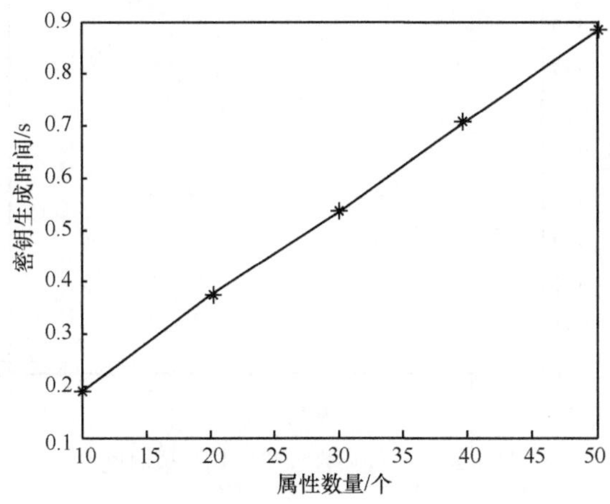

图 5-18　密钥生成时间与属性数量的关系

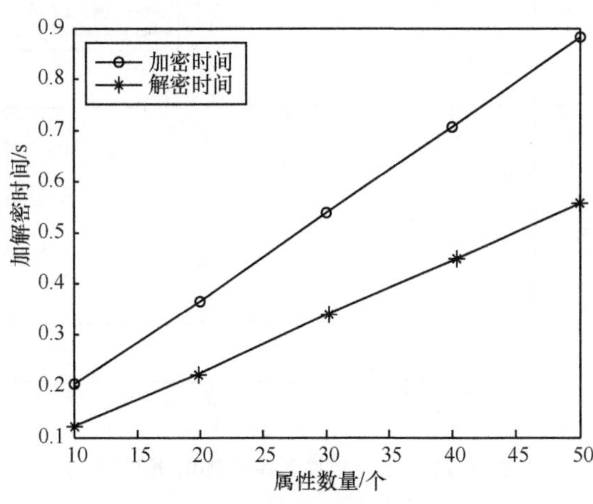

图 5-19　加解密时间与属性数量的关系

一次授权的完成包括系统建立算法、密钥生成算法，以及明文加密和密文解密算法。经过多次实验测试，系统建立算法用时为 0.053 2 s。从图 5-18 和图 5-19 可以计算出，对于系统中拥有 10 个属性的用户，使用 50 个属性生成的授权策略的密文，一次授权时间不超过 2 s。而且，在 CP-ABE 算法中，只要用户属性未发生改变并且授权策略未被更改，就不需要进行多次加密，因此时间消耗是能够接受的。

由于在属性定义时选取了两层表示，以地区属性为例，将第一层定义为七大空域，第二层定义为各个空域下辖的城市。实际情况下，属性的层次设置可能更加复杂，不但可以为判决提供方便，而且能去掉不合理的组合。不同属性长度密钥的生成时间如图 5-20 所示，加解密时间如图 5-21 所示。

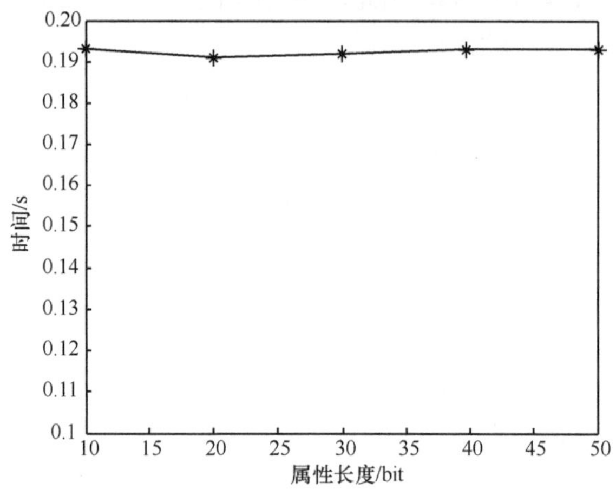

图 5-20　不同属性长度密钥生成时间

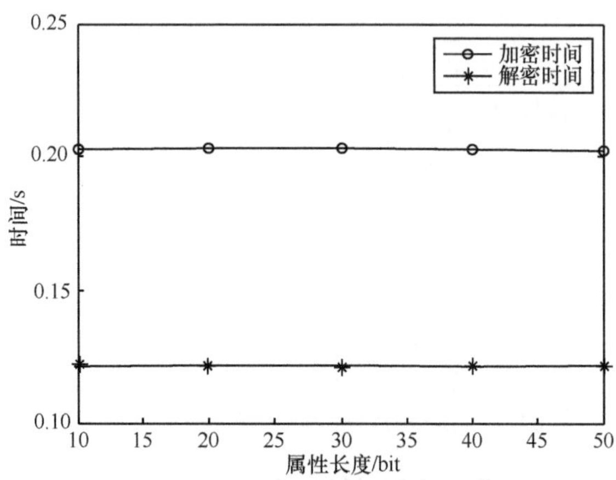

图 5-21　不同属性长度的加解密时间

观察图 5-20 和图 5-21 可以看出，加解密时间和密钥生成时间几乎没有随着属性长度的增加而改变，而是保持稳定趋势。这样在实际情况中，对属性进行定义时可以更加多样且直观，因为使用不同长度的属性，如 qingdao_area、eastchina_qingdao_area、China_eastchina_qingdao_area 进行加解密和密钥生成算法的时间效率基本一致，不会因属性长度的增加而大幅改变。

（3）安全性分析

用户进行访问时，系统先经过认证服务器判断用户是否已经过认证，若用户属性集不符合访问策略或者用户没有经过认证、授权，由于消息明文已经过加密成为密文，因此用户得不到正确的私钥无法解密，不能访问资源，既保障了系统资源的有效利用，又杜绝了恶意访问，达到了保护系统资源的目的。

机密性。数据发送者制定自己的访问策略，选择具有合适属性的用户作为允许访问的对象，在数据拥有者的终端实现资源加密。用户从访问端进行数据访问，得到私钥进行密文解密，实现了点到点的密文传输，保证了数据传输的机密性。

抗共谋攻击。授权服务过程中，即使存在多个未授权用户合谋获取某密文解密，并且他们的联合属性符合访问控制策略，依旧不能对密文进行解密。因为在生成用户私钥 SK 时，系统为每个用户选择随机数将密钥进行随机化，即使未授权用户合谋也无法获取密文进行解密得到明文。CP-ABE 算法在 SWIM 的数据安全和隐私保护方面具有较高的安全性，可以避免 SWIM 敏感信息的外泄，阻止非法航空用户的访问。

5.6 本章小结

本章首先对 SWIM 中的属性进行了预定义，包括主体、客体和环境属性和每种属性所包含的要素，设计了一种简洁明了的表达方式，可以将 SWIM 中涉及的实体更加直观高效地表达出来。其次，提出了 SWIM 的 ABAC 模型，此授权模型可以很好地契合 SWIM 的特点和现有民航网络架构，达到保障民航网络安全的目标，符合我国民航业的现状。在 Linux 环境下对提出的授权方法进行了实验仿真，实验结果表明，该方案可以支持属性细粒度的访问。此外，提出了一种综合版本号、代理重加密机制以及 KEK 树特点的基于 CP-ABE 算法的支持属性撤销的方法，经分析表明，该方法具有较好的安全性、适用性。

第 6 章 基于属性密码的 SWIM 授权方法

基于属性的授权（Attribute Based Authorization, ABA）以属性作为最小单元，以属性加密（ABE）机制为依托，以用户和资源的属性作为授权依据，可以用在 SWIM 的网络环境中，为 SWIM 提供细粒度的、动态的、跨域的访问。目前，基于属性的授权已经在电子商务、电子政务、云计算、物联网和云存储等领域得到广泛的应用。

6.1 基于属性的 SWIM 授权

基于属性的授权是通过 3 个属性之间的关联来进行用户的授权，而授权策略是判断用户权限的核心。授权策略是授权过程中判断用户权限的函数，它是用一个基于 s、r、e 的布尔函数来判断主体 s 能否在环境 e 的条件下访问资源 r，如式(6.1)所示[79-81]。

$$\text{Can-access}(s,r,e) \leftarrow f[\text{ATTR}(s),\text{ATTR}(r),\text{ATTR}(e)] \tag{6.1}$$

如果返回 true，则允许访问；如果返回 false，则拒绝访问。因此，可以通过主题属性和资源属性的关联关系对用户进行授权。而在授权过程中，环境属性相对来说比较独立。

ABA 是以 ABE 为加密方式和架构依托的。ABA 将包含的内容划分为主体 S（Subject）、资源 R（Resource）和环境 E（Environment）。

将 S、R 和 E 用属性的形式表示，分别为主体属性 SA（Subject Attributes）、资源属性 RA（Resource Attributes）和环境属性 EA（Environment Attributes）。用 $\text{SA}_k(1 \leqslant k \leqslant K)$、$\text{RA}_m(1 \leqslant m \leqslant M)$和 $\text{EA}_n(1 \leqslant n \leqslant N)$表示主体 S、资源 R 和环境 E 的预定义属性[81-82]。

ATTR(s)、ATTR(r)和 ATTR(e)分别表示主体 S、资源 R 和环境 E 的属性

赋值[79-81]，即

主体属性 $\mathrm{ATTR}(s) \subseteq \mathrm{SA}_1 \times \mathrm{SA}_2 \times \cdots \times \mathrm{SA}_K$；

资源属性 $\mathrm{ATTR}(r) \subseteq \mathrm{RA}_1 \times \mathrm{RA}_2 \times \cdots \times \mathrm{RA}_M$；

环境属性 $\mathrm{ATTR}(e) \subseteq \mathrm{EA}_1 \times \mathrm{EA}_2 \times \cdots \times \mathrm{EA}_N$。

6.1.1　SWIM 属性定义

针对 SWIM 结构的特点，对 SWIM 中共享数据的定义如下[79-81]。

（1）SWIM 中符号定义

AR_i（$1 \leqslant i \leqslant I$）为区域属性 area，表示 SWIM 中资源产生或者使用的地理位置。根据我国现有的民航数据网络结构，利用 area 属性可以将 SWIM 运行网络按照区域划分为不同的授权域，例如，$\mathrm{AR}_i \in${华北, 北东, 中南, 西南, 天津, 北京, 上海, 西安}，AR_i 的取值包含所有的 SWIM 网络的地理位置。AR_i 的值域是按照树形的结构进行定义的，每个值都对应于一个树的节点。每个子节点只能对应一个父节点，一个父节点可以对应多个子节点。每一个具体的 area 的值 AREA 是通过 AR_i 的组合产生的。这样定义可以使数据的域划分的具有层次化、分组化，使数据的检索和授权策略的形成更加便捷。在使用的过程中，采用先序遍历的方法进行检索，通过不同层次树节点的组合表示 area，对于任何的 area，每个层次的节点值只能取一个，而且只能取本节点的子节点的值，从根节点取到叶节点。例如，AEAR（S）=“华北” ∪ “天津”表示 S 的区域属性为华北并且是天津。其中，天津对应的节点为华北对应节点的子节点。而 AEAR（R）=“华北” ∪ “上海”是错误，因为上海对应的节点不是华北对应节点的子节点。

OR_j（$1 \leqslant j \leqslant J$）为机构属性 organ，代表主体或者资源对应的机构，因为在 SWIM 的运行环境中，机构的不同对于不同资源的权限具有很大的影响。$\mathrm{OR}_j \in${空管局, 机场, 航空公司, 南方航空, 海南航空, 天津航空, …}。OR_j 的取值包含 SWIM 运行环境中所有的机构。organ 的取值与 area 的取值类似，同样是树形的结构，每个主体的具体属性中每个层次节点对应的值只能取一个。例如，ORGAN(S)=“空管局”表示 S 的机构属性为空管局；ORGAN（R）=“航空公司” ∪ “天津航空”表示 R 的机构属性为航空公司，并且是天津航空公司。

PO_q（$1 \leqslant q \leqslant Q$）为职位属性 position，代表主体的职位。因为不同的职位对不同资源的权限不同，所以将主体的职位作为主体的一种属性。$\mathrm{PO}_q \in${管制用户, 技术保障用户, 网络管理用户, 通信导航监视用户, 航空气象管理用户, …}。PO_q 的值域为 SWIM 环境中主体的所有的职位。在一个主体中 PO_q 只能取一个值，每个 PO_q 对应的节点都是叶节点。

TY_o（$1 \leqslant o \leqslant O$）为类型属性 type，代表资源的类型。$\mathrm{TY}_o$ 与 PO_q 的取值类似，都是一条数据中只能取一个值，每个 TY_o 对应的节点是叶节点。$\mathrm{TY}_o \in${航班

对象数据，监视数据，流量数据，空域结构，航班计划，航班执行，ADS-B，…}。TY_o包含 SWIM 运行环境中所有数据的类型。Type 的取值要求与 area 的取值要求一样。例如，TYPE(R)= “航班对象数据” ∪ “航班计划”，表示 R 的类型为航班对象数据并且是航班计划。

$LE_p(1 \leqslant p \leqslant P)$为主体 S 的级别属性 level，代表主体的级别，$LE_p \in \{1,2,3,\cdots,P\}$，其中，$p \in N_p \in N$。一个主体只能取一个 LE 的值，具体 P 的值根据实际环境要求进行确定。

RA_r（$1 \leqslant r \leqslant R$）为资源 R 的级别属性 rank，代表资源的级别，$RA_r \in \{1,2,3,\cdots,R\}$，其中，$p \in N_p \in N$。一个资源只能取一个 RA_r 的值，具体 R 的值根据实际环境要求进行确定。

time 表示时间，others 表示 SWIM 环境中的突发情况。

（2）SWIM 主体属性

SWIM 中的主体属性分为 area、organ、position 和 level 四方面的属性，通过这四方面的属性就可以准确地表示 SWIM 中的任何一组属性相同的主体，而这些主体在授权的过程中能获得同样的权限。每一个主体的属性都可以表示为 ATTR(s)=AREA(s)∪ORGAN(s)∪POSITION(s)∪LEVEL(s)。

（3）SWIM 资源属性

对应于主体属性，将 SWIM 中资源的属性分为 area、organ、type 和 rank 四方面的属性。同样，这四方面属性的组合表示一种类型的资源，它们在授权的过程中产生的授权策略都是一样的。资源属性表示为 ATTR(r)=AREA(r)∪ORGAN(r)∪TYPE(r)∪RANK(r)。

（4）SWIM 环境属性

将 SWIM 中环境属性分为 time、others 两方面的属性，因为授权时间在 SWIM 授权环境中很重要，所以单独提出；其他用 others 表示，在实际情况中，有多个 others 的值用在一个授权策略中。环境属性表示为 ATTR(e)=TIME(e)∪OTHERS(e)。

6.1.2 SWIM 属性表示

采用上述方法针对 SWIM 中的每一条资源和每一个主体的属性进行定义。为了方便使用和直观表述，将每一条资源的属性组使用属性的英文和属性所属的分类进行形式化的定义，具体如下[79-81]。

（1）使用 S 代表 SWIM 中的主体，S={area, organ, position, level}。例如，S1={northchina_area,tianjin_area, atmb_organ, navigation_position, level=1}，表示 S1 为位于华北天津的空管局的级别为 1 的导航用户。

（2）R 代表 SWIM 中的资源，R={area, organ, type, rank}。例如，R1={northchina_ area, beijing_area, atmb_organ, flight_object _type, flight_schedule_ type, rank=2 }，表示 *R*1 为来自华北北京空管局类型为航班计划级别为 2 的航行对象数据。

（3）*E* 代表授权时特定制定的 SWIM 环境。*E*={time, others}。对于 *E*，可以单独表示，也可以组合起来使用。例如，*E*1={2013-7-28_time}表示时间为 2013 年 7 月 28 日，*E*2={emergency}表示紧急。

6.1.3　SWIM 属性授权策略

在 SWIM 授权环境中，使用 CP-ABE 算法进行授权加密，授权策略体现在密文中。设计如下的授权语句：对 SWIM 中一个资源 resource，使用式(6.1)进行运算得到结果为 true 的属性资源组合，进行逻辑运算得到式(6.2)[79-81]。

"northchina_area and atmb_organ and ((navigation_position and level ≥ 2)
or (1 of (network_position,airport_position,airplane_position) and level ≥ 3)) "
(6.2)

以式(6.2)为参数，使用 CP-ABE 中加密程序对资源 resource 进行加密，将授权策略 A 包含于其中，根据用户的私钥是否与加密策略匹配来确定用户的权限。

6.2　SWIM 属性授权体系结构

SWIM 的授权是通过接收用户的授权申请和从认证信息数据库获取用户的相关认证信息，再从属性数据库里面获得用户相关属性，从而对已认证用户进行授权[82]。它是 SWIM 安全架构的一部分，从认证模块处调用用户的认证信息，根据主体、资源和环境的属性关系生成授权策略，再将授权策略传递到加密模块进行加密。从而实现对用户的授权。SWIM 授权模块与其他模块的关系如图 6-1 所示[83-84]。

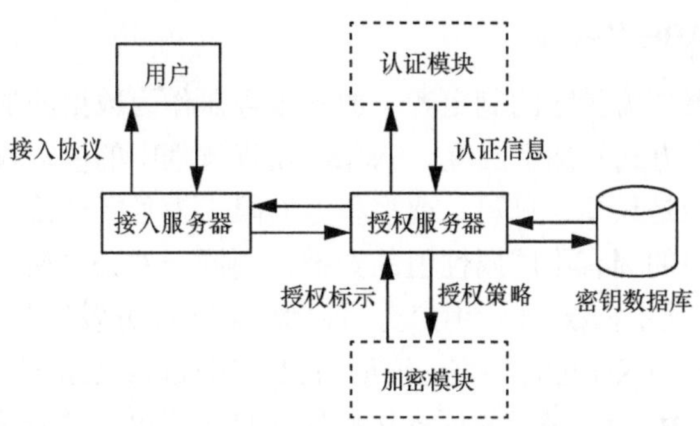

图 6-1　SWIM 授权模块与其他模块的关系

6.2.1 授权服务器

根据授权服务器的作用，设计授权服务器的结构如图 6-2 所示[83-84]。SWIM 授权服务器的组成中，各个部分的功能定义如下[83-84]。

（1）PEP 是一个访问控制的实体，可拦截主体发送的 SOAP 服务请求，调用认证数据库的认证信息，并向 PDP 发送授权请求，然后根据授权响应结果执行相应的动作，如允许用户请求和拒绝用户请求等。

（2）PDP 用于收集主体、资源和环境的属性，并利用策略规则集来判断用户的访问请求是否满足要求，从而决定许可还是拒绝，并将决策结果返回给 PEP。

（3）策略权威（Policy Authority, PA）用于编写策略和策略集，策略中主要定义了获得访问权所需满足的属性要求。

（4）属性权威（Attribute Authority, AA）主要负责给 PDP 提供决策所需的各项属性，包括主体属性、资源属性和环境属性。

（5）密钥数据库（Key Database, KDB）负责保存生成的密钥数据。

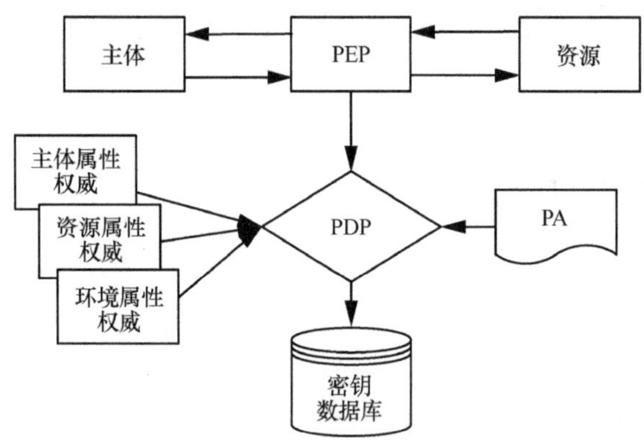

图 6-2 授权服务器结构

6.2.2 基于 CP-ABE 的授权

将授权服务器作为策略的制定者，加密服务器作为数据的加密方，定义不同属性的数据的加密方式和加密强度。SWIM 授权过程中的基本权限是读和写，因此用户的权限可能是只读、只写、读写和无权限。为了区分读和写权限，对能够使用同样授权策略的拥有不同属性值的数据选用同一对公私密钥：签名密钥 Ksi 和验证密钥 Kve。其中，Ksi 表示用户有写权限，将 Ksi 分发给具有写权限的用户，用户写完资源以后用 Ksi 进行签名，证明自己有写权限；Kve 表示用户有读权限，用户拿到资源后，用 Kve 进行验证，从而保证自己读出的是合法的资源[79-81]。

在授权过程中，加密服务器、认证服务器和用户之间进行交互，其各自的作用如表 6-1 所示。

表 6-1　加密服务器、认证服务器和用户的作用

用户	授权服务器	加密服务器	认证服务器
Decrypt 程序	Setup 程序	Encrypt 程序	对用户认证
对 M 进行加解密	KenGen 程序	生成密钥 K	生成 Au
签名/验证算法运行	生成策略	生成 Kr 和 Kw	—

根据 CP-ABE 的算法，设计授权的模块主要包括以下 5 个方面：系统建立，用户获取私钥 SK，生成权限密文，用户获取资源，用户权限变更。每个模块的主要流程如下。

（1）系统建立

授权服务器初始化。运行 Setup，系统产生参数，生成主密钥 MK 和公钥 PK。

（2）用户获取私钥 SK

① 用户通过接入服务器向 PEP 发送包含认证标示 Au 的申请消息。

② PEP 接收消息，检查用户的 Au，查看用户是否认证，如果用户未认证则返回给接入服务器一个要求用户认证的消息，并从接入服务器返回给用户。

③ 用户已认证，PEP 发送 Au 给 PDP。

④ PDP 根据 Au 从主体 AA 中调用用户主体属性 ATTR(s)的集合 S。

⑤ PDP 调用 CP-ABE 算法运算程序，SK=Keygen(MK, S)。

⑥ PDP 通过 PEP 接入服务器，将用户私钥 SK 通过安全信道传递给用户。

（3）生成权限密文 CT

① 加密服务器对资源 M 根据资源属性 ATTR(r)选择相应的对称加密算法 Al 产生对应的对称密钥 K；K 用来加密消息 M，并产生加密标示 Cr，关联资源属性 ATTR(r)和加密标示 Cr，将 ATTR(r)和 Cr 关联存入关联数据库。

② 加密服务器向 PEP 发送包含加密标示 Cr 的加密资源消息。

③ PEP 将消息转发给 PDP。

④ PDP 根据 Cr 从资源 AA 和环境 AA 中调用资源属性 ATTR(r)的集合 R 和环境属性 ATTR(e)的集合 E。

⑤ PDP 将 R 和 E 发送给 PA，PA 提供授权策略$\mathbb{A}$，包括读策略$\mathbb{A}$r 和写策略$\mathbb{A}$w。

⑥ PA 检索策略库，查看是否已有有效的匹配于此资源属性的授权策略，如果有，则调用此策略，也就是访问结构$\mathbb{A}$；如果没有，调用策略生成程序，根据资源的属性 ATTR(r)和 ATTR(e)生成授权策略$\mathbb{A}$，并将生成的策略保存到策略库。

⑦ 按照 PA→PDP→PEP→加密服务器的顺序，将授权策略$\mathbb{A}$传递给加密服务器。

⑧ 加密服务器加密密钥 K。得到 CTr=Encrypt（PK, {K, Al, Kr}、$\mathbb{A}$r 和 CTw=Encrypt（PK, {K, Al, Kr}，$\mathbb{A}$w）。其中，CTr 和 CTw 统称为 CT。将 CT 存放到密钥数据库，并于 Cr 对应起来。

（4）用户获取资源

① 用户通过接入服务器访问关联数据库，得到资源 M 的关联信息 Cr。

② 根据 Cr，从密钥数据库得到相对应的 CT。

③ 用户获取权限。

读权限为{K, Al, Kr}=Decrypt（PK,CT,SK）；

写权限为{K, Al, Kw}=Decrypt（PK,CT,SK）。

④ 具有读权限用户读取资源。用户根据 Cr 从密文数据库读出 Cr 对应的 C，用读密钥 Kr 对 C 的签名 S 进行验证，然后使用密钥 K 按照加密算法 Al 进行解密，得到明文 M。

⑤ 具有写权限用户写资源。用户使用密钥 K 按照加密算法 Al 进行加密得到 C，并对 C 进行签名生成签名 S，将签名 S 和密文 C 加密标示 Cr 上传到密文服务器。

（5）用户权限变更

用户权限变更包括两种。一种是对资源 M 有权限的属性值组合增多，也就是新的授权策略包含旧的策略，即$\mathbb{A} \in \mathcal{A}$，其中$\mathcal{A}$表示新的授权策略；另外一种对资源 M 有权限的属性值组合变化，也就是新的授权策略不包含旧的策略，即$\mathbb{A} \notin \mathcal{A}$。

对于新策略包含旧策略的情况，进行以下操作。

① 生成新的授权策略$\mathcal{A}$，并使用$\mathcal{A}$替换$\mathbb{A}$。

② 根据$\mathcal{A}$对应的 Cr 从密钥数据库找到相对应的 CT。

③ 输入私钥 SK、公钥 PK 和密文 CT，解密得到加密密钥 K 和加密方法 Al。

④ 输入加密密钥 K、加密方法 Al、授权策略$\mathcal{A}$和公钥 PK，生成新的密文 CT′。

⑤ 用 CT′替换 CT 存放到密钥数据库。

对于新策略不包含旧策略的情况，进行以下操作。

① 生成新的授权策略$\mathcal{A}$，并使用$\mathcal{A}$替换$\mathbb{A}$。

② 根据$\mathcal{A}$对应的 Cr 从密钥数据库找到相对应的 CT。

③ 根据 Cr 找到 M 的属性 R，生成与它匹配的新的加密密钥 K'和加密方法 Al′。

④ 输入加密密钥 K′加密方法 Al′、授权策略$\mathcal{A}$和公钥 PK，生成新的密文 CT′。

⑤ 用 CT′替换 CT 存放到密钥数据库。

在上面的流程中，在一个主密钥周期内，也就是运行一次步骤①的情况下，对于一个主体，在没有属性变更的情况下，只需要运行一次步骤②，只生成一个密钥。对于同一种属性组的资源只需要进行一次步骤③，就可以将它进行加密生成密文。实现了密钥和资源的多对多关系。

6.3 实验验证与分析

我国的空管系统在长期发展中形成了民航空管局、地区空管局、分局空管站的三层组织结构。SWIM 是面向空管内所有数据和所有用户的，同时包括机场和航空公司的数据，因此要求 SWIM 的授权能够考虑到所有的用户和设备等。采用面向服务的结构 SOA 可以有效满足各级民航组织中数据的存储、交互和共享等要求。授权服务器部署在每个 SWIM 的网络节点上，它作为 SWIM 的信息基础的支撑，为 SWIM 提供授权管理。因此，SWIM 授权部署的局部结构和整体结构可以统一起来，可以解决全国民航空中交通管理业务分布式应用和跨域授权的问题。

6.3.1 实验验证

SWIM 结构中授权服务器的部署示例如图 6-3 所示，用户通过其他域的接入服务器接入本域的授权服务器，通过重定向服务器和代理服务器接入 Internet 中与其他域的数据进行交互。它与 SWIM 架构的星型拓扑结构相互契合。

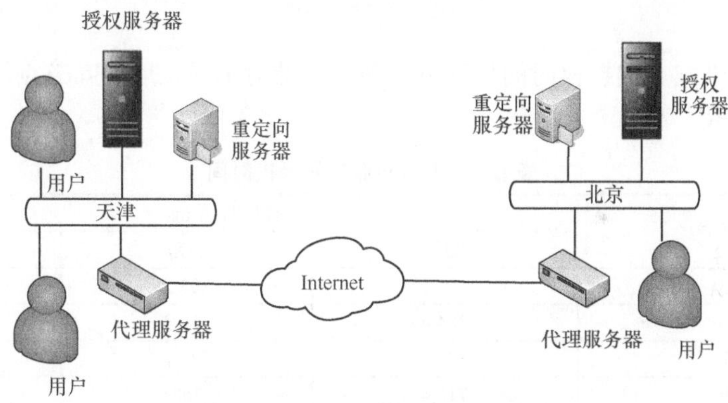

图 6-3　SWIM 授权服务器部署示例

通过实验对授权效果进行验证。实验环境如下，Inter Pentium(R) Dual-core CPU E5400 2.7GHz，内存为 2GB DDR3，操作系统是 Windows 7。实验环境构造是在 VMware Workstation 8.0.2 上安装 linuxmint-14.1 操作系统，构造 LINUX 环境。

设有 4 个用户，分别为 subject1、subject2、subject3 和 subject4，一个资源 resource。假设每个属性对应的树都是深度为 1 的树，采用前文所述的表示方法，则

subject1 的属性表示为 *S*1=(northchina_area, atmb_organ, navigation_position, level=1)；

subject2 的属性表示为 $S2$=(northchina_area, atmb_organ, navigation_position, level=2)；

subject3 的属性表示为 $S3$=(northchina_area, atmb_organ, network_position, level=3)；

subject4 没有认证。

这样 subject1、subject2、subject3 分别可以从授权服务器得到自己的私钥 subject1_priv_key、subject2_priv_key 和 subject3_priv_key。使用式(6.2)作为授权策略对 resource 进行加密。

从上述加密策略和每个 subject 的属性可以得出 subject2 和 subject3 有权限，可以解密 resource.cpabe 文件，实验验证如图 6-4 所示。

```
leo@leo-virtual-machine ~/cp-abe/cpabe-0.11 $ cpabe-dec pub_key subject1_priv_ke
y resource.cpabe -k
cannot decrypt, attributes in key do not satisfy policy
leo@leo-virtual-machine ~/cp-abe/cpabe-0.11 $ cpabe-dec pub_key subject2_priv_ke
y resource.cpabe -k
leo@leo-virtual-machine ~/cp-abe/cpabe-0.11 $ cpabe-dec pub_key subject3_priv_ke
y resource.cpabe -k
leo@leo-virtual-machine ~/cp-abe/cpabe-0.11 $ cpabe-dec pub_key subject4_priv_ke
y resource.cpabe -k
can't read file: subject4_priv_key
```

图 6-4　实验验证

不同属性数量的授权时间如表 6-2 所示，针对不同长度的叶节点的加密时间如表 6-3 所示。

表 6-2　不同节点数量授权时间

属性数量/个	授权时间/ms		
	密钥生成	加密	解密
10	191.2	203.2	121.6
20	374.4	366.4	225.6
30	533.6	539.2	339.2
40	710.4	708	444
50	882.4	883.2	558.4

表 6-3　不同长度叶节点加密时间

节点长度/bit	加密时间/ms		
	密钥生成	加密	解密
5	193.2	202.8	121.4
10	191.6	203.2	121.6
20	192.7	203.5	121.6
50	193.4	202.7	121.2
100	193.2	202.6	121.8

表 6-2 为不同数量的属性的授权时间，可以看出随着属性数量的增加，密钥生成时间、加密时间、解密时间都是增加的，在节点数为 50 的情况下，授权时间仍为毫秒级。同时，由于用户在使用资源时，对相同类型的资源只进行一次授权，所以时间上是可以接受的。表 6-3 为在 10 个属性的情况下，单个节点长度的不同对密钥生成时间、加密时间、解密时间的影响。可以看出，单个节点的长度几乎不影响密钥生成及加解密时间，这样就可以更灵活地设计属性值，例如，使用 atmb_organ 或 communication-management_organ 的加密时间上是几乎相同的。

6.3.2　适应性分析

本章方法采用属性作为授权的依据，将航空用户和资源提供者都使用属性进行表示，将资源的属性和主体的属性进行关联，生成授权策略。属性访问策略生成更加灵活，支持与或门的操作，支持门限操作，并且对数据的结构没有要求。本章方法中采用了 CP-ABE 的算法和对称加密算法，以及签名验证算法结合的方法，有效地区分了读和写用户的权限。在本章方法中，CP-ABE 算法策略的生成由授权服务器完成，避免了用户生成策略而造成的密钥管理复杂，并且本域生成授权策略也更好地保护了本域的数据，与其他域交互安全便捷。对称密码的算法、加密强度和加密密钥由加密服务器生成，服务器权限分配更加分散，符合 SWIM 异构性和动态性的特点。

6.3.3　安全性分析

本章方法实现了端对端的密文传输，允许用户在客户端对数据进行加密，同时用户只需要按照提供的加密方式进行加密即可，使客户端开销小，并且易于管理。对其他域来说，相当于资源所有者生成授权策略，可以自由地选择授权用户的属性。所提采用混合的密码体制管理方式，使用对称密钥进行数据加密，用公钥密码体制对密钥进行加密，并且由加密服务器根据资源属性选择合适的对称密钥的加密算法和加密强度，有效地兼顾了效率性和安全性。对于非法用户，首先通过认证服务器进行鉴别，其次使用密码加密产生密文，使非法用户不能读取数据。即使非法用户将密文破解，由于其不知道写密钥 Kw，修改资源后也不能对其签名，所以可以保证密文数据库中的资源不被修改，符合安全性的要求。

通过实验结果分析可以看出，本章方法符合 SWIM 授权的要求，授权策略灵活，可以满足 SWIM 授权的要求。

6.4　本章小结

本章提出了适用于 SWIM 的基于属性的授权构架，并结合 CP-ABE 算法，提出了基于属性的SWIM授权方法。该方法是根据国际民航组织ICAO提出的SWIM规范，结合我国民航SWIM的架构特点，并在民航网络的信息安全保障需求基础上提出的。该方法可以有效地在民航的网络上部署硬件，采用基于属性的授权可以支持航空用户对 SWIM 共享数据的细粒度的访问。在本章提出的方法中使用CP-ABE算法，可以有效地保证SWIM授权结构分布性、异构性和动态性的要求，并且基于属性的策略具有一定的灵活性，可以满足SWIM授权的权限分配要求。

第 7 章 基于 Diameter 协议的 SWIM 认证架构

本章在分析 SWIM 体系结构和基于 Diameter 协议的基础上，给出标准 Diameter/EAP-MD5 和标准 Diameter/EAP-TLS 认证过程中存在的安全隐患，改进了认证协议，提出基于改进的 Diameter/EAP-MD5 协议的 SWIM 用户身份认证方法和基于改进的 Diameter/EAP-TLS 协议的 SWIM 用户身份认证方法，研究基于 Diameter 的 SWIM 认证服务，并在模拟的 SWIM 环境中对改进方法进行仿真实验和安全性分析。实验结果表明，改进的认证方法可在计算性能相当的前提下提高 SWIM 认证系统的安全性，为 SWIM 安全服务框架的构建提供保障。

7.1 Diameter 协议体系结构

Diameter 协议包括基础协议和应用协议两部分[85-87]，其中，Diameter 基础协议仅实现认证、授权和计费（Authenticaiton、Authorization and Accounting, AAA）服务的最低要求，包括属性值对（Attribute Value Pair, AVP）的收发和扩展、节点间的能力协商、错误通知以及其他应用服务的基本需求等；应用协议包括网络接入服务（Network Access Server, NAS）协议、可扩展认证协议（Extensible Authentication Protocol, EAP）、移动 IP（Mobile Internet Protocol, MIP）、密码消息语法（Cryptographic Message Syntax, CMS）协议等。Diameter 协议具有如图 7-1 所示的体系结构。

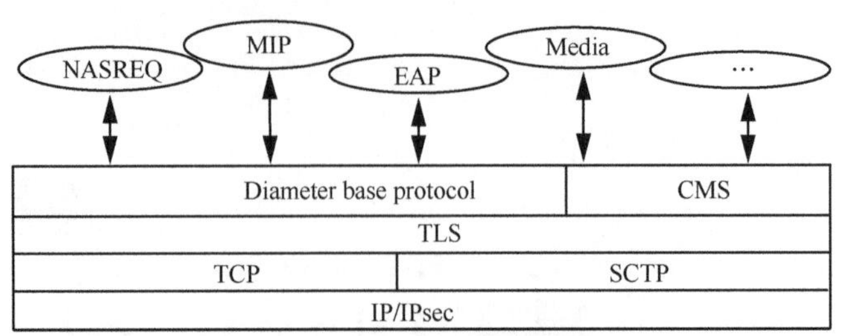

图 7-1 Diameter 协议体系结构

7.2 Diameter 协议对于 SWIM 的适用性

Diameter 协议及其 EAP 应用子协议并不是专为 SWIM 架构设计的，很多国际和地区的标准化组织已经普遍接受 Diameter 协议，现有的各种网络也已逐步开始采用和部署 Diameter 协议作为 AAA 接口，其安全性和可用性已经在实际应用中得到了验证。

就安全性而言，SWIM 虚拟信息池存储实时的飞行数据、监视数据、气象信息等，必须保证数据的可用性、完整性和机密性，Diameter 协议要求必须支持 IPsec 安全协议以保证数据的机密性和完整性，另提供可选的 TLS 安全协议对数据进行保护，而在应用层提供基于 EAP 协议的多重身份认证方法。

就软硬件部署而言，我国民航 SWIM 网络[3]的研究和部署处于发展初期，面向的是由中国民用航空局、地区空管分局以及空管分局站三层管理体制组成的空管组织及其下属的各级用户，使用 Diameter 协议为 SWIM 提供用户身份认证可以更好地解决分布式应用和跨域认证的问题。对我国民航 SWIM 服务架构的搭建而言，考虑到我国的民航业发展和客体分布的实际情况，用户多以区域为界进行区分，使用 Diameter/EAP 进行认证时可采用 NAI（Network Access Identify），即“user@realm”的结构，支持非本域用户的信息路由，其中 user 是用户名，realm 是管理域名，与用户所在区域相对应，由 NAI 的 realm 可以得知用户的注册网络。在对非本域用户的认证过程中，用户提供 NAI 信息，Diameter 服务器就可以根据 NAI 识别用户的注册 Diameter 服务器，转发用户的请求[1]。

7.3 基于 Diameter/EAP 协议的 SWIM 认证架构设计

根据我国空中交通管理 ATM 体系的中国民用航空局、地区空管分局、空管分局站的基本体制，可抽象成为三层管理架构，SWIM 面向空中交通管理各级组织及其下属的各级用户，采用 Diameter 协议为 SWIM 提供用户身份认证可以更好地解决全国民航空中交通管理业务分布式应用和跨域认证的问题。SWIM 中的 Diameter 部署结构[1,3,86]如图 7-2 所示。

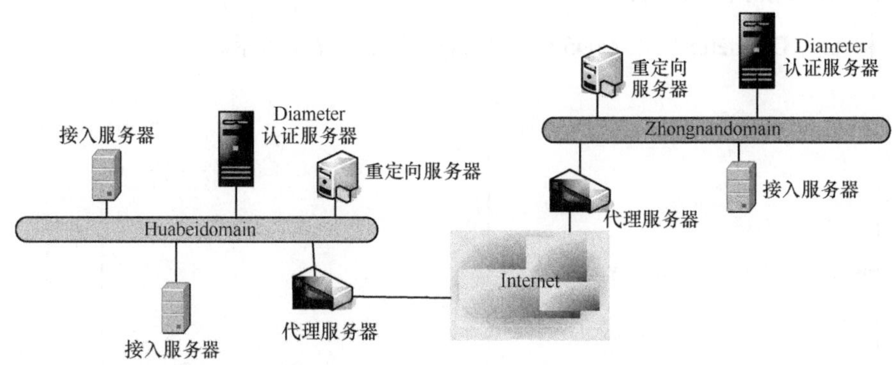

图 7-2　SWIM 中的 Diameter 部署

基于 Diameter/EAP 协议的认证系统与 SWIM 架构的星型拓扑结构相互契合，其结构实际上是一个以用户、接入服务器（包括重定向服务器和代理服务器）、认证服务器为主，注册服务器为辅，注册信息和认证信息数据库为支撑的节点结构，SWIM 架构下基于 Diameter/EAP 协议的认证模块结构如图 7-3 所示。

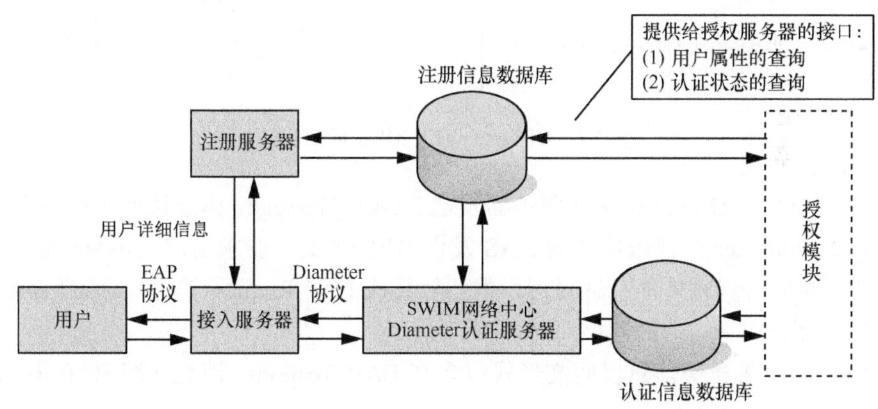

图 7-3　SWIM 架构下基于 Diameter/EAP 协议的认证模块结构

在认证过程中，SWIM 用户采用 NAI，即“user@realm”的结构进行注册[86]，其中，user 是用户名，realm 是管理域名，与用户所在区域相对应，由 NAI 的 realm 可以得知用户的注册网络。每次登录时提交认证请求，接入服务器主要进行协议转换和消息转发，并识别用户的 realm 信息，将其认证请求发至相应的 Diameter

认证服务器，Diameter 认证服务器依托注册信息数据库对用户进行最终认证，同时依据用户的 realm 信息为其提供漫游管理，最后将用户的认证状态记录于认证信息数据库。

7.3.1 标准 Diameter/EAP-MD5 认证

标准的 Diameter/EAP-MD5 认证流程[88-89]如图 7-4 所示。

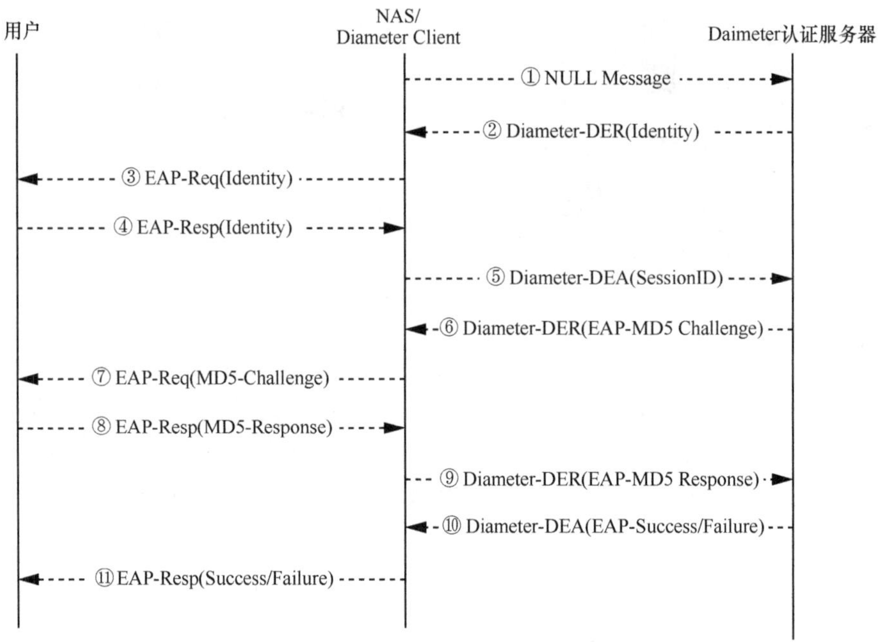

图 7-4 Diameter/EAP-MD5 标准认证

（1）NAS 向 Diameter 认证服务器发送 NULL Message，标志认证过程的开始。

（2）Diameter 认证服务器向 NAS 发送 DER 报文，要求用户提供身份信息。

（3）NAS 将 DER 消息解封后，重新封装成 EAP-Request 消息（即 EAP-Req）后转发给用户。

（4）用户将身份信息以明文形式包含在 EAP-Response 消息（即 EAP-Resp）中返回 NAS。

（5）NAS 提取用户身份信息后将其封装在 DEA 消息中转发给 Diameter 认证服务器。

（6）Diameter 认证服务器将接收到的用户 ID 与数据库中存储的信息对比，若不匹配则发布认证失败消息；若匹配则发送 DER 消息，其中包含服务器端产生的随机数。

（7）NAS 提取其中的随机数，并向用户转发 EAP-Request 消息。

（8）用户对接收到的随机数和密码进行哈希运算[11]，并将计算值同用户 ID 一同发往 NAS。

（9）NAS 将该 EAP-Response 消息重新封装在 DER 消息中发往 Diameter 认证服务器。

（10）Diameter 认证服务器本地计算原随机数与用户名对应密码的哈希值，并与接收到的哈希值比较，若相同则返回认证成功消息，若不同则返回认证失败消息。

（11）NAS 向用户转发相应的 EAP-Resp（Success/Failure）消息。

7.3.2　标准 Diameter/EAP-MD5 认证安全性分析

以下分析以 Diameter/EAP-MD5 标准认证为重点研究对象，该认证方法类似于质询握手认证协议（Challenge Handshake Authentication Protocol, CHAP），拥有简单易行的特点和最基本的保密性，但它在 SWIM 安全服务架构的具体实现中仍存在许多安全隐患[90-92]，主要有以下几点。

（1）认证过程中用户 ID 始终明文传输，机密性的缺失往往是致命的。一旦这些用户的身份信息被攻击者截获，用于对服务器或数据库进行各种注入式攻击，则会导致更多敏感甚至是机密数据的泄露。SWIM 用户涉及机场、航空公司、空管局及其下属单位等，以管制员为例，若攻击者截获该管制员 ID，借此破译其认证密码，则极有可能凭借管制员权限查看到相应保密级别的信息，严重的有可能威胁到飞机航行安全甚至是国家民航机密。

（2）NAS /Diameter Client 只起到转发作用，其身份未被确认，一旦被攻击者仿冒，则很容易进行中间人攻击，造成用户信息和服务器信息的双重泄露，即使用户和服务器之间传输的消息是经过加密的，若此消息被截获，也可利用猜测攻击获得相关明文甚至是密钥。SWIM 信息池包含海量的飞行数据、监视数据、气象信息等，NAS 的仿冒者极有可能在服务器返回用户请求的过程中截获这些信息从事非法活动。

（3）EAP 的相关 RFC（Request for Comments）文档中要求 EAP 应实现双向认证[93]，而 EAP-MD5 仅实现了服务器对用户的认证，并没有实现用户对服务器的认证。若用户盲目地向攻击者仿冒的服务器提供个人信息，则会造成不必要的损失。

以上均是 Diameter/EAP-MD5 标准认证方法固有的缺陷和漏洞，若直接应用到 SWIM 网络中，显然不符合 SWIM 用户属性多样化、数据等级分层化、异构系统互联化的特点，安全性的缺失不仅会造成用户个人信息的泄露，更有可能威胁到整个 SWIM 网络。

7.3.3 改进 Diameter/EAP-MD5 认证

分析 Diameter/EAP-MD5 标准认证存在的缺陷和漏洞，对这些安全缺陷和漏洞做出有针对性的改进，才能在实际应用中提供更强的安全性。以下均以用户 client@huabei.net 为例进行分析，改进认证如图 7-5 所示，其中标*部分为主要改动部分。

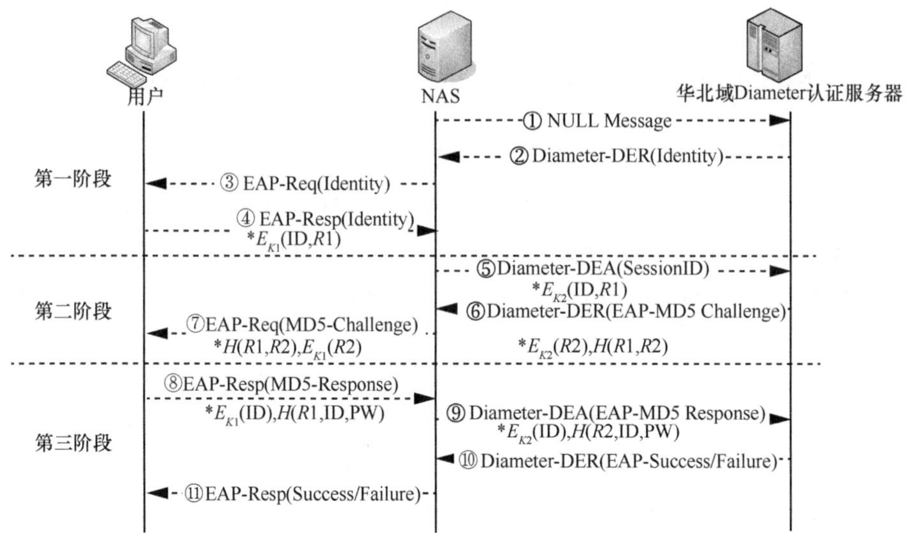

图 7-5 Diameter/EAP-MD5 改进认证

改进的 Diameter/EAP-MD5 认证可分为以下 3 个阶段。

第一阶段，SWIM 用户与 NAS 之间的相互认证。

（1）NAS 向 Diameter 认证服务器发送 NULL Message，标志认证过程的开始。

（2）Diameter 认证服务器向 NAS 发送 DER 报文，要求用户提供身份信息。

（3）NAS 将 DER 消息解封，重新封装成 EAP-Request 消息后转发给用户。

（4）用户产生一个随机数 $R1$，使用与 NAS 共享的 AES 算法对称密钥 $K1$[91] 将用户 ID 和 $R1$ 同时加密后，封装在 EAP-Response 消息中发往 NAS[94-95]，若 NAS 持有相应的 $K1$，则可实现与用户的相互认证并提取用户 ID；否则认证失败。

第二阶段，用户对服务器的认证。

（5）NAS 使用 $K1$ 解密消息后得到用户 ID 和随机数 $R1$，判断用户的 reaml 信息以确定转发至哪个 Diameter 认证服务器，然后使用与 Diameter 认证服务器约定的 AES 算法对称密钥 $K2$ 对其进行加密后，封装在 DER 消息中转发给 Diameter 认证服务器。

（6）Diameter 服务器使用 *K*2 解密消息得到用户 ID 并进行判断，若未存用户 ID，则对用户域名进行判断，如仍不匹配则发布认证失败消息；若已存用户 ID，则生成随机数 *R*2，连同与 *R*1 一起进行哈希运算 *H*(*R*1, *R*2)返回给 NAS。

（7）NAS 使用 *K*2 得到 *R*2 后再用 *K*1 进行加密，将 *H*(*R*1, *R*2)一同包含在向用户发送的 EAP-Request 消息中。

（8）用户通过 *K*1 得到 *R*2 之后，自行计算 *R*1、*R*2 的哈希值[91, 96]并与接收到的 *H*(*R*1, *R*2)对比，若不相同则对 Diameter 服务器重新发起认证，若相同则向 NAS 发送包含用户 ID 和 *H*(ID, PW, *R*2)的 EAP-Response 消息。

第三阶段，服务器对用户的认证。

（9）NAS 使用 *K*1 得到用户 ID 后用 *K*2 加密，连同 *H*(ID,PW,*R*2)一起向 Diameter 服务器发送 Diameter-EAP-Request 消息。

（10）Diameter 服务器对比接收到的 *H*(ID, PW, *R*2)与本地的计算结果[97-100]，若一致则认证成功；若不一致则认证失败，回复相应的 Success/Failure 消息。

（11）NAS 向用户转发 EAP-Resp(Success/Failure)消息。

以上过程针对标准 Diameter/EAP-MD5 认证方法中存在的用户身份信息明文传输、未对 NAS 进行身份确认[101]、未实现用户与服务器的双向认证等主要缺陷实现了改进。

7.3.4　标准 Diameter/EAP-TLS 认证

EAP-TLS 使用 PKI 为保护认证服务器提供通信保护，虽然配置起来比较复杂，但它仍被公认是 EAP 认证方法中最安全的方法之一。EAP-TLS 要求用户提供有效的证书，该方法虽然不太普及，但这种使用数字证书进行认证的方法更加安全。

与 Diameter/EAP-MD5 认证方法不同，Diameter/EAP-TLS 认证中采用的用户身份仅为一个普通的用户名，并非 NAI，这点需要特别注意。标准的 Diameter/EAP-TLS 认证流程[102-104]如图 7-6 所示。

（1）NAS 向用户发送 EAP_Resp 消息，要求用户返回其身份信息，标志认证过程的开始。

（2）用户将其身份信息嵌入 EAP_Req 消息返回给 NAS。

（3）NAS 收到用户的身份信息之后，抽取其中的用户 ID 打包发给 Diameter 认证服务器，该消息包含此次用户身份认证会话所需维护的会话 ID。

（4）Diameter 认证服务器发起 EAP-TLS 认证。

（5）由 NAS 向用户转发上述 EAP-TLS 认证开始消息。

（6）用户响应 EAP-TLS 认证请求，向 NAS 发送 Client Hello 消息，其中包含客户端支持的加解密算法及压缩算法列表、TLS 版本号以及终端生成的随机数 RC 等。

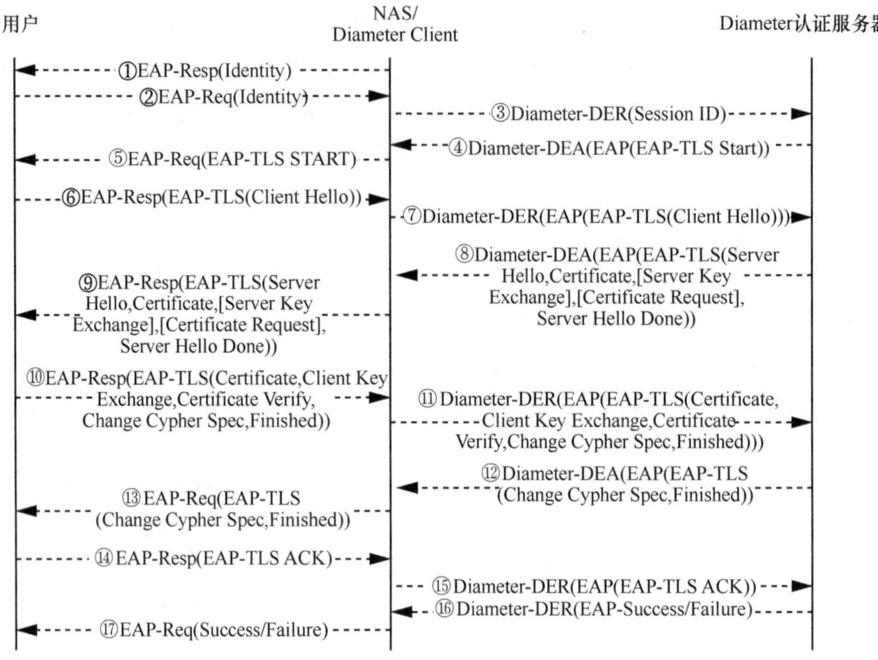

图 7-6 标准的 Diameter/EAP-TLS 认证流程

（7）NAS 向 Diameter 认证服务器转发 Client Hello 消息。

（8）Diameter 认证服务器收到来自用户的 Client Hello 消息后，以 Server Hello 消息回应，其中包含服务器从客户端提供的加解密算法及压缩算法列表中挑选的算法、认证服务器端生成的随机数 RS 以及服务器证书、对客户端的证书请求和服务器就绪等信息。

（9）NAS 向用户认证客户端转发 Diameter 认证服务器响应消息。

（10）用户认证客户端根据 Diameter 认证服务器提供的证书对其身份进行认证，随后发送客户端证书消息，其中包含的内容与 Diameter 认证服务器证书基本一致，另外，由于已经对 Diameter 认证服务器的数字证书进行了鉴别，因此生成预主密钥。

（11）NAS 向 Diameter 认证服务器转发客户端消息。

（12）Diameter 认证服务器认证用户身份，解密预主密钥，并使用它以及 RC 和 RS 生成主密钥，然后向用户认证客户端发送密钥切换消息和结束消息。

（13）NAS 向用户认证客户端转发 Diameter 认证服务器的消息。

（14）由于 EAP 协议要求必须对每一个请求消息作出响应，则在整个认证过程正常的情况下，用户向 NAS 返回一个不包含任何 TLS 信息的空 ACK 消息。

（15）NAS 向 Diameter 认证服务器转发空的 EAP 消息。

（16）Diameter 认证服务器向 NAS 发出允许用户接入网络的确认信息。

（17）允许接入的消息到达用户认证客户端。

7.3.5　标准 Diameter/EAP-TLS 认证安全性分析

Diameter/EAP-TLS[105-107]标准认证相比于 Diameter/EAP-MD5 标准认证在安全性上有了较大的改进，如完成了用户客户端与 Diameter 认证服务器的双向认证、认证完成之后的消息使用共享密钥加以保护等。但该方法在 SWIM 安全服务架构的具体实现中依然存在安全隐患[108-109]，主要有以下几点。

（1）在用户客户端与 Diameter 认证服务器相互认证之前，用户 ID 始终明文传输，无法对用户身份提供保护。EAP-TLS 认证基于公钥数字证书，需要认证机构、证书管理机构等各方的参与，计算量和资源开销较大，一旦攻击者窃取到或伪造用户的合法身份从而不断地向认证服务器发送身份认证请求，会导致认证服务器在没有事先验证用户合法身份的机制下不得已为其分配认证资源，进而使其他合法用户无法正常地进行身份认证。SWIM 面向的是航空公司、机场、空管部门以及广大用户，关键网络的瘫痪有可能造成无法挽回的损失。

（2）NAS /Diameter Client 只起到转发作用，其身份未被确认，一旦被攻击者仿冒，则很容易进行中间人攻击，造成用户信息和服务器信息的双重泄露，即使用户和服务器之间传输的消息是经过加密的，若此消息被截获，也可利用猜测攻击获得相关明文甚至是密钥。SWIM 信息池包含海量的飞行数据、监视数据、气象信息等，NAS 的仿冒者极有可能在服务器返回用户请求的过程中截获这些信息从事非法活动。

7.3.6　改进 Diameter/EAP-TLS 认证

针对以上明文传输和双向认证中存在的缺陷[110]对原标准认证方法加以改进，改进后的 Diameter/EAP-TLS 认证流程如图 7-7 所示，其中标*部分为主要改动部分。

（1）NAS 与用户之间事先通过安全方式共享一个安全密钥，用来加密 NAS 向用户发送的 EAP_Resp 消息，要求用户返回其身份信息，标志认证过程的开始。

（2）用户使用共享密钥解密 NAS 发来的消息，若能正确解密则可确认 NAS 身份，否则放弃认证。认证之后将其身份信息嵌入 EAP_Req 消息返回给 NAS。

（3）NAS 收到用户的身份信息之后，抽取其中的用户 ID 打包发给 Diameter 认证服务器，该消息包含此次用户身份认证会话所需维护的会话 ID。

（4）Diameter 认证服务器发起 EAP-TLS 认证，并从实现与用户共享的一份口令表中随机选取一个坐标 Rh 同时发送[109,111]。

（5）由 NAS 向用户转发上述 EAP-TLS 认证开始消息。

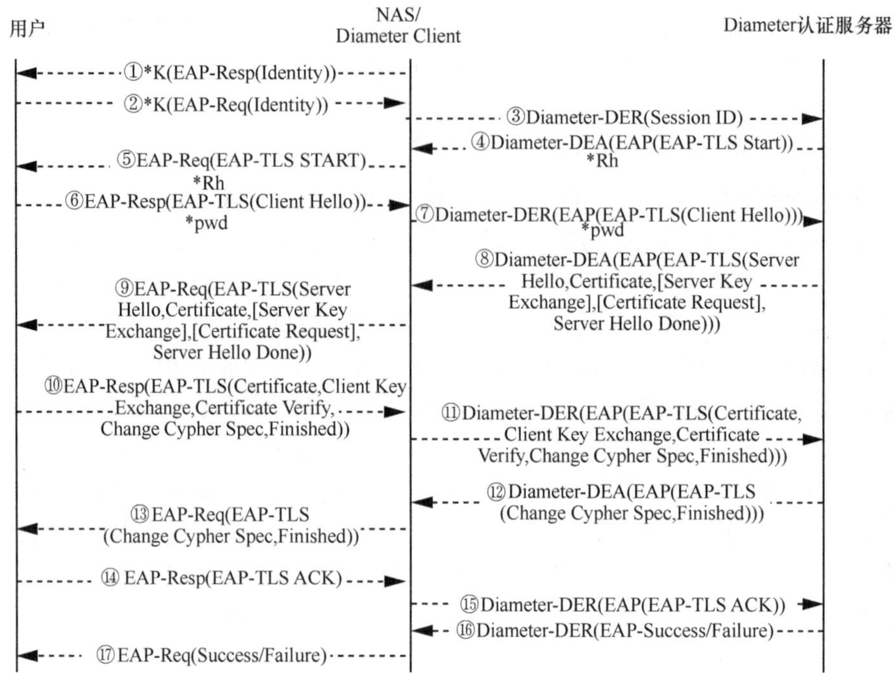

图 7-7 改进的 Diameter/EAP-TLS 认证流程

（6）用户响应 EAP-TLS 认证请求，向 Diameter 认证服务器发送 Client Hello 消息，其中包含客户端支持的加解密算法及压缩算法列表、TLS 版本号以及终端生成的随机数 RC 等，另外根据 Diameter 认证服务器发来的坐标 Rh 查询口令表，将对应的口令附加其后。

（7）NAS 向 Diameter 认证服务器转发 Client Hello 消息。

（8）Diameter 认证服务器收到来自用户的消息后，首先根据用户提供的口令同本地口令表作对比，若不同，则拒绝认证；若相同则以 Server Hello 消息回应，其中包含服务器从客户端提供的加解密算法及压缩算法列表中挑选的算法、认证服务器端生成的随机数 RS 以及服务器证书、对客户端的证书请求和服务器就绪等信息。

（9）NAS 向用户转发 Diameter 认证服务器响应消息。

（10）用户根据 Diameter 认证服务器提供的证书对其身份进行认证，随后发送客户端证书消息，其中包含的内容与 Diameter 认证服务器证书基本一致，另外，由于已经对 Diameter 认证服务器的证书进行了鉴别，因此生成预主密钥。

（11）NAS 向 Diameter 认证服务器转发客户端消息[112-113]。

（12）Diameter 认证服务器认证用户身份，解密预主密钥，并使用它以及 RC 和 RS 生成主密钥，然后向用户认证客户端发送密钥切换消息和结束消息。

（13）NAS 向用户认证客户端转发 Diameter 认证服务器的消息。

（14）由于 EAP 协议要求必须对每一个请求消息做出响应，则在整个认证过程正常的情况下，用户向 NAS 返回一个不包含任何 TLS 信息的空 ACK 消息。

（15）NAS 向 Diameter 认证服务器转发空的 EAP 消息。

（16）Diameter 认证服务器向 NAS 发出允许用户接入网络的确认信息。

（17）允许接入的消息到达用户认证客户端。

7.3.7　增强型 Diameter/EAP-TLS 快速重认证方法

前文进行了 Diameter/EAP-TLS 认证方法的理论分析和改进，事实上，Diameter/EAP-TLS 认证分为两种，即初始认证和重认证。Diameter/EAP-TLS 重认证流程如图 7-8 所示。

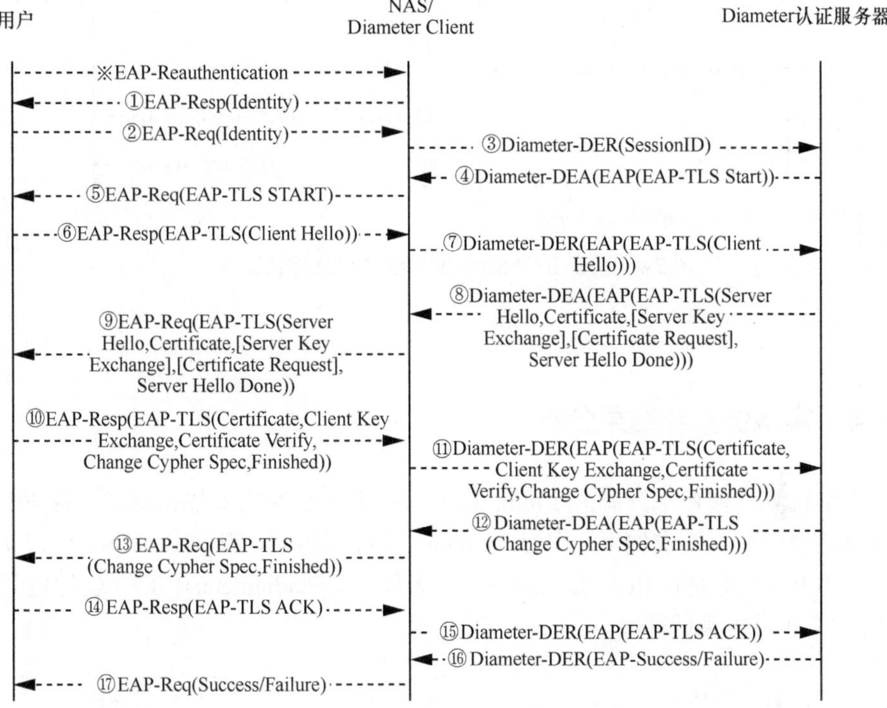

图 7-8　Diameter/EAP-TLS 重认证流程

Diameter/EAP-TLS 认证中需要交换数字证书，使整个认证计算量和资源开销比较大，而重认证的基本要素之一就是快速。据此分析，上述重认证存在以下不足之处：交互过程中的数字证书、压缩算法和加密算法包等信息量较大，从而导致重认证速度受限，不能满足较大用户量时的快速重认证，同时也给后端的 Diameter 认证服务器造成相对较大的负载压力。

鉴于上述 Diameter/EAP-TLS 重认证存在的缺陷，参考 Diameter/EAP-MD5 认证方法，提出一种基于 EAP-MD5 的增强型快速重认证方法，如图 7-9 所示。其进一步的仿真和性能分析将在第 8 章论述。

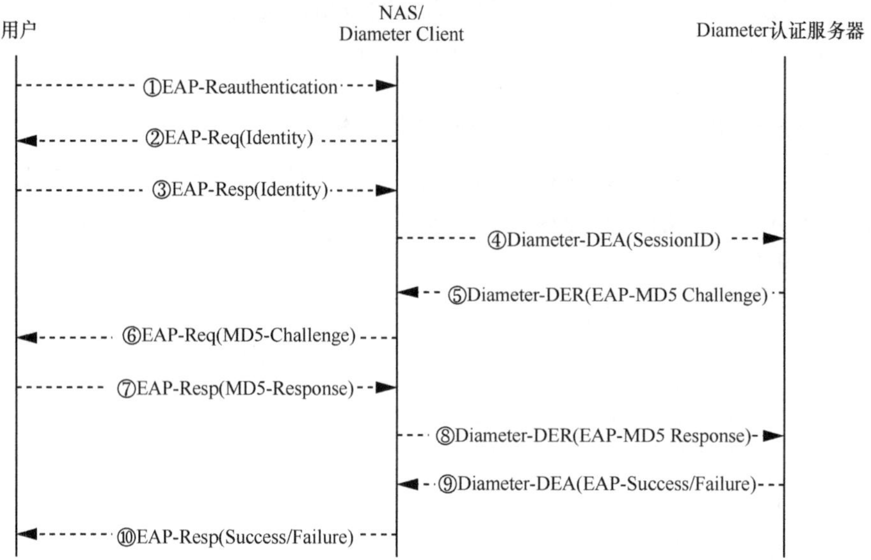

图 7-9　基于 EAP-MD5 的增强型快速重认证方法

7.4　实验仿真与结果分析

本系统测试依托于开源的 Linux 系统以便于各软件的安装和调试，各 PC 所需搭建的软件环境要求如下：作为 Diameter 认证服务器、双网卡 NAS、用户认证客户端的 PC 机均安装 Red Hat Linux 5.0 系统和 opendiameter-1.0.7-i 软件包[88]。按照图 7-10 搭建测试环境。

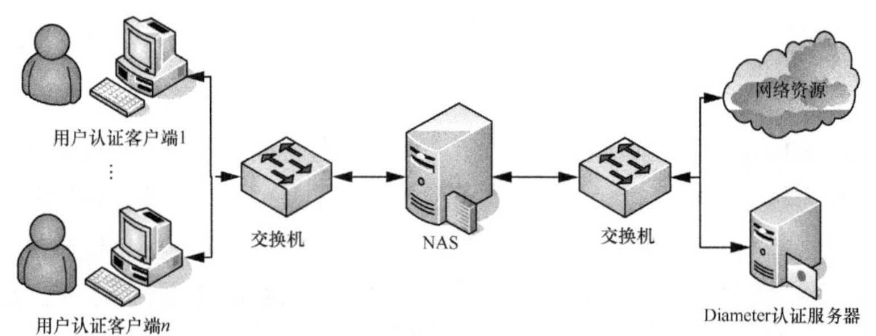

图 7-10　系统测试硬件环境

7.4.1　Diameter/EAP-MD5 认证

（1）仿真实现

在 Diameter 认证服务器端使用静态配置的方法，配置待认证用户的身份信息和即将协商采用的认证方法，其相应 XML 文件的主要配置如下。

```
<user_entry>
<name_match>pacd@ server.net </name_match>
<eap_method>md5</eap_method>
<md5>
<password_type>flat</password_type>
<secret>123456</secret>
</md5>
</user_entry>
```

根据 7.3 节所提供的改进思路对 Diameter/EAP-MD5 标准认证的相关源文件和实现文件的程序做出一定的改进，重新编译与 Diameter/EAP-MD5 认证相关的程序子集，并按照前述系统测试步骤运行整个认证系统，即可得到以下 Diameter 认证服务器端、NAS 端、Diameter 用户认证客户端的部分运行情况。需要说明的是，最终数据结果通过计算单次认证的平均时间来表示。

（2）改进 Diameter/EAP-MD5 认证性能分析

① Diameter/EAP-MD5 改进认证的时间复杂度分析

SWIM 网络具有庞大的航空用户群和海量的数据。由于航空安全飞行要求数据实时通信，SWIM 安全访问要求具有很强的实时性，对认证系统的时间复杂度性能提出较高的要求。身份认证作为航空用户访问 SWIM 网络的门户，同样需要达到合理的时间复杂度要求。

Diameter/EAP-MD5 认证改进前后，三方收发消息的条数未改变，已知随机数位数与认证安全性之间存在正比例关系，仿真实验中分别对认证改进前后，随机数位数分别为 16 位、32 位，密钥长度分别为 128 位、256 位 AES 加密算法的认证时间进行 100 次抽样，记录数据如表 7-1 所示。

表 7-1　Diameter/EAP-MD5 认证 100 次抽样结果

认证方法	认证时间/ms									
	1	2	3	4	…	97	98	99	100	平均值
标准认证	180.437	178.890	194.919	179.316	…	187.062	179.331	174.047	186.250	184.35
改进/16 位/AES128 位	199.375	194.373	206.586	201.468	…	197.349	215.821	195.467	198.694	200.63
改进/32 位/AES128 位	204.118	189.565	205.274	196.479	…	197.017	189.288	212.526	201.365	203.13
改进/16 位/AES256 位	213.845	201.769	198.468	207.820	…	221.385	197.154	214.528	202.273	208.69

对表 7-1 所列抽样数据进行统计，结果表明改进前后的单次平均认证时间仅相差约 16 ms；随机数位长 16 位与 32 位的单次平均认证时间相差不足 3 ms；密钥长度 128 位与 256 位的单次平均认证时间相差约 8 ms。为使参数变化情况下认证时间差更加直观，对其进行 100 次时间累加，得到的时间复杂度实验结果如图 7-11(a)和图 7-11(b)所示。

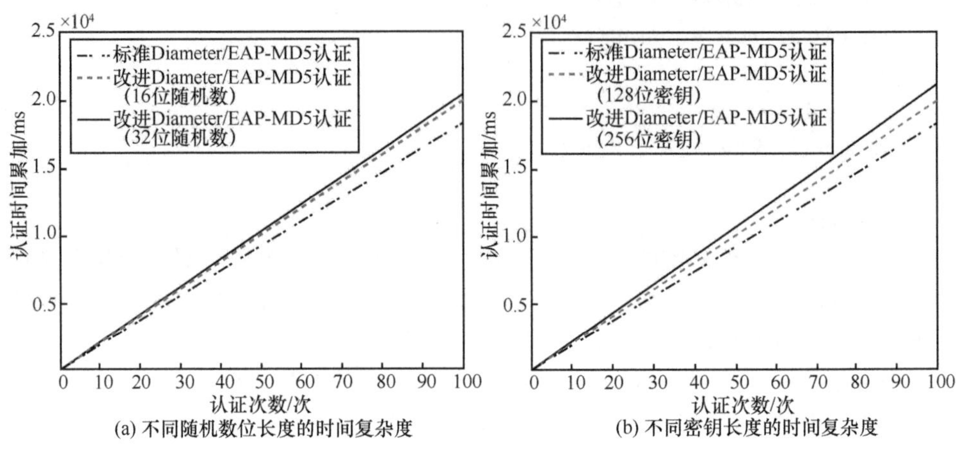

(a) 不同随机数位长度的时间复杂度　　(b) 不同密钥长度的时间复杂度

图 7-11　时间复杂度

从图 7-11(a)和图 7-11(b)中可以看出，认证改进前后以及随机数位数分别为 16 位（AES128）、32 位（AES128）和 16 位（AES256）的 100 次累加认证时间分别为 18 435.647 ms、20 062.956 ms、20 312.956 ms 和 20 869.308 ms，即改进的 Diameter/EAP-MD5 认证比标准认证平均每次多花费 16.273 ms；随机数位长对改进认证的时间复杂度影响为，32 位比 16 位平均每次多花费 2.5 ms；密钥长度 256 位比 128 位的单次认证时间平均多 7.964 ms。而一般登录的页面响应时间在 2 s 内为宜，网络延时在 30 ms 内为宜，可见改进的 Diameter/EAP-MD5 认证在时间复杂度上的牺牲几乎可以忽略不计。

② Diameter/EAP-MD5 改进认证的安全性分析

对改进后的 Diameter/EAP-MD5 协议认证方法的安全性[1, 113]从以下几个方面分析。

机密性。不同于标准认证的用户 ID 明文传输，改进的认证方法中用户与 NAS 之间、NAS 和认证服务器之间分别采用约定的对称密钥 $K1$、$K2$ 对消息进行加密。

双向认证。同标准的 Diameter/EAP-MD5 认证仅实现服务器对用户的认证相比，改进的 Diameter/EAP-MD5 认证方法中，用户和 NAS 之间依靠对称密钥 $K1$ 实现了双向认证，同时用户利用本地产生的随机数 $R1$ 和认证服务器产生的随机数 $R2$ 实现了对服务器的认证。

抵御重放攻击。每一次新的认证，用户生成新的随机数 $R1$，Diameter 认证服务器生成新的随机数 $R2$，且 $R1$ 位长可选，两个随机数的配合使重放攻击的可能性大大降低。

猜测攻击。攻击者若想分析得到用户 ID 和密码，首先需要截获用户、NAS 和 Diameter 服务器之间的通信数据，此时 $K1$、$K2$ 提供第一道保障；其次，用户 ID 与 $R1$ 相互连接，而每次认证所产生的 $R1$ 不同，若无法确定 $R1$ 的长度，则依然无法分离出用户 ID。

角色仿冒。在实现了用户、NAS、Diameter 服务器之间的两两认证之后，仍要做一次 $R1$、$R2$ 的哈希运算以供 Diameter 服务器验证，其目的是再次确认完成用户与 NAS 之间的相互认证和用户对服务器的认证之后各主体并未发生变化，有效地防范攻击者仿冒合法用户或者 NAS。

基于上述分析可以看出，改进后的 Diameter/EAP-MD5 认证协议在 SWIM 的数据安全和隐私保护方面具有较高的安全性，可以避免 SWIM 敏感信息的外泄和阻止非法航空用户的访问。

7.4.2 Diameter/EAP-TLS 认证

（1）仿真实现

首先，创建 CA，并使用该 CA 为用户签发数字证书，其主要步骤如下。

①创建 CA 所需的目录和文件。仿真实验中所创建的 CA 主目录为 $HOME/zhuca，并在其下创建 newcerts、private、conf、serial、index.txt 等目录或文档。其中，newcerts 作为证书备份目录，private 存储 CA 的私钥，conf 中主要存储简化参数的文件，serial 中表示生成下一个数字证书时将使用的序号，index.txt 是一个用于存储证书信息的数据库。

②在目录 conf 下创建配置文档 genca.conf，并在文档中添加正确的 CA 信息，生成 CA 私钥以及自签名证书，即根证书，使用的命令如下。

openssl req -x509 -newkey rsa:2048 -out ca-cert.pem -outform PEM -days 2190 -config "$HOME/zhuca/conf/genca.conf"

需要注意的是，执行上述命令的过程中需要按提示输入 CA 的私钥保护密码。

③在 conf 目录下创建一个 CA 进行日常操作时所需文件的配置，以简化稍后的配置命令执行过程，其命令为 vi "$HOME/zhuca/conf/zhuca.conf"。

④创建用户所需的公钥密钥和包含公钥的证书请求，关键命令为

openssl req -newkey rsa:1024 -keyoutclt-key.pem -keyform PEM -out clt-req.pem -outform PEM -subj "/O=CltCom/OU=CltOU/CN=Clt"

⑤使用 CA 为用户签发证书，关键命令为

openssl ca -in clt-req.pem –out clt-cert.pem -config "$HOME/zhuca/conf/zhuca.

conf"

其次，依照上述步骤为服务器端签发证书 srv-cert.pem，将根证书、用户证书、服务器证书分别拷贝至相应的 XML 配置文件中的指定位置。

最后，以 Diameter/EAP-TLS 改进方法为指导思想对其实现程序进行修改，并重新编译相关的 opendiameter 软件包部分程序。

基于 EAP-MD5 的增强型快速重认证方法的系统仿真结果如图 7-12 所示。可以看出，基于 EAP-MD5 的增强型快速重认证方法能够实现对 SWIM 用户的身份认证功能，满足基本需求。下面对于该改进快速重认证方法对于系统性能的影响进行具体分析。

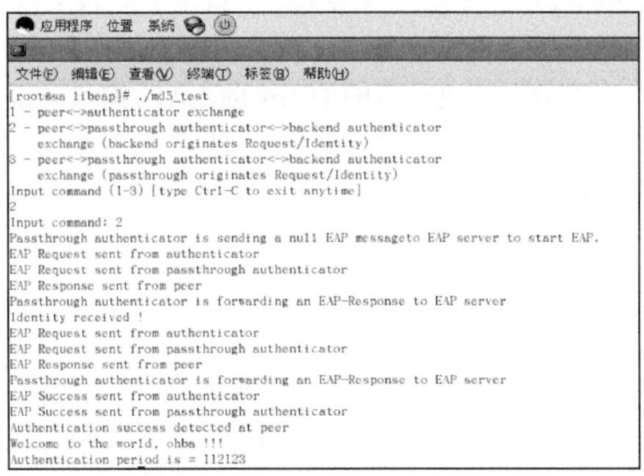

图 7-12　基于 EAP-MD5 的增强型快速重认证方法系统仿真结果

（2）改进 Diameter/EAP-TLS 认证性能分析

① Diameter/EAP-TLS 改进认证的时间复杂度分析

Diameter/EAP-TLS 认证方法改进前后，认证过程中交换的消息总条数未改变，对其认证时间分别抽样 100 次，记录数据如表 7-2 所示。统计分析表 7-2 数据可以得到，改进后单次平均认证时间比改进前仅增加约 6 ms，而一般登录的页面响应时间在 2 s 内为宜，网络时延在 30 ms 内为宜，可见改进的 Diameter/EAP-TLS 认证在时间复杂度上的牺牲几乎可以忽略不计。

表 7-2　Diameter/EAP-TLS 认证 100 次抽样结果

认证方法	认证时间/ms									
	1	2	3	4	…	97	98	99	100	平均值
标准认证	191.375	184.373	191.586	181.468	…	186.349	185.821	195.467	191.694	189.63
改进认证	189.427	194. 517	196. 849	180.736	…	197. 526	194.147	185.375	188.422	195.97

② Diameter/EAP-TLS 改进认证的安全性分析

改进的 Diameter/EAP-TLS 认证主要针对 7.3.5 节中的两个安全隐患，其性能有了如下两个方面的改善。

第一，通过安全方式在用户认证客户端和 NAS 之间共享一个对称密钥，当 NAS 向用户要求其身份信息时，使用该共享密钥对消息进行加密，若用户使用相同的共享密钥可以解密消息，则可对 NAS 进行身份确认。

第二，改进之后的 Diameter/EAP-TLS 认证采用一次一密的思想，在用户认证客户端和 Diameter 认证服务器之间事先通过安全方式共享一张口令表，当 Diameter 认证服务器发起 EAP-TLS 认证时，随机生成与该口令表相对应的一组坐标并将其发送给用户认证客户端，而对端在收到该坐标后查询本地口令表，选取与坐标相对应的口令发送给 Diameter 认证服务器，Diameter 认证服务器可以通过核对口令一致性来确认用户身份的合法性，从而为后续数字证书的鉴别分配资源。这样可以在一定程度上抵御拒绝服务攻击。

（3）基于 EAP-MD5 的增强型快速重认证方法对于系统性能的影响

增强型快速重认证方法建立在初始认证的安全性基础上，通过将基于数字证书的 TLS 认证简化为基于 MD5 哈希算法的用户名/密码认证，不仅压缩了交互过程中需要传递的信息量，也在很大程度上减少了单次重认证的消息条数。与原本的重认证相比，不需要认证机构、证书管理机构等各方的参与，从而降低了计算量和资源开销，达到了重认证的快速要求。

对于该快速重认证方法改进前后的 100 次认证时间进行统计，将统计结果记录于表 7-3 中，并分别计算出其平均值。

表 7-3 快速重认证方法改进前后的 100 次认证时间统计

认证方法	认证时间/ms									
	1	2	3	4	…	97	98	99	100	平均值
原快速重认证	189.427	194. 517	196. 849	180.736	…	197. 526	194.147	185.375	188.422	195.97
增强型快速重认证	113.067	117.085	115.195	116.675	…	110.233	115.068	112.479	116.868	113.94

从表 7-3 中可以看出，该快速重认证方法改进前后的单次平均认证时间缩短了近 82 ms，从而使重认证效率提高了约 40%。

7.5 本章小结

本章设计了一种基于 Diameter/EAP 协议的 SWIM 认证架构，采用 Diameter

协议为SWIM提供用户身份认证可以更好地解决全国民航空中交通管理业务分布式应用和跨域认证的问题。以该架构为理论指导，本章第3节从软硬件要求、相关依赖软件的安装和三端系统配置等方面详细描述了测试系统搭建的过程，并给出了具体的系统测试步骤。在第6章提出的方案的基础上，对各自对应的程序做部分修改，重新编译并运行，对一些特定参数进行考察，采用控制变量法实验并采集数据，以此为依据判断其对改进前后的认证方法在时间复杂度和安全性能上的影响。实验结果表明，经过改进的Diameter/EAP-MD5认证协议在SWIM的数据安全和隐私保护方面的安全性有所提高，且在时间上的牺牲几乎可以忽略不计，而改进的Diameter/EAP-TLS认证协议在安全性能上也有相应的改善，其重认证方法的增强版极大地提高了认证效率。

第 8 章 基于 SWIM Web 服务应用的统一身份认证

为确保 SWIM 内的数据安全以及合法用户的快速认证，本章对 SAML 跨域认证的模式进行改进，并将其与 PKI 认证体系和 LDAP 进行结合，提出了面向 SWIM 的统一身份认证方案。实验结果表明，该方案能够实现用户信息的目录管理、身份认证以及跨域访问的功能，符合 SWIM 网关的标准和要求。

8.1 SWIM 安全认证需求分析

在空管系统内部，通常是用远程的方式来实现对某些信息的管理及维护，这就容易出现网络信息的泄露或者篡改。目前，民航业大部分系统的身份认证方式是用户名与口令，有些系统会使用明文传输口令，易被黑客截获，遭受中间人攻击。此外，民航各系统独自管理验证本系统的用户账号信息，相互之间没有交互，造成信息的重复管理。同时民航工作人员在访问不同部门的信息时，每次访问都需要重新进行登录认证，造成操作上的不便与烦琐，无法保证民航系统中对实时性的要求。综合以上分析，现将对统一身份认证的需求总结如下。

（1）建立 SWIM 用户的身份管理机制

针对 SWIM 环境，建立有效的身份管理机制，实现用户信息的组织管理，包括用户信息的注册、添加、删除、查询以及修改等操作。同时，能够存储和管理用户及各组织单位的公钥证书，方便认证中心对其进行身份认证。

（2）实现 SWIM 用户的身份认证功能

此项需求包含两方面的含义，一方面是对 SWIM 用户进行身份认证，保证只有合法的请求者才能够请求订阅 SWIM 服务资源；另一方面，要确保用户能够进行跨域访问，即用户经过一次认证后，再访问其他应用系统可授权的资源时不需要进行重复的登录操作，实现高效的信息共享和较好的态势感知。

（3）系统具有较好的安全性和系统响应

安全性需求包括在身份认证的整个过程中确保用户信息以及认证凭证的安全存储，也包括传输的安全性，避免遭受中间人攻击、重放攻击等安全威胁。同时由于 SWIM 中涉及的航班信息、飞行情报等相关业务对实时性要求较高，因此身份认证的系统响应时间应该至少保持在秒级，确保认证操作的快速响应。

8.2 SWIM 安全认证总体框架设计

基于 8.1 节对 SWIM 的安全需求分析，本节选取 PKI 身份认证体系实现身份认证功能，并结合 SAML 安全断言满足 SWIM 在跨域访问及安全性方面的需求，将 PKI 体系与 SAML 技术相结合，提出 SWIM 统一身份认证总体方案，其设计框架如图 8-1 所示。

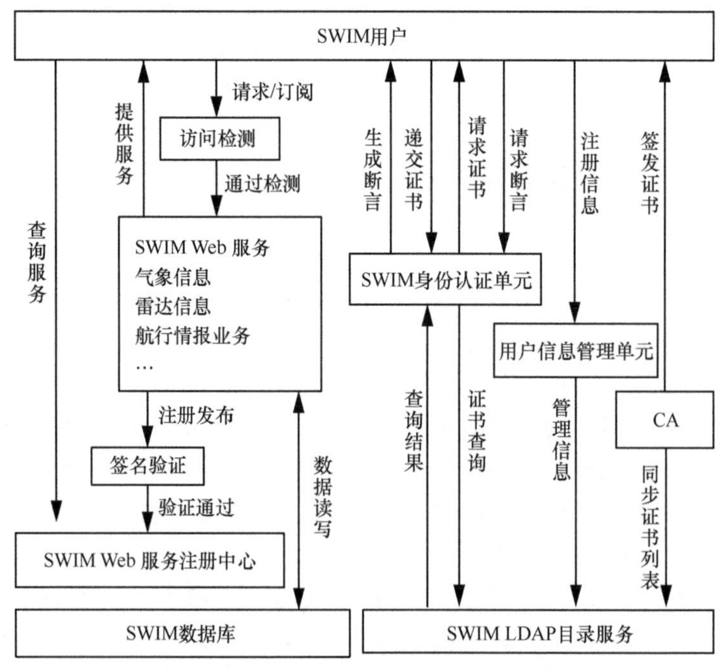

图 8-1　SWIM 统一身份认证总体设计框架

SWIM 统一身份认证主要包括用户信息管理单元、SWIM 身份认证单元以及 SWIM Web 服务注册认证中心 3 个功能单元。其中，用户信息管理单元以 SWIM LDAP 目录服务为基础，实现 SWIM 用户信息的注册与管理，目录服务中也承担着同步用户证书的功能。

SWIM 身份认证单元以 CA 为依托，通过查询 LDAP 目录服务对用户证书进行验证[114]。此外，如果用户进行跨域访问，则用户会将认证成功后获得的 SAML 断言令牌交给服务端，通过服务端验证其断言令牌确定其身份是否可信，而不需用户再次登录认证，实现 SWIM 用户的跨域访问功能。

SWIM Web 服务注册中心主要负责 SWIM 中相关 Web 服务的注册与发布。为了保证 SWIM 用户请求或者订阅的服务如气象信息、雷达信息以及航行情报等服务都是真实可靠的，本章方案在注册中心前端增加签名验证模块，实现对系统中 Web 服务的认证。

8.3　SWIM 统一身份认证框架关键技术

SWIM 统一身份认证框架主要涉及用户信息管理、身份认证以及跨域访问，其中，对用户信息的管理采用 LDAP 目录访问体系，实现民航用户信息的分布式管理和快速查找，同时通过改进 SAML 跨域认证模式，实现用户的跨域访问，下面进行具体介绍。

8.3.1　SWIM 用户信息管理设计

在 SWIM 中，空管局、航空公司等组织机构的行政体系是层级分布式结构，LDAP 目录服务的特点符合 SWIM 的需求[13]，同时其较高的查询速度也为认证功能提供了较好的系统响应，因此，本节根据 LDAP 协议对 SWIM 的用户进行信息管理。

LDAP 的信息模型对目录信息的格式和结构进行了规范。条目（Entry）是其基本的数据单元，可由多个属性（Attribute）组成，属性则由属性类型及符合该类型的一个或多个属性值构成[115]。通过引入对象类（ObjectClass）来对条目分类，使其至少有一个所属的对象类，以此实现高速的查询功能。

如图 8-2 所示，以空管局的进近管制员为例，将其定义为空管 ATMBstaff 对象类，该类继承 inetOrgPerson 对象类，即具有此类的所有属性。通过设置可以规定其必填属性如 UserCertificate;binary 即数字证书属性，也可设置可选属性如 homePhone 家庭电话属性，同时也可以扩展该对象类所特有的属性，如属性 LicenseCategory 代表管制员的执照类别，每个属性可以有多个值，如表示用户邮箱的 mail 就有多个 E-mail 地址。必填属性是用户进行注册时必须录入的信息，而可选属性则可以填写也可以省略。通过这样的信息模型，可以方便地对用户属性进行查询，对授权访问控制也具有较好的功能支持。

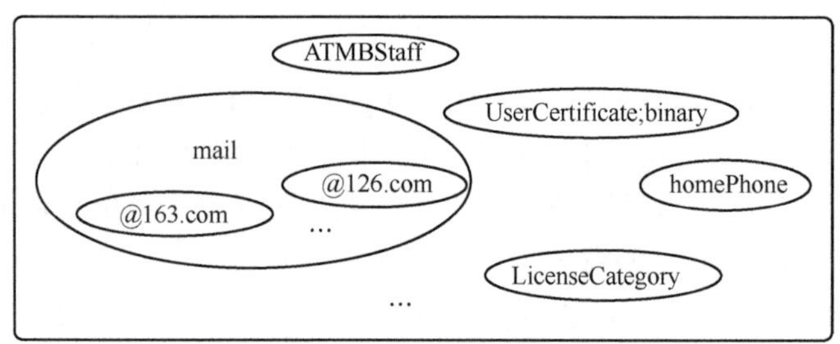

图 8-2　空管 ATMBStaff 对象类

LDAP 通过命名模型来定位每个条目在目录中的位置。由于其组织数据的方式采用树状结构，称之为目录信息树。每个树只有一个根节点，每个条目有一个唯一的标识名称即区分名（Distinguished Name, DN），这个名称是其所在目录树中父条目到根节点的独立名称和该条目的某个可用来区别身份的属性，即相对区分名（Relative Distinguished Name, RDN）连接排列而成。同一父条目下的兄弟条目间必须有不同的 RDN，这样才可保证 DN 值的唯一性。

图 8-3 为一个简单的 SWIM 目录信息树。该树定义了一个根节点，这里以中国民用航空局（Civil Aviation Administration of China, CAAC）来表示，根节点下又有空中交通管理局（Air Traffic Management Bureau, ATMB）、航空公司（Airline）以及机场（Airport）3 个域。每个域有自己的组织或机构，依次向下又有不同的组织单元。树中的每个条目都可以根据实际情况从这棵树中独立出来，部署在一台独立的目录服务器上，通过引用机制可以把分割后的各个部分再统一成一个逻辑整体。这样可以缓解 SWIM 中高访问量目录服务的处理压力，避免系统负载过大，带宽占用严重等问题，同时也有良好的扩展性。

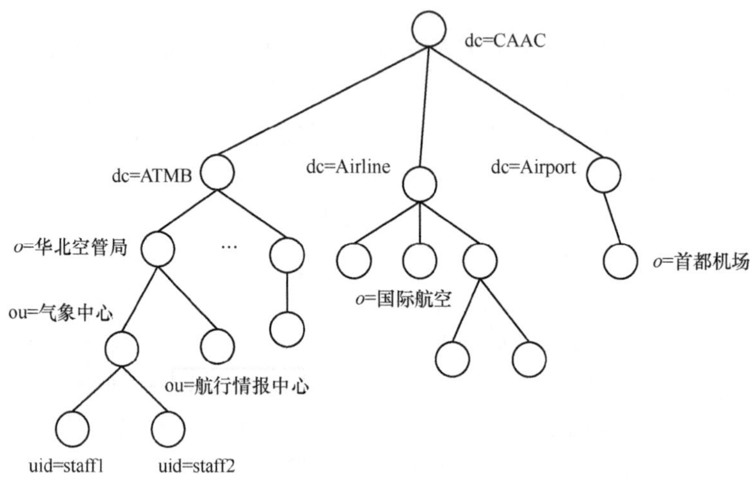

图 8-3　SWIM 目录信息树

以空管局为例，将民航空中交通管理总局作为根节点，各地区分局作为分支，建立了目录信息树，并定义了其信息模型。SWIM 空管局目录信息树如图 8-4 所示。其中，每个方框代表一个对象类，不同的对象类含有不同的属性，对象实例到整个目录树的根节点的路径即为其 DN 值，这是目录服务能够快速定位所查找对象的关键。

在此目录信息树中，各地区分局定义为 organization 组织对象类，分局部门定义为 organizationUnit 组织单元对象类，各位员工则定义为 ATMBStaff 职工对象类，每个类都有自己的必填属性和可选属性，职工对象类中的 UserCertificate;binary 用户证书属性将会在认证部分介绍。在用户初次注册时，如果缺少某个必填属性的信息将无法注册成功。此外，LDAP 的所有信息只有系统管理员有权更改。

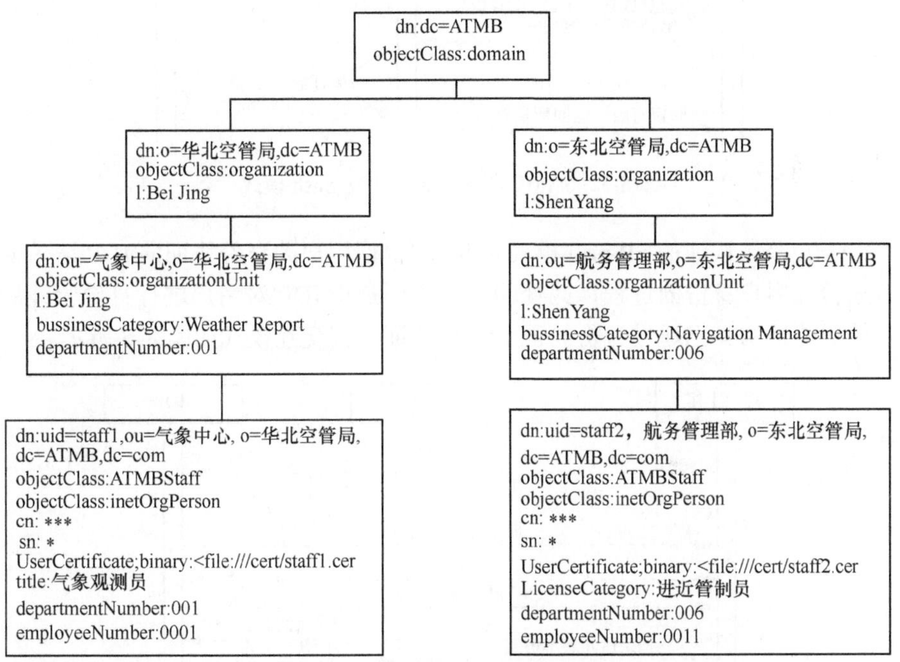

图 8-4　SWIM 空管局目录信息树

8.3.2　SWIM 跨域访问设计

（1）SAML 两种认证模式分析

SAML 跨域认证中定义了 3 个主体，分别是服务提供者（Services Provider，SP）、身份提供者（Identity Provider，IDP）以及用户主体。一般存在两种模式，一种是 IDP 推（IDP-push）模式，一种是 SP 拉（SP-pull）模式，现分别对其认证流程进行分析[116]。

如图 8-5 所示，IDP-push 模式中信息的交互流程如下。用户主体请求访问 SP 提供的服务，SP 将用户重定向到 IDP 端请求认证断言，IDP 通过用户输入的密码口令等身份信息验证用户的身份，验证成功则产生认证断言并将用户重定向到 SP，SP 验证用户断言，若断言有效则为用户提供所需服务。

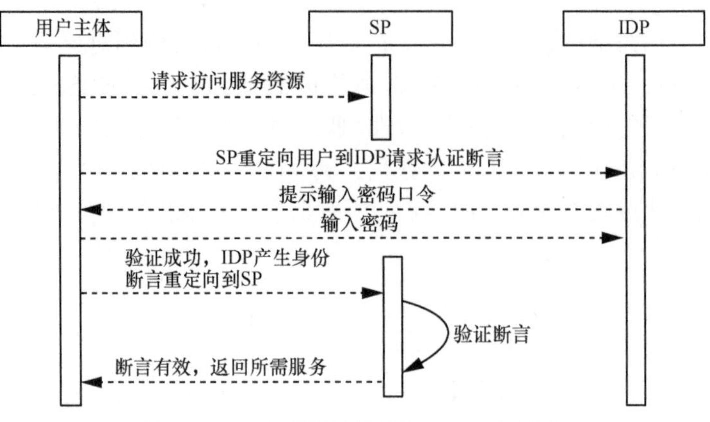

图 8-5 SAML 跨域认证的 IDP-push 模式

SAML 跨域认证的 SP-pull 模式是 SP 端根据用户的身份凭证向 IDP 请求认证断言来验证用户身份的过程，此处的身份凭证是指 IDP 对用户进行身份验证后为其发放的能证明其已通过身份验证的一种凭证。其交互模式如图 8-6 所示。

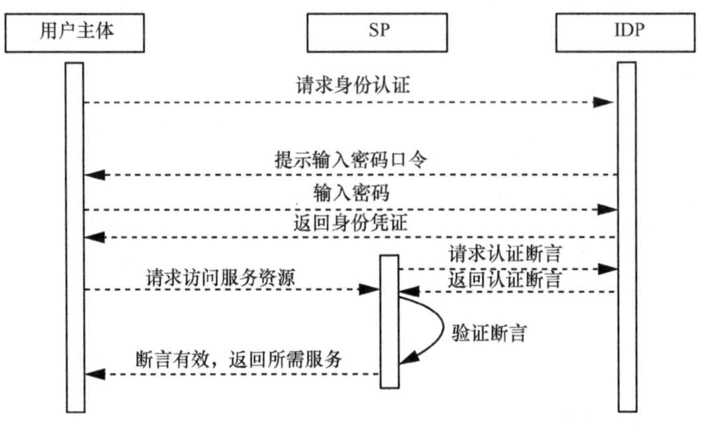

图 8-6 SAML 跨域认证的 SP-pull 模式

SP-pull 模式中信息的交互流程如下。用户主体请求 IDP 进行身份认证，IDP 通过用户输入的密码口令等身份信息验证用户的身份，验证成功则产生身份凭证返回给用户，用户通过身份凭证请求访问 SP 提供的服务，SP 通过用户的身份凭证向 IDP 请求用户的认证断言，IDP 验证用户的身份凭证，验证成功则生成认证断言给 SP，SP 验证用户断言，若断言有效则为用户提供所需服务。

对比两种模式可以看到，在 IDP-push 中，用户每次访问，IDP 和 SP 之间都需要进行重定向操作，在 SWIM 这种用户数目很大的系统中，高并发的重定向操作会导致响应时间过长，无法满足民航系统对实时性的要求。在 SP-pull 模式中，用户每次访问，IDP 都需要对其凭证进行验证并传递认证断言，这就加重了 IDP 的工作负担，同时断言的频繁传递也不能保证其具有较好的安全性，同样无法满足 SWIM 对安全性的要求[117]。通过以上分析，本章对 SAML 跨域认证模式进行改进，使其更好地服务于 SWIM。

（2）SAML 跨域认证模式改进

改进模式中将用户通过认证后得到的身份凭证称为 SAML 断言令牌，简称断言令牌。主要思路是，把 SAML 断言令牌的维护工作交给用户，这样不仅可以减少 IDP 和 SP 间的反复重定向交互机制，也能降低 IDP 进行断言维护工作所带来的系统开销。为确保改进模式中断言令牌的安全性，首先在 SP 和 IDP 间建立信任关系，即协商好与断言令牌加解密操作相关的密钥对[118-120]。IDP 验证用户的身份后，将认证断言进行签名加密，形成 SAML 断言令牌。SP 通过之前协商好的密钥对进行解密和验签，从而确定用户是否可信。改进后的 SAML 跨域认证模式如图 8-7 所示。

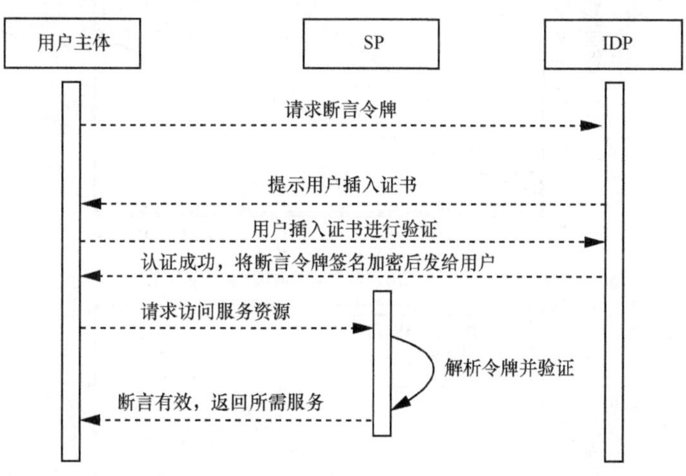

图 8-7　改进后的 SAML 跨域认证模式

改进后的 SAML 跨域认证模式的交互流程如下。用户生成断言请求消息发给 IDP 请求 SAML 断言令牌，IDP 提示用户插入证书。为了保证对 SWIM 用户进行强身份认证，本章采用 X.509 证书作为用户的身份凭证。用户插入存有其证书的 USBKey，输入 PIN 码进行身份认证。IDP 验证证书，若有效则产生认证断言，用与 SP 协商好的密钥对认证断言进行签名加密，形成断言令牌。生成标识信息随机数和时间戳，用自己的私钥为其签名并产生随机密钥，再用随机密钥加密断言令牌、签名以及标识信息，最后用用户的公钥加密随机密钥，一同发给用户主体。用户携带 SAML 断言令牌请求 SP 提供 Web 服务，SP 获取其令牌并进行解析，通过解密验签验证用户的身份并获取其属性信息，根据授权策略为其提供所需服务，若无效，则提示用户重新登录认证[121]。

改进后的认证模式通过签名和加密保证了 SAML 认证断言能够安全地存储在用户本地，因为密钥只有 IDP 和 SP 知道，所以包括用户在内的其他主体均无法对断言令牌进行解密或篡改，保证了令牌的安全存储。同时，断言令牌由用户自己进行维护，每次对新的 SP 进行访问时，SP 不需要再请求 IDP 生成认证断言，从而减轻了 IDP 的负担。

为了验证改进的认证模式确实使 IDP 的系统开销降低，本章分别对 3 种认证模式进行实验测试，通过统计不同用户数和服务数下 IDP 被访问的次数，来判断 IDP 的系统开销的大小，从而得出 3 种模式对系统性能的影响。图 8-8 和图 8-9 为实验统计结果。

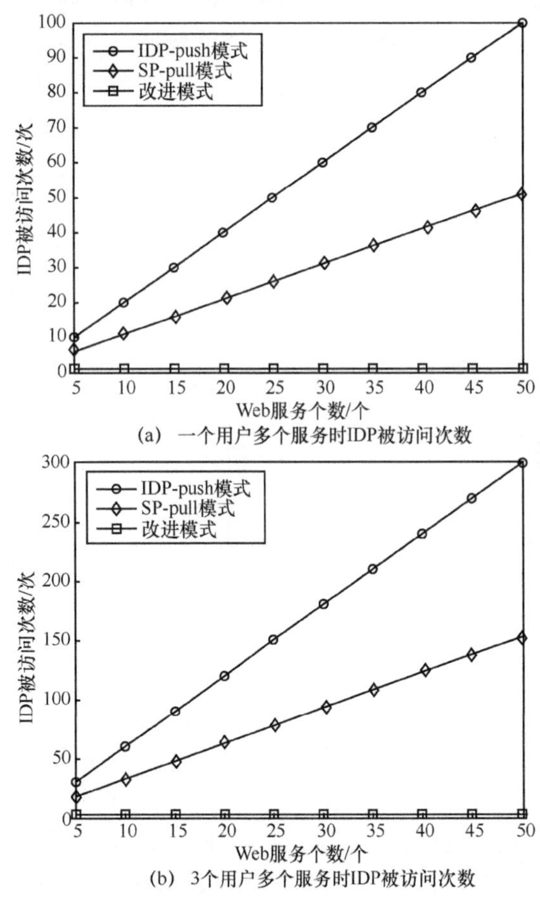

图 8-8 用户数固定时不同服务数下 IDP 被访问次数

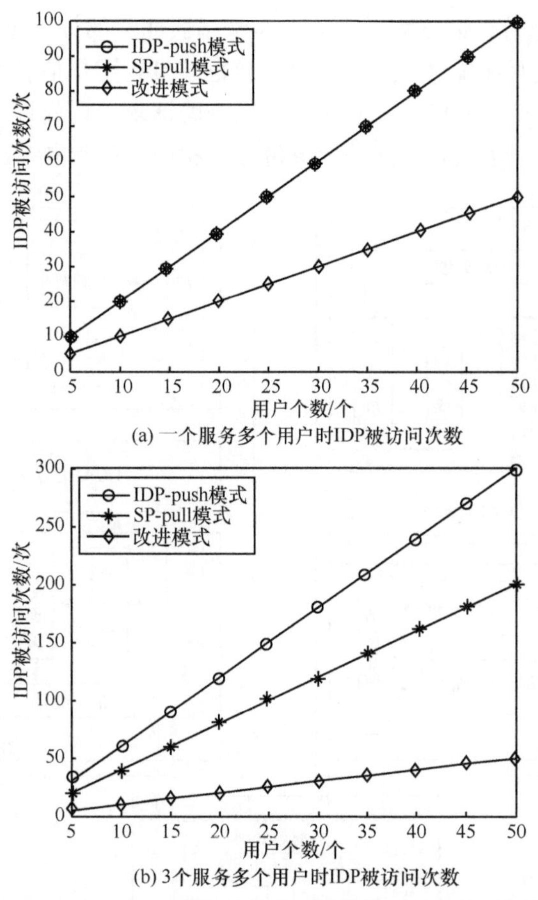

(a) 一个服务多个用户时IDP被访问次数

(b) 3个服务多个用户时IDP被访问次数

图 8-9　服务个数固定时不同用户数下 IDP 被访问次数

从图 8-8 和图 8-9 中可以看出，IDP 被访问次数与用户数和服务个数之间都呈线性关系，当有 n 个用户 s 个 Web 服务时，IDP-push 模式中 IDP 被访问次数为 $2sn$，SP-pull 模式中为 $(1+s)n$，而改进模式中只有 n 次。当服务数量与用户主体的数量都发生变化时，改进模式中 IDP 被访问的次数只与用户数量相同，而 IDP-push 和 SP-pull 模式则分别以 $2s$ 和 $1+s$ 倍的用户数量变化。由此可以看出，原来的两种模式中，SP 端和 IDP 端具有较大的依赖性，IDP 的系统开销比较大；而改进模式中，IDP 系统的开销只与用户数量相关，而不会受到 SP 的影响，且系统开销的变化速度明显低于另外两种模式，证明了改进模式有利于节省系统开销，提高系统效率。

8.3.3　基于改进模式的 SWIM 统一身份认证框图设计

基于改进模式的 SWIM 统一身份认证框图设计如图 8-10 所示。由图 8-10 可以看到，SWIM 身份认证分为域内认证和跨域认证两部分，通过用户主体、IDP 和 SP 这 3 种角色互相配合完成。同时，该框架具有用户信息管理的功能，为身份认证提供信息支持。其中，用户主要包括令牌请求、访问订阅、令牌清除等单元，实现用户发送请求断言信息获取身份凭证和进行正常的 Web 服务访问。

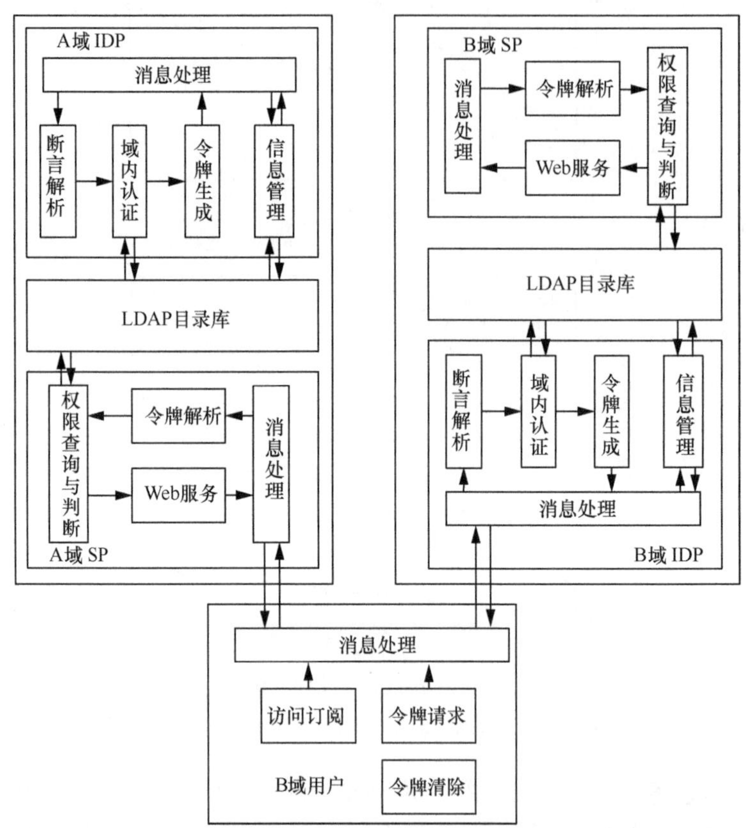

图 8-10　基于改进模式的 SWIM 统一身份认证框图

IDP 即认证中心主要包括断言解析、域内认证、令牌生成以及信息管理等单元，通过对用户的请求断言信息进行解析以及证书验证，为用户发放断言令牌。用户信息管理功能由用户信息管理模块和 LDAP 目录库构成，SWIM 用户在本域 IDP 通过注册将自己的信息录入，其信息数据由 LDAP 目录服务器进行统一维护和管理。同时，CA 同步证书信息到相应的目录中。域内认证单元包括 USBKey 插入检测模块、证书查询模块以及证书验证模块，这部分基于 PKI 公钥密码体制实现。

SP 端即 SWIM Web 服务提供者，主要包括令牌解析、权限查询与判断以及 Web 服务等单元，令牌解析用来对用户发来的断言令牌进行解析验证，进而确定用户是否合法。通过查询 LDAP 服务器中的授权策略库来判断用户的访问权限，最终决定是否为用户提供其请求的 Web 服务。

3 个主体中都含有消息处理单元，该单元主要是为了实现消息的安全传输而进行的 XML 签名和加密操作。SWIM 涉及空管、航空公司以及机场等多个单位的 Web 服务，要实现其跨节点、跨多域传输的消息的安全，需要进行 XML 签名加密处理，确保用户断言令牌这种关键信息传输的可靠性。

跨域访问由改进的 SAML 跨域认证模式来实现，其整体交互流程如图 8-11 所示。其中，SWIM Web 服务 A 和 B 是 SAML 体系中的服务提供者 SP；认证中心则为身份提供者 IDP；LDAP 证书库存有用户主体以及各 SP 与 IDP 的证书，为身份认证及签名验证提供查询接口。其具体的信息交互流程如下。

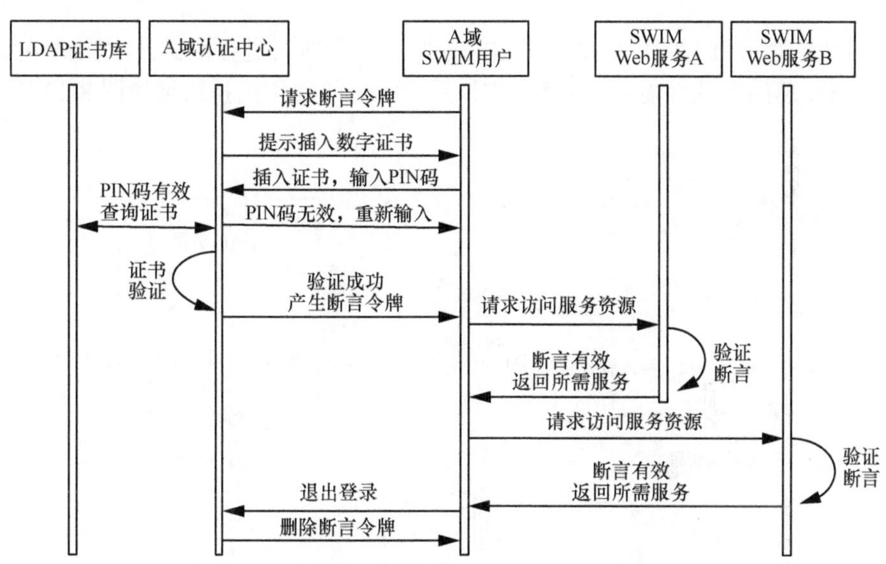

图 8-11　基于 PKI-SAML 的 SWIM 统一身份认证流程

用户向 IDP 服务器发送认证断言请求消息，请求认证中心发放 SAML 断言令牌。认证中心检测用户插入的 USBKey 以及输入的 PIN 码，通过查询 LDAP 验证证书若认证失败，则提示插入合法的数字证书。若验证通过则产生认证断言，用与服务端协商好的密钥对其进行 XML 签名和加密生成断言令牌。然后，生成随机数、时间戳，用自己的私钥对标识信息和断言令牌进行签名并生成随机密钥，再用随机密钥进行加密，用用户的公钥加密随机密钥，发给用户。用户收到信息，先用私钥解密随机密钥，用随机密钥解密信息，验证标识信息以及签名，通过验证则说明此断言令牌是来自认证中心。至此，登录认证操作完成，用户将断言令牌保存在本地。

用户对令牌进行 XML 签名加密，发送给服务端请求服务 A，服务端解析请求消息，分离出断言令牌，验证认证中心的签名并进行解密，确认用户身份及属性信息，若通过验证，则借助访问控制模块对其进行权限分配；否则拒绝提供服务。

用户要访问服务 B，则整合请求信息，进行各项加密签名操作，并递交加密签名后的断言令牌。服务 B 端接收到用户的请求，进行断言令牌的检测与验证，通过验证则为用户提供服务，否则拒绝提供服务。

8.4 实验测试与分析

对认证系统进行编程实现，通过搭建测试平台对其进行测试。对测试结果的对比分析，总结系统性能的优劣和原因。系统测试的具体拓扑结构如图 8-12 所示。

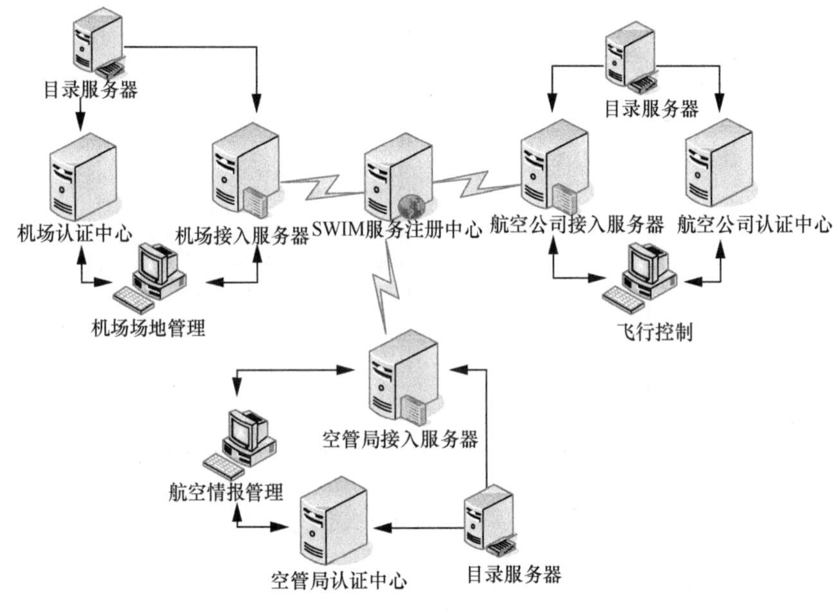

图 8-12　测试环境拓扑结构

在此拓扑结构中，目录服务器中存储本域中的用户信息，并同步 CA 证书颁发中心颁发或撤销的证书。认证中心则主要负责证书验证以及跨域访问功能。机场、空管局以及航空公司接入服务器则负责部署本域中的相关 Web 服务，并将服务注册到 SWIM 服务注册中心，同时处理用户发来的访问或订阅请求。整个实验平台以 MyEclipse10 作为开发环境，基于 Java 语言编程实现。通过使用测试软件

LoadRunner 对统一身份认证系统进行压力测试，以测试其运行效率。

（1）并发登录认证响应时间测试

模拟用户登录认证的过程进行脚本录制，然后对测试场景进行设置，实现 500 位用户的并发登录，每 10 s 并发 50 人，测试持续 5 min，系统的平均响应时间如图 8-13 所示。

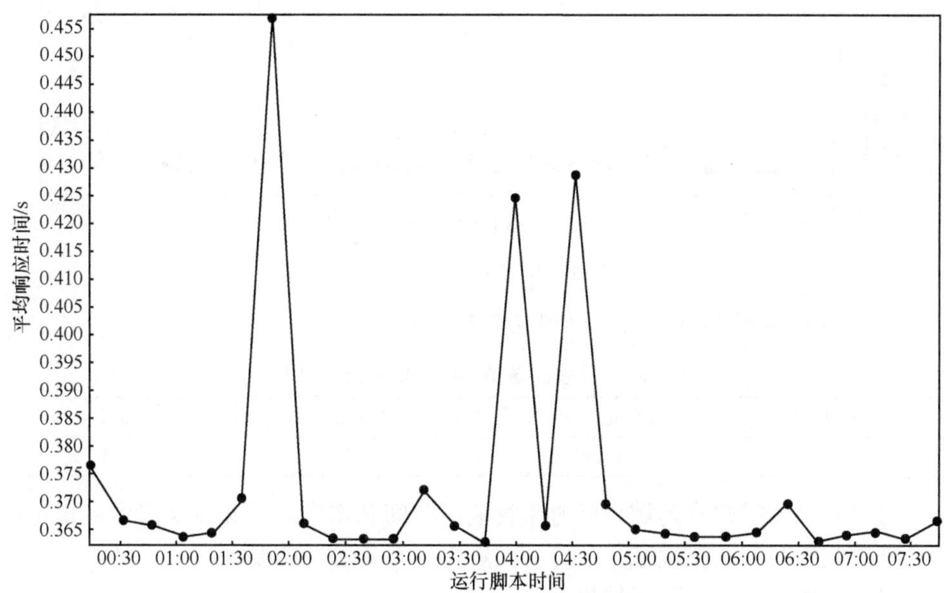

图 8-13　并发登录认证响应时间

根据图 8-13 的测试结果，可以得到表 8-1 的统计数据。

表 8-1　并发登录认证响应时间统计数据

最大响应时间/s	最小响应时间/s	平均响应时间/s	标准差/s
0.456	0.363	0.373	0.022

可以看到，用户并发登录认证的平均响应时间基本维持在 0.37 s 附近，相对系统业务所占时间很少，对系统的正常运转不会有太大影响，基本能够满足 SWIM 的需求。

（2）并发跨域访问响应时间测试

测试中的跨域访问模拟用户在登录认证以后，请求访问非本域的服务资源。由于用户已经登录，即获取了断言令牌，因此跨域访问时系统不会要求用户再次登录认证。通过模拟实施跨域访问操作并录制脚本，设置测试场景为 1 000 用户同时并发，每 5 s 并发 50 个用户，持续 5 min，测试结果如图 8-14 所示。

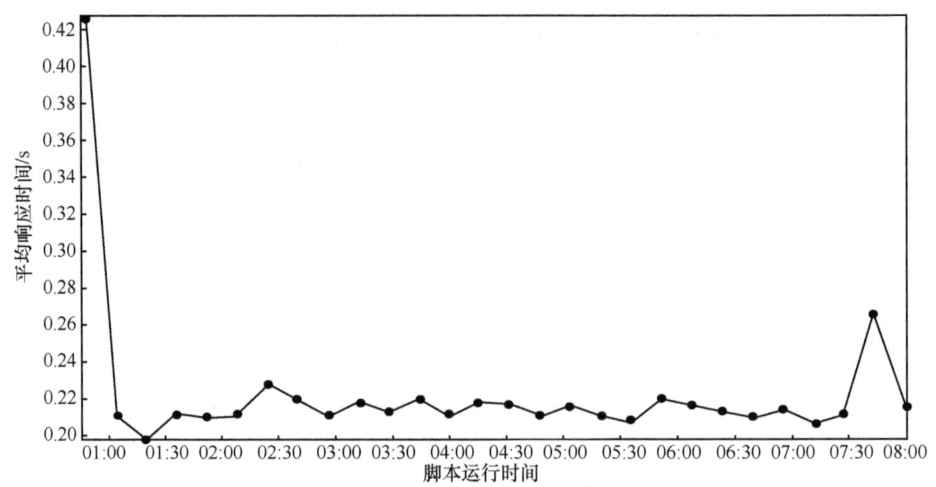

图 8-14 并发跨域访问响应时间

根据图 8-14 的测试结果，得到表 8-2 的统计数据。

表 8-2 并发跨域访问响应时间统计数据

最大响应时间/s	最小响应时间/s	平均响应时间/s	标准差/s
0.424	0.199	0.222	0.04

可以看到，用户在跨域访问时系统响应时间基本维持在 0.22 s 附近，相对登录认证的响应时间大幅度减少，符合民航用户对实时性的要求。

（3）多组响应时间测试结果汇总

由于系统需要至少承受 3 000 个用户的并发请求，因此在 LoadRunner 软件中，从 500 到 5 000，以 500 为间隔设置测试场景的并发用户数，对登录认证及跨域访问过程进行并发测试，汇总系统响应时间，如图 8-15 所示。

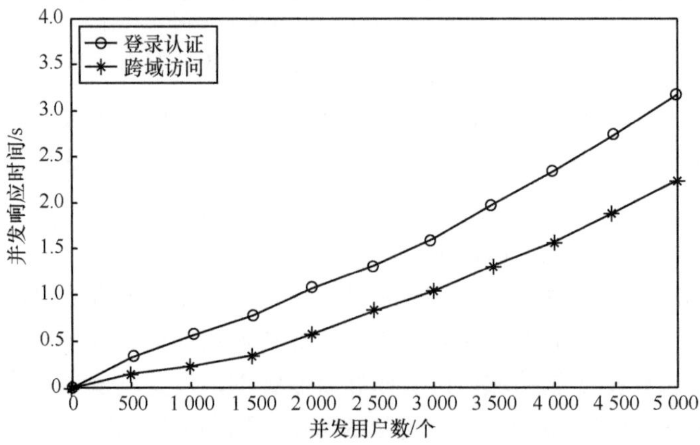

图 8-15 不同并发用户数平均响应时间汇总

在登录认证过程中，当并发用户数为 500 时系统响应时间在 0.5 s 以内，3 500 个用户并发时在 2 s 以内，5 000 个用户并发时在 3 s 左右。在跨域访问过程中，并发人数在 1 500 时系统响应时间在 0.5 s 以内，当并发用户数为 4 000 时响应时间在 1.5 s 左右，5 000 个用户并发时响应时间在 2 s 左右。可以看出，在登录认证和跨域访问过程中，随着并发用户数的增加，系统的响应时间也在增加，但是基本符合系统对响应时间的要求。此外，跨域访问过程的响应时间比登录认证的响应时间少，这为跨域访问的民航用户带来了很大的方便。

（4）点击率与吞吐量测试

模拟用户登录认证的过程，并进行脚本录制，然后对测试场景进行设置，实现 500 个用户并发登录，每 10 s 并发 50 个用户，持续 5 min，系统的点击率与吞吐量如图 8-16 所示。

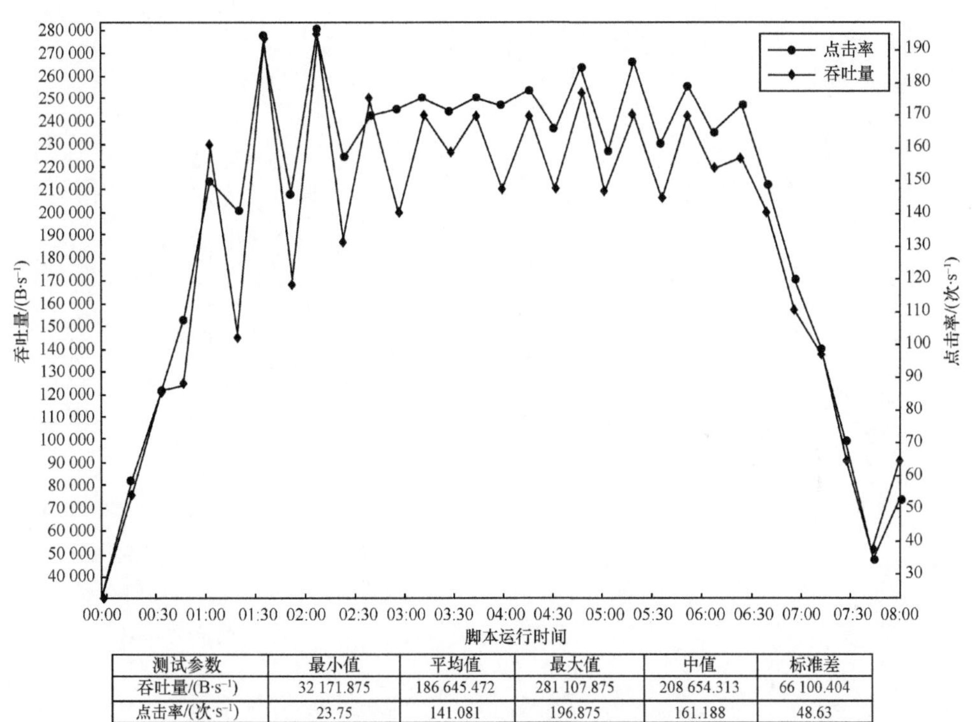

测试参数	最小值	平均值	最大值	中值	标准差
吞吐量/($B\cdot s^{-1}$)	32 171.875	186 645.472	281 107.875	208 654.313	66 100.404
点击率/(次·s^{-1})	23.75	141.081	196.875	161.188	48.63

图 8-16　并发登录认证吞吐量与点击率

点击率即每秒点击数，是对用户每秒向认证服务器提交的 HTTP 请求数量的反映；吞吐量则反映了用户在某一秒从认证服务器获得的数据量。因此，如果服务器的性能比较稳定，则两者的变化趋势基本会保持一致。也就是说，服务器可以及时接收用户请求并返回结果。由图 8-16 可以看出，随着点击率的增加，吞吐量也在上升，两者的变化曲线基本一致，可以看出系统对于用户的认证请求能够进行较好的响应。

8.5 本章小结

本章根据 SWIM 对身份认证的需求，提出了面向 SWIM 的统一身份认证总体方案。对 SAML 跨域认证模式进行改进，并将其与 PKI 技术与 LDAP 技术进行结合，实现 SWIM 中用户的信息管理、身份认证以及跨域访问的功能。压力测试证明，该方案能够满足 SWIM 对安全性和实时性的需求。由于编程及硬件的原因，系统在稳定性方面还需进一步完善。

第 9 章 基于 SSL 协议的 SWIM 用户交互认证

SWIM 承载着与民航系统安全运行相关的重要数据，因此与其相关的数据安全以及隐私保护等网络安全问题尤为重要。面向广域信息管理系统的 SSL 协议交互认证方案正是针对上述问题提出的一个认证解决方案。本章基于 SWIM 的概念、技术及具体架构，通过分析 SSL 协议在 SWIM 应用中的具体问题，结合数字证书技术，提出了改进的交互认证方案。该方案在 SWIM 中采用基于双证书形式的身份认证方法，并在设定的实验环境下通过实验测试，分析其安全性以及时间有效性。实验结果表明，改进的交互认证方案能够保障 SWIM 中通信双方的身份认证以及信息的安全传输，在保证 SWIM 运行效率的前提下为其安全运转提供保障。

9.1 SSL 协议对于 SWIM 的适用性分析

目前，传统的认证方法都有其自身的优缺点，SWIM 是一个复杂的系统，针对其自身特点，传统的认证方法不能很好地满足 SWIM 特性。传统的认证方法与基于 PKI 技术认证的优缺点比较如表 9-1 所示。

传统的认证协议各自都存在一定的缺陷，具体分析如下。

（1）RADIUS 是目前最常用的认证计费协议之一[122]，它具有简单安全、易于管理、扩展性好等优点，所以在实际中得到了广泛应用。但是，由于协议本身的基于 UDP 的传输、简单的分组丢失机制，并且没有重传机制和集中式计费服务等缺陷，都使它不太适应当前网络的发展，需要进一步改进。另外，随着新的接入技术的引入和接入网络的快速扩容，越来越复杂的路由器和接入服务器大量投入使用，也使 RADIUS 协议的缺点日益明显。

表 9-1 传统认证方法与基于 PKI 认证的比较

认证方法	优点	缺点	SWIM 的适用性
基于 RADIUS 的认证	简单安全， 易于管理，扩展性好， 结构简明、便于集中式分级管理	传输协议可靠性不高， 在用户数量多时会增加服务器负担， 没有重传机制和集中式计费服务	SWIM 用户多，信息量大，用 RADIUS 认证会加重服务器的负担，增加服务器故障产生的概率
基于 Kerberos 的认证	认证机制与授权机制相结合， 一次性签放， 提高了密码的安全性	口令猜测攻击问题， 时钟同步攻击问题， 密钥存储问题	认证中心要求保存大量的共享密钥，增加系统的管理及维护代价
基于 PKI 的认证	提供跨区域的交叉认证， 对证书进行管理， 具有极强的互联能力， 部署简单，技术成熟	运行效率相对较低， 证书链的维护问题	SWIM 用户种类多，而且呈现分布式的架构，PKI/CA 的模式正适合于 SWIM 的分布式特性

（2）Kerberos 协议本身存在一些问题[21]，例如，Kerberos 不能抵抗拒绝服务攻击和口令猜测攻击。Kerberos 认证过程中，在票据和认证符中都加入了时间戳，可以防止重放攻击，但只有当时间戳在一个比较小的范围时，才认为数据是有效的，这就要求 AS 服务器、TGS 服务器和应用服务器的机器时间保持大致一致，这在 SWIM 分布式的网络环境难以有效实现。Kerberos 认证中心要保存大量的共享密钥，对于密钥的管理和更新都将造成很大的挑战，需要特别细致的安全保护措施，在密钥存储管理问题上，将付出极大的系统代价。SWIM 中存在众多用户，对于共享密钥保存的系统开销将会十分庞大。因此，Kerberos 协议不适用于 SWIM 用户认证。

（3）基于 PKI 的认证是基于数字证书的认证，可以提供跨区域的交叉认证功能，部署简单，且技术已经相对成熟。而 CA 是 PKI 技术的核心，是可以管理、发布和撤销证书的机构，可以按照多种信任模型来建立信任关系，而通常情况建立的信任模型为层次模型。我国民航 SWIM 网络的研究和部署处于初步发展阶段，民航组织机构是由中国民用航空局、地区空管分局、空管站组成的层级管理体制。PKI/CA 的严格层次信任模型正适合于我国民航 SWIM 网络的部署情况。

基于 SSL 的认证实质上是基于数字证书的认证，提供多种身份认证方式，其中包括只验证服务器的单向认证方式、用户与服务器互相验证的双向认证方式，身份认证过程是通过在 SSL 协议握手过程中服务器与用户验证证书的合法性来实现的。互相验证对方身份后，通信双方之间建立加密通道来传送 SWIM 数据信息，这条通道对传送的数据进行加密，为 SWIM 数据信息的传送提供机密性和完整性保护。

9.2　基于 SSL 协议的认证

基于 SSL 协议的交互认证功能主要由握手协议完成，根据功能握手协议可分为如下 4 个阶段[123-124]。

第一个阶段建立安全能力。在这个阶段，用户和服务器宣布它们的安全能力，并选择那些适合双方的安全能力。这个阶段要建立一个会话 ID，还要选择密码套件，通信双方交换两个信息，即 Client_Hello 和 Server_Hello。经过第一阶段后，客户和服务器互相知道了所支持协议的版本，密钥交换、信息验证和加密的算法，压缩方法以及用于生成密钥的两个随机数。

第二个阶段是服务器密钥的交换和验证。在这个阶段要进行服务器证书的验证，服务器发送其证书、公钥信息到用户，若需要验证用户证书时，还会发送验证用户证书请求 Certificate_Request，最后服务器宣布 Server_Hello 过程完成。经过这一阶段，用户与服务器进行了相互验证。

第三个阶段是用户密钥的交换和验证。这一阶段用来验证用户身份，用户发送自己数字证书及公钥给服务器端，进行客户身份的验证。

第四个阶段为完成阶段。在这一阶段，用户与服务器发送信息来交换密码说明，并完成握手协议。这个阶段通信双方交换 Change_Cipher_Spec 和 Finished 消息。

9.2.1　标准 SSL 协议认证

基于 SSL 协议的认证可以在通信双方之间建立一条加密通道，对数据信息的机密性和完整性提供保护[125]。我国民航 SWIM 用户可能分属于不同的区域，因此，SWIM 用户的交互认证分为域内用户认证及不同域用户认证。基于 SSL 协议的认证交互过程如图 9-1 所示[92]。用户与服务器的认证交互过程如下所述。

（1）用户发送 Client_Hello 消息标志着 SSL 握手过程的开始，Client_Hello 中包含了用户可用的协议版本、用户随机数 Client_Random、会话 ID、密钥套件列表、压缩算法列表。

（2）服务器发送 Server_Hello 消息给用户，Server_Hello 中包含的信息有服务器选定的协议版本号、服务器随机数 Server_Random、会话 ID、选择使用的密钥套件及压缩算法。

（3）服务器发送 Certificate 消息，通过该消息，服务器向用户发送自己的证书信息来让用户验证自己身份的合法性。服务器身份的合法性包括：证书是否过期，签发服务器证书的 CA 是否可靠，获得证书的公钥能否正确解开服务器证书的“签发者的数字签名”，服务器证书上的域名是否和服务器的实际域名相匹配。如果服务器证书验证没有通过，则立即中断通信；若验证通过，用户获取 SSL 认证服务器端公钥，并继续进行后续通信步骤[1, 126]。

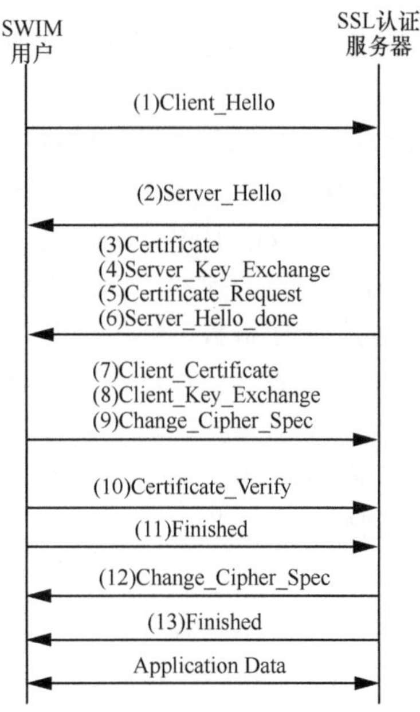

图 9-1　基于 SSL 协议的认证交互过程

（4）若服务器没有证书或证书仅用来签名，则服务器将发送 Server_Key_Exchange 给用户，Server_Key_Exchange 消息的内容根据通信双方所使用的密钥套件的不同而有所不同。

（5）发送完 Server_Key_Exchange 消息后，服务器发送 Certificate_Request 消息，向用户请求其证书以对用户进行身份认证，通过这一消息，服务器向用户发送以下两个信息：服务器能够理解的证书类型清单和服务器能够理解的认证机构名称清单。

（6）服务器发送 Server_Hello_Done 消息，表示从 Server_Hello 消息开始的一系列消息的结束。

（7）用户收到 Certificate_Request 消息后，将自己的证书同 Client_Certificate 消息发送给服务器，服务器读取用户证书并进行证书有效性验证。

（8）用户发送 Client_Key_Exchange 消息给服务器，该消息中包含用认证服务器公钥加密的预主密钥 pre_master_secret，根据 pre_master_secret，服务器和用户由 Client_Random、Server_Random、pre_master_secret 计算出主密钥，然后根据主密钥生成对称密码的密钥、消息认证码的密钥[21, 127]。

（9）用户发送 Change_Cipher_Spec 消息，在发送这个消息之前，用户与认证服务器之间已经交换了所有新的关于密钥套件的信息，在收到这个消息后，用户和服务器会同时切换新的密码。

（10）用户发送 Certificate_Verify 消息，向服务器证明自己持有用户证书的相应私钥，为了实现这个目的，用户会计算主密钥和握手协议中传送消息的散列值，并用私钥签名后发送给服务器。

（11）用户发送 Finished 消息给服务器，该消息的内容是固定的，为之前全部握手消息的 MAC 值，为握手过程提供完整性保护，防止中间人攻击。服务器可将收到的密文解密，确认所收到的消息是否正确，若正确则握手协议正常结束。

（12）服务器发送 Change_Cipher_Spec 消息，在收到这个消息后，用户和服务器会同时切换新的密码。

（13）服务器发送 Finished 消息，该消息的内容是固定的，因此用户可将收到的密文解密，确认所收到的消息是否正确，若正确则握手协议正常结束。

在认证过程中，Certificate_Request、用户 Certificate 以及 Certificate_Verify 消息为双向认证过程中通信双方才会发送的消息。

9.2.2　标准认证过程安全性分析

基于 SSL 协议的认证采用在通信双方间建立加密通道的方式来传递数据，但是，在其通信过程中可能还存在着一些安全隐患，主要有如下几个方面。

（1）在单向认证过程中，只对服务器端身份进行认证，并未对用户身份进行有效认证。恶意攻击者可能冒充用户登录系统进行访问，进而获取 SWIM 中传输的民航敏感数据信息，对 SWIM 乃至民航的安全正常运行产生影响。并且，单向认证无法有效防止中间人攻击等攻击手段。双向认证采用数字证书的形式对用户与服务器端进行身份认证，可以有效地防止中间人攻击等攻击。

（2）在认证过程中，始终使用单证书模式，即使用同一个密钥进行数据加密及签名功能的实现。在应用过程中，用于密钥交换操作的密钥应该经常更新，从而保证其可靠性，一旦证书丢失、失效或过期，就无法利用此密钥解密获得其加密的数据。而对代表通信双方身份的签名密钥，不应经常更换。因此，签名和密钥交换使用同一对密钥（即应用同一张证书）给证书和密钥管理带来了许多不可解决的问题。通常情况下，对用户的签名密钥做备份会造成不必要的资源浪费，而加密密钥则必须做好备份。因此，使用单证书模式也存在一定的安全隐患。

基于以上分析，SWIM 中传输的是民航敏感信息，这些信息的安全传输直接关系到民航系统的安全有效运行，若将基于 SSL 协议的标准认证直接应用到 SWIM 网络中，其安全性的缺失不仅会造成用户个人信息的泄露，更有可能对整个 SWIM 网络构成威胁。

9.3 基于 SSL 协议的双证书认证

在基于 SSL 协议的认证方式中，双向认证方式相比单向认证方式，可以更好地防止中间人攻击、抗重放攻击等，同时，考虑到 SWIM 环境中保护民航数据信息安全的重要性，本章中使用双向认证模式。SWIM 用户在 CA 中心申请到个人数字证书后与认证服务器间进行双向认证。双向认证过程中，通信双方均需提供能证明自身身份的数字证书，用户与服务器互相验证证书可信以后，即在用户和认证服务器之间建立了加密通道，用户与认证服务器之间传输的数据将用双方协商好的加密算法、密钥及 MAC 算法进行加密。

由前文分析可知，在双向认证过程中，单证书具有一定的安全隐患，因此，采用签名证书与加密证书双证书的方式进行用户与认证服务器端的身份认证。其中，签名证书用于对信息进行签名，提供防抵赖功能，加密证书用来在通信双方协商加密密钥过程中对密钥进行加密传输。

9.3.1 双证书认证过程

双证书机制即使用加密证书与签名证书两种证书。将用户的签名密钥和加密密钥分开，也就是双密钥机制。签名密钥与加密密钥这两个密钥对都是非对称的，因此，都可以用来实现非对称加解密操作。签名密钥对可以对数据的完整性提供检测安全保护，提供信息防伪造与防抵赖功能，而且签名私钥的遗失，并不会影响对以前签名数据的验证，因此，签名私钥不需要备份，也不需要由第三方进行管理，可以完全由使用者产生；而加密密钥对用来对数据进行加密，提供机密性保护，若加密密钥遗失，将导致以前的加密数据无法解密，对传输数据的安全性产生威胁，而这在实际应用会产生无法预估的后果，因此，加密私钥应由可信的第三方（即通常所说的 CA）来备份，以保证加密数据的可用性。

双证书的签发流程如图 9-2 所示。

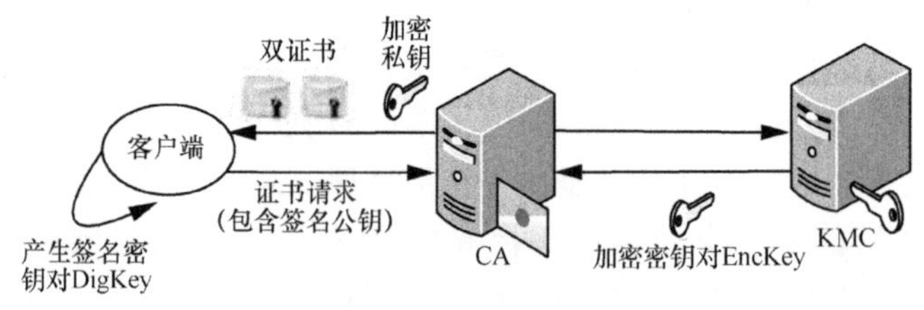

图 9-2　双证书签发流程

签名密钥对由用户产生，然后用户向 CA 发送证书请求，证书请求中包含签名公钥信息。CA 收到请求后，向 KMC 密钥管理中心申请加密密钥对，CA 签发加密证书及签名证书并返回给用户，其中包含加密私钥信息。用户收到证书信息以后即可用于 SSL 协议的认证。

在握手过程中，认证服务器首先发送自身签名证书 SignatureCertificate 至用户，进而用签名证书的私钥对加密证书的公钥进行加密，通加密证书 EncipherCertificate 一同发送至用户，并发送 SignatureCertificate_Request 和 EncipherCertificate_Request 消息来请求用户的签名证书和加密证书来进行验证。

用户验证签名证书后即可获得签名公钥，用来解密获得认证服务器的加密公钥，收到证书请求信息后发送自身签名证书及加密证书至认证服务器。双方均获得对方的加密公钥后，即可用来加密 pre_master_key 信息，计算 master_key。基于 SSL 协议的双证书认证过程如图 9-3 所示。

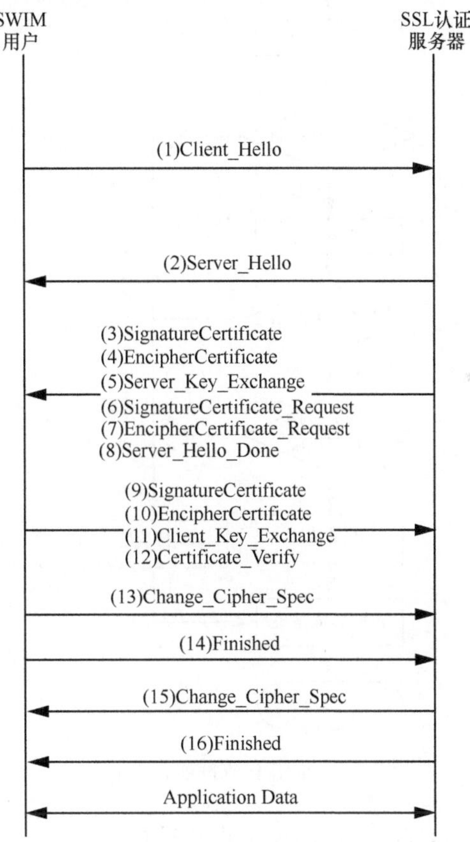

图 9-3 基于 SSL 协议的双证书认证过程

FAA 在其官方文档[128-129]中建议 SWIM 服务提供者支持 LDAP 协议。因此，本章架构中使用 LDAP 协议作为用户查询证书及用户信息的协议。LDAP 协议基于 X.500 协议，是跨平台、标准的协议，LDAP 目录服务以树状的层次结构来描述数据信息，具有快速的查询功能。

9.3.2 SWIM 证书验证过程

基于 SSL 协议的认证实质上是对用户与服务器证书的有效性进行验证[125]，用户安装证书后，登录 SWIM 与 SSL 认证服务器进行双向验证，在 SWIM 用户身份认证过程中，用户与 SSL 认证服务器均需要对通信对方的证书进行有效性验证。

用户证书有效性验证的流程[130]如图 9-4 所示。

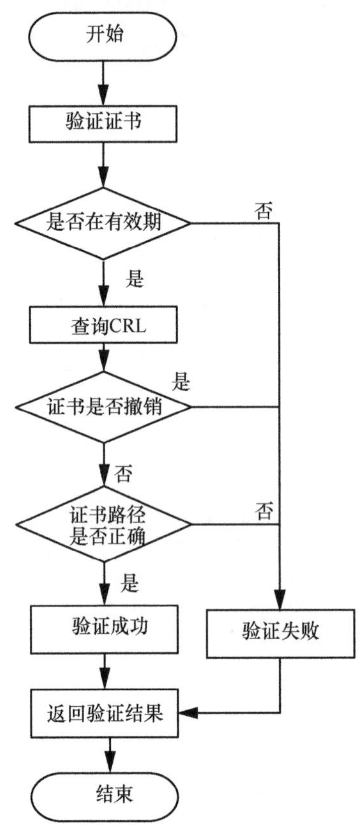

图 9-4 证书有效性验证流程

对证书进行有效性验证时，按照如下步骤进行验证。

（1）查询证书是否在有效期内。数字证书都有其自身的生命周期，超过有效期的证书不能再作为身份信息的证明。

（2）证书在有效期内时，CA 或 SWIM 用户可能会由于个人私钥泄露、证书丢失等情况而撤销证书，经过有效期与证书链验证以后，查询 CRL 列表，获取证书是否撤销信息。

（3）若证书在有效期内，根据证书链验证证书的签发根 CA 是否可信。

（4）验证证书中个人信息与数据库中用户的个人信息是否匹配，以防非法用户使用未过期的证书进行认证登录系统。

以用户验证服务器端证书有效性为例。用户收到认证服务器发送的服务器端证书以后，提取证书信息，依据证书信息中的 DN 字段判断证书所属区域。若与用户证书所属区域相同，双方均持有本区域 CA 的公钥，SWIM 用户可用 CA 公钥验证服务器证书的有效性，并返回验证结果。若与用户证书分属不同区域，则查询 LDAP 证书服务器，查询证书所属区域，与所属区域根证书进行交叉验证，再进行证书的有效性验证，并返回认证结果。

通信双方成功验证结束后，双方互相认证了对方身份信息，均验证成功则可根据握手过程中协商的加密算法、加密密钥、摘要算法对数据进行加密通信。

SWIM 中证书验证流程[1, 92]如图 9-5 所示。

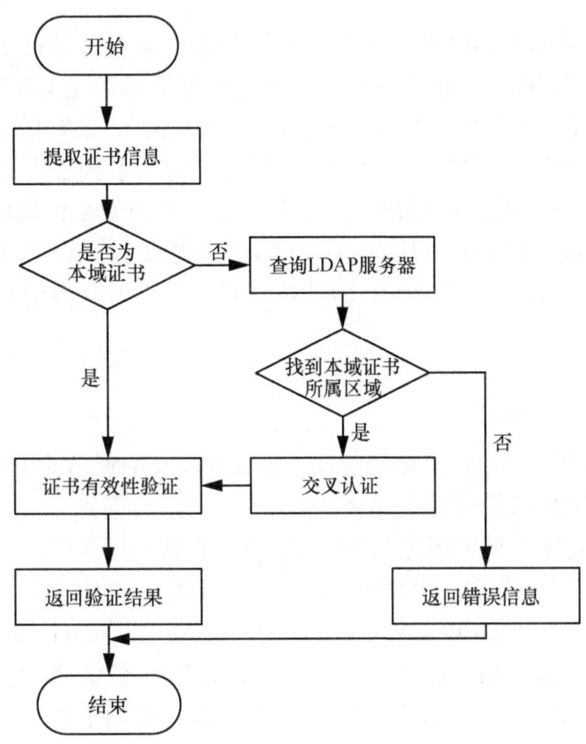

图 9-5　SWIM 证书验证流程

9.3.3 域内交互认证

鉴于中国民航管理机构层级的特点，以及民航 SWIM 分布式的特点，本章选择在每一地区空管局的总局建立 CA 中心，采用树形层次信任模型[20]，SWIM 中的交互认证过程如图 9-6 所示。

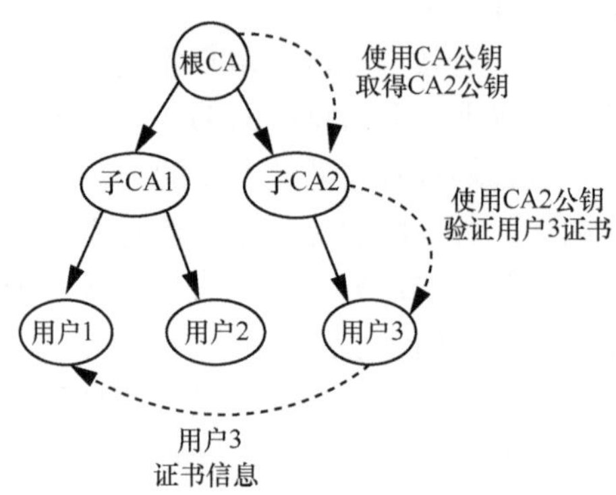

图 9-6 域内交互认证过程

图 9-6 中，根 CA 已经在子 CA1 与子 CA2 的证书上进行了私钥签名，子 CA1 又在用户 1 和用户 2 的证书上用其私钥进行签名，子 CA2 在用户 3 的证书上进行签名。在 PKI 中，用 X<<Y>>表示由 X 为 Y 发行的证书。若用户 1 需要验证用户 3 的证书，验证过程如下。用户 2 将一系列证书 CA<<子 CA2>>和子 CA2<<用户 3>>发送给用户 1；用户 1 用取得的 CA 公钥验证证书 CA<<子 CA2>>，验证成功后，用户从 CA<<子 CA2>>提取子 CA2 的公钥，用子 CA2 的公钥来验证子 CA2<<用户 3>>，验证成功后，用户 1 获得用户 3 的公钥及用户 3 的身份信息。

9.3.4 不同域间交互认证

我国民航 SWIM 是中国民用航空局、空管分局及空管站的层级结构，隶属于两个不同区域的用户通信需要进行交叉认证[17]。

以华北用户与华东域内服务相互验证为例。在认证过程中，华北 CA1 与华东 CA3 互相签发信任证书[126]，即 CA1<<CA3>>和 CA3<<CA1>>。CA1 将自己的公钥提交给 CA3，并向 CA3 申请数字证书，CA3 在接收到 CA1 的证书申请后，签发一份证书并发送给 CA1。CA3 通过同样的过程获得 CA1 签发的证书。这样，任一信任 CA1 的用户都可验证并信任 CA3 所签发的有效的数字证书，信任 CA3 的所有用户都可验证并信任 CA1 所签发的有效的数字证书，即实现了交叉认证。交叉认证方式[21, 122]如图 9-7 所示。

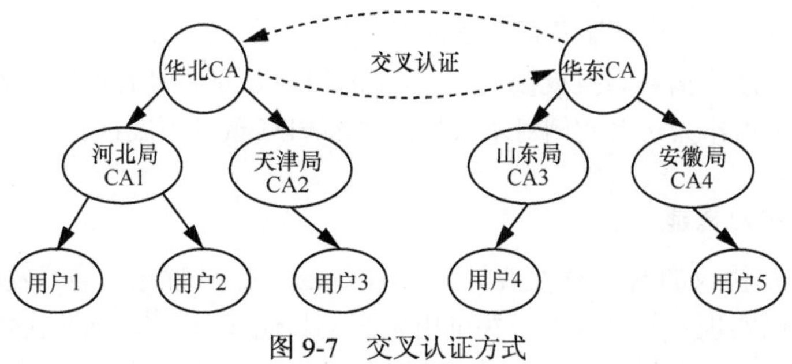

图 9-7　交叉认证方式

9.4　实验仿真与分析

SWIM 是一个可以提供信息交互的平台，服务提供者可以将服务信息发布于 SWIM 平台，也可以通过 SWIM 平台调用其他服务。而民航用户可以通过平台获取调用服务。因此，民航用户或服务提供者均可认为是 SWIM 用户。当 SWIM 用户在 CA 中心申请获得证书后，即可与部署在 SWIM 平台中的认证服务器进行交互认证。一个 SWIM 用户 C 访问一个发布于 SWIM 平台的服务 S 的交互过程如图 9-8 所示。

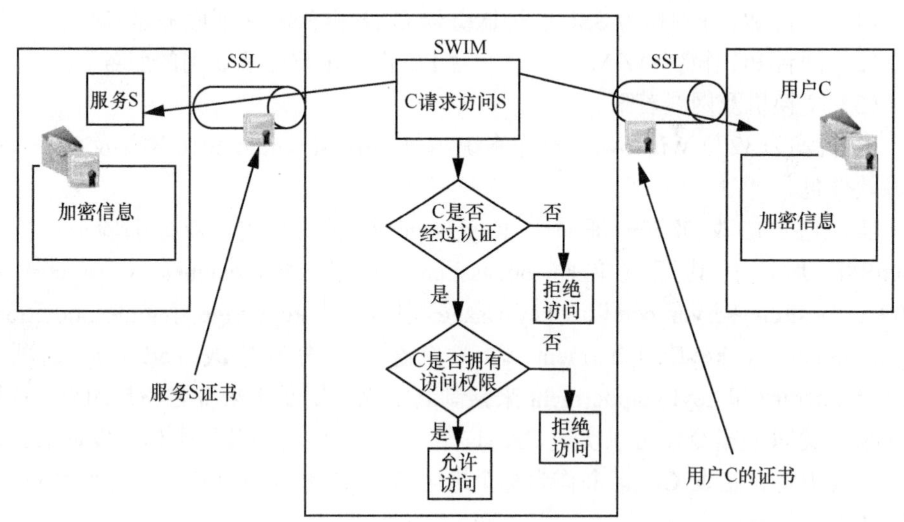

图 9-8　SWIM 用户 C 调用访问服务 S 过程

服务 S 申请获得自身证书以后，在 SWIM 平台进行服务注册，发布服务消息供服务消费者发现并调用服务。用户 C 通过 SSL 协议与 SWIM 身份认证服务器建立安全连接，身份认证服务器通过证书信息对用户 C 与服务 S 均进行认证，并提取用户 C 的注册信息与授权模块交互，判断用户 C 是否具有调用服务 S 的权限。下面即以此场景作为仿真实例对本章提出的 SWIM 认证方案进行仿真验证。

9.4.1 仿真平台搭建

基于 SSL 协议的 SWIM 交互认证采用 OpenSSL 软件包作为开发软件。由于 OpenSSL 可以实现自签名证书，并可用来签发其他证书[131]，因此在仿真环境中，采用 CA 证书自签名的方式来为用户和服务器签发证书。图 9-9 为所搭建的仿真环境。

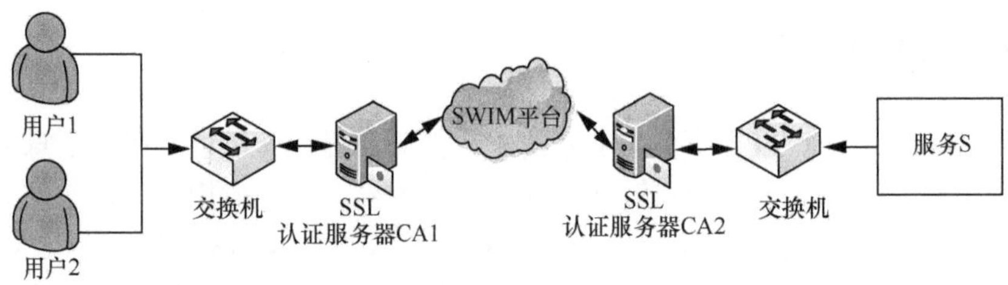

图 9-9 系统仿真环境

仿真环境硬件配置如下。

（1）两台 PC 分别作为 SSL 认证服务器 CA1 和 SSL 认证服务器 CA2。

（2）两台 PC 作为 SWIM 用户，一台 PC 作为用户需要调用的服务 S。

（3）交换机及网线若干。

PC 机均为 32 位 Windows 7 操作系统，安装 Visual Studio 2010 软件及 OpenSSL 开源软件包。

实验通过修改 X.509 证书中 KeyUsage 扩展项来实现双证书验证。安装 OpenSSL 后，在其配置文件 openssl.cnf 中有 x509_extensions=usr_cert 和 x509_extensions=server_cert 以及 key-Usage 项目，其中 keyUsage 有 nonRepudiation、digitalSignature、keyEncipherment 这 3 个选项，分别修改 ketUsage 选项为 digitalSignature 和 keyEncipherment 来强制制定该密钥是用来签名还是加密，使用 OpenSSL 提供的指令，可以实现 CA 证书的自签发以及为其他个体签发证书。因此，实验中将自签发 CA 证书作为每个地区 SWIM 区域的根 CA，然后为本域内 SWIM 用户签发证书。

实验环境配置完成并安装好相应证书后，服务器端编译运行使用了双证书的基于 SSL 的 socket 程序，等待用户连接。用户随后编译运行单证书的基于 SSL 的 socket 程序，与服务器取得联系，SWIM 用户验证结果如图 9-10 所示。

```
C:\WINDOWS\system32\cmd.exe
开始建立连接...
连接服务器成功
Server certificate:
subject: /C=CN/ST=TJ/L=tj/O=airport/OU=guanzhiuser/CN=guanzhi/emailAddress=guanzhi@tjatmb.com
issuer: /C=CN/ST=HuaBei/L=TJ/O=tianjinatmb/OU=atmb/CN=TJatmb/emailAddress=tj@tjatmb.com
连接成功
You have successfully connected to the  SSL server!
```

图 9-10　SWIM 用户验证服务器证书

SSL 认证服务器端运行结果如图 9-11 所示。

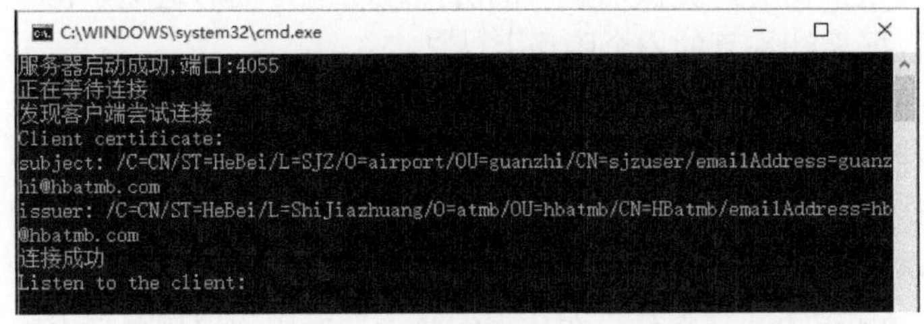

图 9-11　SSL 认证服务器验证 SWIM 用户证书

9.4.2　仿真结果分析

通过实验结果可以看出，用户与认证服务器端可以互相验证对方证书的合法性，以此确认对方的身份信息的正确性。下面从安全性、时间效率两方面对本章方案进行分析。

（1）安全性分析

针对 SWIM 中采用基于 SSL 协议的双证书交互认证方式的安全性从以下几个方面进行分析。

① 机密性。基于 SSL 协议的认证，用户与认证服务器相互认证以后，在通信双方之间会建立一个加密通道，使用对称加密算法对所传输的民航数据或用户个人隐私信息提供机密性保护，对称加密算法所使用的密钥是由用户与认证服务器端各自产生的随机数及 pre_master_key 共同计算得出，且传输过程中用非对称加密算法加密该密钥传输，具有较高的机密性[132-133]。

② 抗重放攻击、再排序攻击。在记录协议中，应用数据分片以后，计算每一数据块的 MAC 值。MAC 中包含有一个序列号，这个序列号相对于 SWIM 用户和 SSL 认证服务器是独立的，当恶意攻击者对 SWIM 进行重放攻击、再排序攻击时，SSL 认证服务器可以根据消息数据的序列号检测出这些攻击。

③ 抗截断攻击。SSL 协议是运行在 TCP 协议基础之上的，在告警协议中 close_notify 消息可以有效截断攻击的发生。恶意攻击者在未发送完数据时插入一

条 TCP FIN 消息，可迫使接收方认为已接收到全部数据，从而使接收方不能接收到全部数据，这在民航环境当中会造成非常严重的后果。加入 close_notify 消息以后，接收方除非收到此消息，否则无法确定是否已接收全部数据。

④ 抗中间人攻击。在 SWIM 用户与认证服务器握手建立链接的过程中，双方会发送一条 Finished 消息，该消息中包含了通信双方全部握手消息的 MAC 值，防止恶意攻击者篡改握手消息并冒充服务器与 SWIM 用户进行通信，或冒充合法用户与服务器通信，从而非法获取 SWIM 数据造成中间人攻击。

⑤ 采用双证书机制进行安全认证，使签名证书与加密证书分开，即签名密钥与加密密钥为双密钥对，提供了签名的防抵赖功能，同时避免了由于密钥丢失而造成的历史数据无法恢复的安全隐患[134-138]。

（2）时间效率分析

SWIM 拥有庞大的用户群，大量的民航数据在 SWIM 平台中共享，由于民航系统的安全运行要求航空数据信息具有很高的实时性，对于 SWIM 用户的认证时间效率拥有更高的要求。

针对 SWIM 用户认证系统，在仿真实验中，对用户采用单证书双向认证与双证书双向认证，对 SWIM 用户与服务器端的响应时间进行 100 次抽样，记录数据如表 9-2 所示。

表 9-2 单向认证与双向认证响应时间

认证方式	总响应时间/ms									用户响应时间/ms	服务器端响应时间/ms
	1	2	3	…	97	98	99	100	平均值		
单证书认证	41.82	46.53	45.36	…	45.39	44.22	44.40	42.65	45.54	13.95	35.59
双证书认证	84.20	86.04	87.93	…	82.47	81.90	83.64	90.24	85.73	43.07	42.66

由表 9-2 可知，在 SSL 认证服务器端，SWIM 采用单证书双向认证和双证书双向认证方式的认证响应时间平均值为 31.59 ms 和 42.66 ms，两者相差甚微，在 SWIM 用户，SWIM 采用单向认证和双向认证方式的认证响应时间平均值分别为 13.95 ms 和 43.07 ms，两者之差约为 29 ms，采用双证书认证方式增加的时间消耗几乎可以忽略不计。而且使用双证书模式是在 SSL 协议认证过程中增加了一条证书信息，没有增加系统额外的开销，但提高了系统的安全能力。

9.5 本章小结

本章主要针对民航 SWIM 安全服务进行研究，在分析其安全认证需求的基础上，依托于 SSL 协议，设计了 SWIM 认证体系结构，提出了一种适用于 SWIM 的双证书认证方案，并通过 OpenSSL 对所提方案进行仿真实现。实验分析表明，基于 SSL 协议改进的 SWIM 认证方案能够基本满足系统身份认证的需求，认证响应时间也符合系统实时性要求。鉴于 SWIM 的复杂性，随着系统用户的增加，CA 中心需要维护更新的证书列表逐渐增大，这将导致认证过程中查找证书链的难度加大。因此，未来的工作将对优化证书链的查找维护问题进行研究。

第 10 章 基于分组过滤的 Web 防火墙

本章针对 SWIM 信息交换过程中存在的安全隐患设计了 SWIM Web 防火墙，利用流量控制的方法滤除高速率恶意请求数据分组，利用内容过滤的方法对订阅/发布文件中的含有恶意内容的数据分组进行滤除，采用负载均衡方法合理分配正常的大规模请求数据分组，从而保障 SWIM 的服务质量。

10.1　SWIM Web 防火墙的总体设计

SWIM Web 防火墙旨在实现流量控制、内容过滤、负载均衡三大功能，所以 SWIM Web 防火墙可以通过不同功能模块之间的相互配合实现总体的防护功能，本章设计的 SWIM Web 防火墙系统架构主要由核心引擎和管理模块构成。防火墙的总体结构如图 10-1 所示。

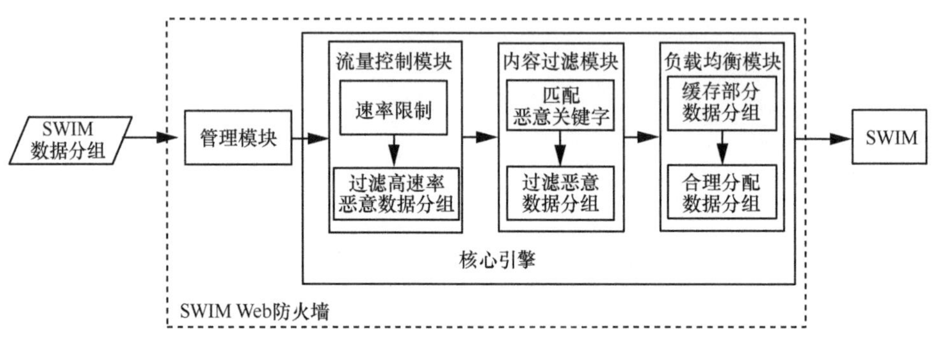

图 10-1　SWIM Web 防火墙的总体结构

核心引擎是 Web 防火墙的关键部分，用于处理所有输入输出的数据分组。流量控制模块采用速率限制的分组过滤策略，过滤高速率访问的恶意请求数据分组。内容过滤模块采用关键字匹配的分组过滤策略，可以有效防止 SWIM 内部人员向数据分组中添加恶意内容。负载均衡模块对进入 SWIM 的正常数据分组进行合理分配，缓存功能配合负载均衡技术，及时响应服务请求。管理模块用于管理 Web 防火墙和查看[139]Web 防火墙日志文件。

以航空公司向 SWIM 发送订阅请求为例，说明 SWIM Web 防火墙系统的工作过程，工作流程如图 10-2 所示。

具体工作过程如下。

（1）航空公司向 SWIM 发送订阅请求，SWIM 数据分组到达 SWIM Web 防火墙，进入流量控制模块，进行限速判断，过滤高速率恶意攻击数据分组。

（2）正常速率的数据分组进入内容过滤模块，进行恶意关键字的匹配，检查是否含有恶意信息，过滤含有恶意内容的数据分组。

（3）SWIM 数据分组经过过滤后，进入负载均衡模块，进行合理分配。

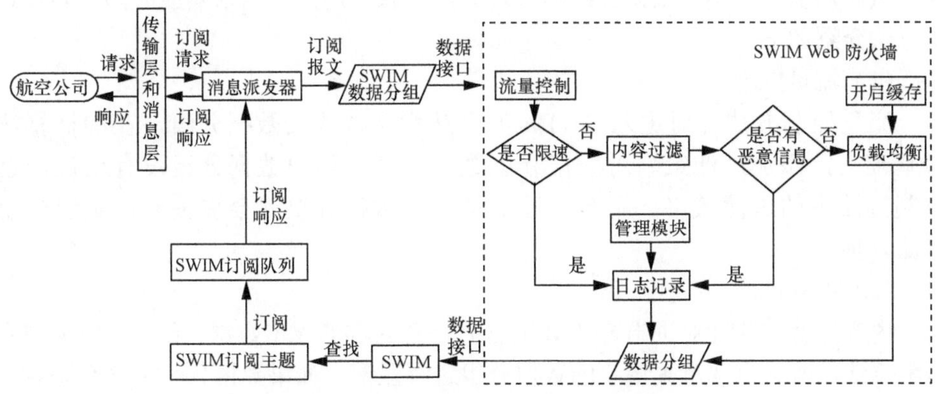

图 10-2　SWIM Web 防火墙的工作流程

SWIM Web 防火墙系统位于 SWIM 平台中，作为一个过滤系统保障客户端与 SWIM 平台通信的安全性。本系统是嵌入式系统，通过核心引擎完成对数据分组的过滤，通过管理模块设置参数和查看输出参数[140]。

10.2　SWIM Web 防火墙的关键技术

SWIM Web 防火墙可以对进入 SWIM 应用层的恶意数据分组进行过滤，完成对正常 SWIM 数据分组的响应。SWIM Web 防火墙中采用的关键技术包括流量控制、内容过滤和负载均衡。本节首先对防火墙中使用的分组过滤方法进行介绍；然后分别针对三大关键技术采用的具体算法进行详细描述，完成了算法的改进，并给出了各个模块的设计流程图；最后对改进算法进行了验证。

10.2.1 SWIM 应用层分组过滤方法

进入 SWIM 平台的数据分组分为正常数据分组和恶意数据分组。恶意数据分组是指高速率访问的攻击数据分组和含有恶意内容的攻击数据分组。例如，民航气象部门向 SWIM 发送气象情报数据分组时，攻击者向 SWIM 发送高速率恶意攻击数据分组，导致进入 SWIM 的正常数据分组不能获取足够带宽，请求不能获得正常响应；当 SWIM 响应航空公司的订阅请求时，响应请求数据分组被 SWIM 内部不法分子添加了恶意内容，这些含有恶意内容的攻击数据分组到达航空公司后，会影响航空公司的正常运转，威胁民航运输安全。

SWIM 应用层的分组过滤方法能够对恶意数据分组进行滤除，方法分为流量控制和内容过滤两种。另外，在实现数据分组过滤的基础之上，对正常数据分组采用负载均衡方法实现数据分组的合理分配，减少用户的请求响应时间。具体过滤方法介绍如下。

（1）流量控制

流量控制方法针对进入 SWIM 的高速率恶意攻击数据分组，在漏桶算法的基础上，添加过滤策略对数据分组进行处理，如果数据分组没有通过流量控制方法中的过滤策略，不符合过滤策略的数据分组就会被丢弃，实现分组过滤功能。

（2）内容过滤

内容过滤方法针对进出 SWIM 的含有恶意内容的攻击数据分组，采用关键字匹配算法，对含有恶意关键字的数据分组进行匹配，如果数据分组中含有恶意信息，则对数据分组进行滤除，实现分组过滤功能。

SWIM 存在的安全隐患中除了恶意数据分组的攻击，还包括大规模数据分组的处理，对此，在负载均衡方法的基础上添加缓存功能，实现合理分配数据分组的功能。

SWIM 信息交换的数据分组类型主要包括气象情报数据分组、航行情报数据分组和飞行计划数据分组。其中，气象情报数据分组内容包括 METAR（航空例行天气报告）、SPECI（特殊天气报）和 TAF（航站天气预报），数据分组内容整点进行更新；航行情报数据分组和飞行计划数据分组内容包括 PIB（飞行前资料公告）和 NOTAM（航行通告），数据分组内容即时更新。在 SWIM 的业务流程中，气象情报数据分组更新频率固定，一般在整点进行更新，利于存储和删除，并且航空公司和机场向 SWIM 平台请求气象情报数据分组次数较多，若能及时做出响应，将会提高 SWIM 的运行效率，因此，负载均衡中缓存功能选取气象情报数据分组进行存储，从而对用户请求进行及时应答。

10.2.2　流量控制模块的漏桶算法

基础漏桶算法解决的核心问题是，将不断变化的访问量变成一个相对稳定的访问量，控制访问数据分组以恒定速率进入服务器。它通过队列暂存输入的报文，控制数据注入后端的速度，实现了对突发流量的控制，使突发流量可以被整形成稳定的流量。漏桶算法与令牌桶算法结合可以对数据分组通过的速率进行精确限制。令牌桶是内部数据分组的存储区域，而令牌则是虚拟信息分组，以设定速率填充令牌桶。当数据分组到达时，数据分组块必须取走一定数量的令牌才能成功发送[141]。本节对基础漏桶算法进行了介绍，接着针对 SWIM 业务对算法进行了改进，然后对改进算法进行了验证和结果分析，最后给出了流量控制模块的设计流程。

（1）基础漏桶算法

设缓冲器容量为 B，桶高 M，漏桶速率为 R，$a(n)$ 表示新增数据分组数，$Q(n)$ 表示正在排队的数据分组，$T(n)$ 表示暂时可用的令牌数，则 N 时刻数据分组峰值为 $M+Q(n)$，最大数据分组丢失数为 $M+Q(n)-T(n)$ [142]。其稳态概念计算式如式(10.1)所示。

$$P(i,j)=\lim_{n\to\infty}\Pr[d(n)=i,a(n)=j] \tag{10.1}$$

数据丢失率如式(10.2)所示。

$$\text{Loss}[i]=\sum_{i=R+l}^{M+R}\sum_{i=0}^{N_b}P(i,j)\max(0,i+j-R-B-M)+\sum_{i=0}^{R}\sum_{j=0}^{N_b}P(i,j)\max(0,j-B-M) \tag{10.2}$$

由式(10.1)和式(10.2)可以知，当到达的数据分组增加时，随着增幅加大，数据丢失率逐步升高。基础漏桶算法的工作原理如图 10-3 所示。

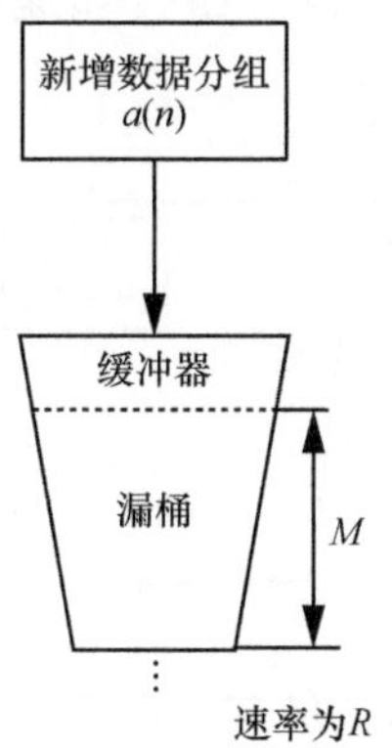

图 10-3　漏桶算法工作原理

（2）改进算法

为了适应 SWIM 的业务流程，流量控制模块在此算法基础上进行改进，加入速率判断和时间上限判断，通过算法接口与 SWIM 的业务相连。当请求数据分组进入 SWIM Web 防火墙，流量控制模块中的数据结构获取服务请求数据分组的访问速率，并与速率上限进行比较，符合过滤策略的数据分组进入数据队列[143]。

改进的漏桶算法符合 SWIM 的业务流程，若 SWIM 的客户端用 $C=\{C_1, C_2,\cdots,C_n\}(n>1)$ 来表示，处理的服务业务用 $B=\{B_1,B_2,\cdots,B_m\}(m>1)$ 来表示，流量控制模块设置的最高上限速率用 $V_{\max}(B_i)(1<i\leqslant m)$ 来表示，则流量控制模块的速率判断式如式(10.3)所示。

$$V[C_i(B_j)]>V_{\max}(B_j) \tag{10.3}$$

当满足式(10.3)时，开始计时，若超过速率上限的 SWIM 访问请求数据分组的访问时长超过 T，开始丢弃 SWIM 业务访问请求数据分组。如访问数据分组没有达到速率上限，则继续接收该 SWIM 客户端访问请求数据分组。改进后的漏桶算法可以过滤高速率访问的恶意数据分组。

（3）改进算法验证实验及结果分析

改进的漏桶算法需要利用 SWIM 数据对其进行实验验证，以反映改进后的算法对 SWIM 业务流程的适应性，同时与原算法进行性能对比。实验中使用的数据为目前民航实际运行信息系统中传输的航行情报数据分组，在 Linux 系统中利用提供的 iproute2 流量控制配置工具 tc 进行实验，实验方法是将改进的漏桶算法定义成 Linux 内核新增模块 sch_leaky，并在 iproute2 中添加对支持 sch_leaky 的 tc 组件，使用 tc 对改进漏桶算法的速率上限参数和时长上限参数进行设定，速率上限设置为 1 Mbit/s，时长上限设定为 5 s。实验中使用的正常数据分组发送速率为 0.5 Mbit/s，恶意数据分组发送速率为 2 Mbit/s，在实验平台中对改进后的漏桶算法进行验证，测试改进算法的数据分组传输速率和时延，测试结果如图 10-4 和图 10-5 所示。

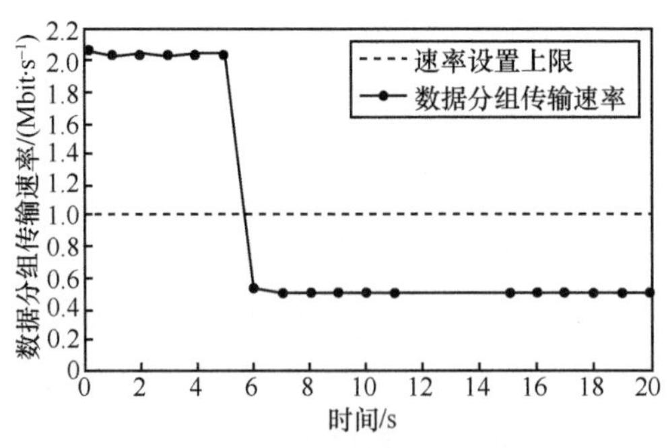

图 10-4　数据分组传输速率

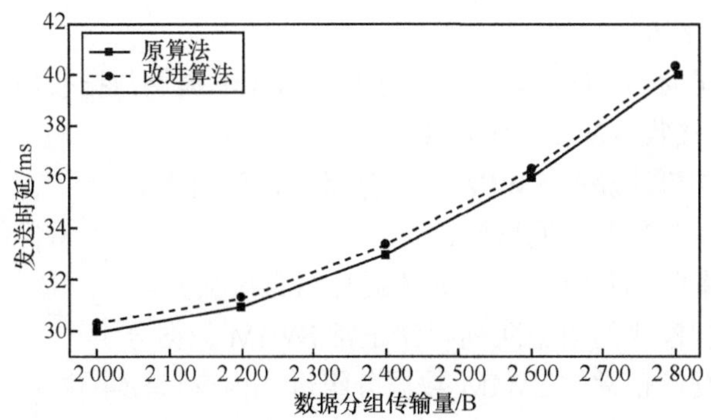

图 10-5 算法时延对比

测试结果说明，因为在算法中加入了速率判断函数和时长判断函数，算法效率相比原算法有一定的下降，但发送时延增加幅度较小不影响使用效果，而且实现了速率限制的功能，对数据分组完成了过滤。因此，改进后的漏桶算法可以用于 SWIM 访问数据分组的速率限制，达到过滤高速率恶意数据分组的目的。

（4）流量控制模块的设计

航空公司向 SWIM 发送订阅请求，请求信息经传输层和消息层到达消息派发器，消息派发器将订阅报文发送到 SWIM。流量控制模块通过算法接口与 SWIM 业务相连，该模块对数据分组进行速率判断和访问时长判断，完成恶意数据分组的过滤。工作流程如图 10-6 所示。

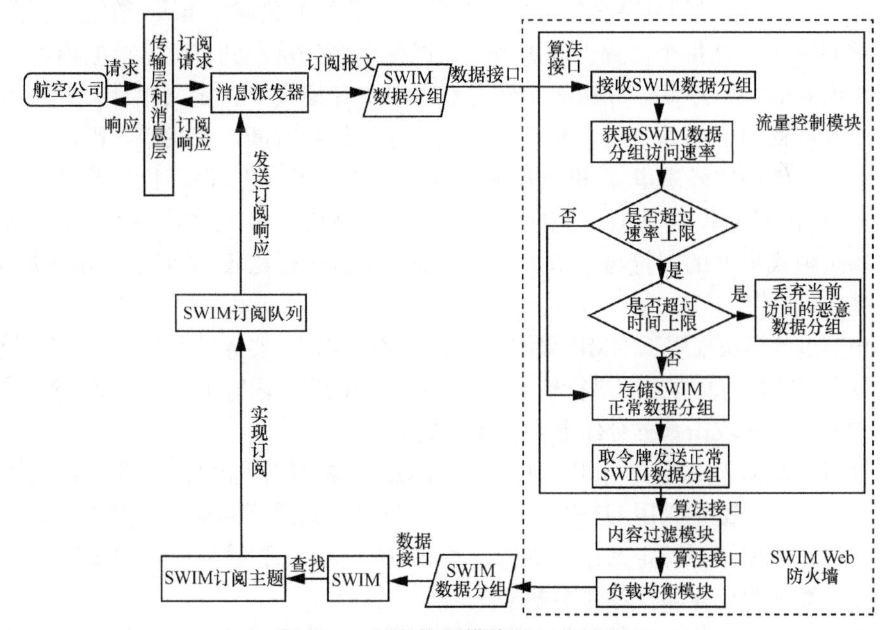

图 10-6 流量控制模块的工作流程

具体过程如下。

① 航空公司向 SWIM 发送订阅请求，SWIM 提供数据接口配合流量控制模块的算法接口，接收 SWIM 数据分组。

② 流量控制模块获取 SWIM 数据分组的访问速率。

③ 进行速率判断和时间判断。

④ 超过速率限制和时间上限的数据分组直接丢弃。

⑤ 流量控制模块的数据队列存储正常 SWIM 数据分组。

⑥ 取令牌发送正常的 SWIM 数据分组进入内容过滤模块。

10.2.3 内容过滤模块的关键字匹配算法

关键字匹配算法解决的核心问题是，对应用层数据分组完成含有关键字内容的匹配，然后根据需要对数据分组进行接收或丢弃的处理操作。关键字匹配的实质是实现字符串的定位，基本思想是设定主串 T 和模式串 P；主串的长度远大于模式串的长度；然后在主串 T 中查找是否含有模式串 P，如果包含，则匹配成功，否则匹配失败[144]。

本节对内容过滤模块使用的 KMP（Knuth-Morris-Pratt）算法进行介绍，接着针对 SWIM 攻击数据分组的恶意关键字进行了特征分析，然后对算法结合 SWIM 数据进行了验证和结果分析，最后给出了内容过滤模块的设计流程。

（1）KMP 算法

KMP 算法是时间复杂度较低的匹配算法，算法的关键是 next 数组。匹配前首先求解模式串 P 每个位置上的函数值，匹配顺序为从左到右，本节的内容过滤模块采用 KMP 算法[145]。算法的实现是对主串 T 和模式串 P 定义指针，分别指向主串 T 和模式串 P 首个字符，然后对这两个字符进行判断，若相等，则两个指针同时后移，继续比较主串 T 和模式串 P 的下一个字符[145]，循环执行此操作，直到主串 T 和模式串 P 相等，完成匹配[146]；若不相等，不对主串进行回溯，next 数组决定模式串 P 的字符与主串 T 的哪个失配字符进行比较，即对模式串 P 回溯，最终完成匹配[147]。

内容过滤模块采用了 KMP 算法进行关键字匹配，主要针对 SWIM 内部人员对外部客户端发布的文件内容进行检查，在应用层判断报文内容中有无恶意词汇[148]。

（2）SWIM 攻击数据分组恶意关键字特征

针对 SWIM 攻击数据分组，主要关注恶意关键字的两个特征，即字符集和长度分布。恶意关键字采用 UTF-8 编码，以二进制方式进行匹配，长度不超过 60。恶意关键字的配置由特定数据库维护，可以进行添加、删除和更新的操作。

（3）算法验证实验及结果分析

针对内容过滤模块中的 KMP 算法，利用航空公司对外发布的航行情报数据分组和气象情报数据分组进行验证。实验中进行的是离线测试，采用不同类型的静态 SWIM 数据分组进行测试，然后对比匹配时间这一性能指标，从而对应用在 SWIM 的关键字匹配算法做出性能评估。为了进行对比，在 Linux 内核中分别将 KMP 算法和 BF（Brute Force）算法定义成 Linux 内核新增模块 sch_match1 和 sch_match2，同时完成相关配置，利用 ac.so 读取离线数据分组，发送数据分组的大小为 5 MB。

实验中在匹配前后设置时间点，通过调用 Linux 的 gettimeofday 获得匹配前后时间点，通过做差得到匹配时间，测试得到的匹配时间结果是多次测试之后计算得到的平均值。

匹配时间可以对算法的使用性能进行很好的说明，匹配时间的测试结果如表 10-1 所示。

表 10-1　匹配时间测试结果

数据分组类型	KMP 算法匹配时间/s	BF 算法匹配时间/s
航行情报数据分组	3.42	9.13
气象情报数据分组	4.36	10.65

测试结果表明，KMP 算法能够实现 SWIM 数据分组的关键字匹配。由表 10-1 可知，KMP 算法匹配时间远低于 BF 算法的匹配时间，因此，内容过滤模块采用 KMP 算法实现数据分组的内容过滤。

（4）内容过滤模块的设计

以 SWIM 向民航部门发送航线情报为例，内容过滤模块的工作流程如图 10-7 所示。

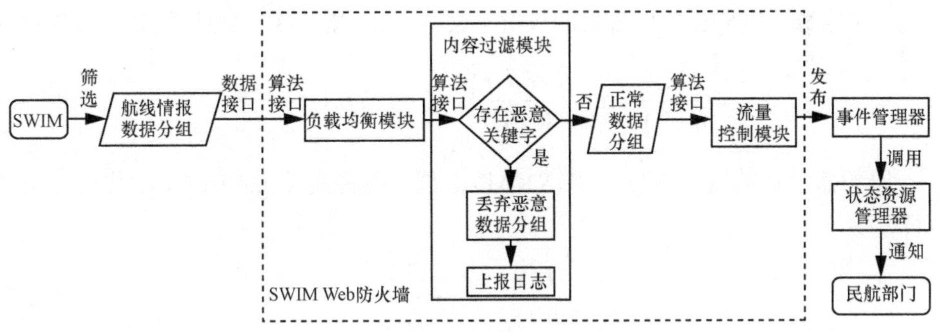

图 10-7　内容过滤模块的工作流程

具体设计过程如下。

① SWIM 向民航部门发送航线情报数据分组，SWIM 提供的数据接口接入负载均衡模块，负载均衡模块通过算法接口和内容过滤模块相连。

② 数据分组经过关键字匹配，查找有无恶意的关键字，若存在恶意的关键字，则丢弃该数据分组；否则，数据分组进入 SWIM Web 防火墙的流量控制模块。

③ 流量控制模块通知事件管理器有数据分组进入。

④ 事件管理器调用状态资源管理器，将航线情报发布到民航部门。

10.2.4 负载均衡模块的最小连接数算法

负载均衡解决的核心问题是完成数据分组的合理分配，从而对用户请求进行及时响应，减少用户的请求等待时间[149]。本节对负载均衡模块使用的最小连接数算法进行了介绍，接着对算法进行了改进，然后对算法结合 SWIM 数据进行了验证和结果分析，最后给出了负载均衡模块的设计流程。

（1）最小连接数算法

最小连接数算法的基本思想如下。假设服务器集群用集合 $S=\{S_1,S_2,\cdots,S_n\}(n>1)$ 表示，每个服务器的权值为 $W(S_i)(1<i\leqslant n)$，每个服务器已经建立好的相应连接数为 $L(S_i)(1<i\leqslant n)$ [150]，则当前服务器集群的连接总数如式(10.4)所示。

$$M=L(S_1)+L(S_2)+\cdots+L(S_n) \tag{10.4}$$

当服务器节点 S_i 满足式(10.5)。

$$\frac{\dfrac{L(S_i)}{C}}{W(S_i)}=\min\left\{\frac{\dfrac{L(S_j)}{C}}{W(S_j)}\right\},\quad 1<i\leqslant n,1<j\leqslant n \tag{10.5}$$

新的连接请求到来时，该连接请求就会被发送到比例值最小的节点。在这里，C 是一个常数，$W(S_i)$作为服务器的权值不会等于 0，则式(10.5)可以简化为式(10.6)。

$$\frac{L(S_i)}{W(S_i)}=\min\left\{\frac{L(S_j)}{W(S_j)}\right\},\quad 1<i\leqslant n,1<j\leqslant n \tag{10.6}$$

服务器节点的权值 $W(S_i)$、$W(S_j)$都是正数，再将式（10.6）进一步化简，得到式(10.7)。

$$\frac{L(S_i)}{W(S_i)}\leqslant\frac{L(S_j)}{W(S_j)} \tag{10.7}$$

因为进行除法运算比乘法运算需要的 CPU 周期长，因此把除法转化成乘法，可以得到式(10.8)。

$$L(S_i)W(S_j)\leqslant L(S_j)W(S_i) \tag{10.8}$$

根据最小连接数算法的思想，只要满足式(10.8)，就优先给服务器 S_i 分配负载。

（2）改进算法

负载均衡模块中主要采用最小连接数负载均衡算法，为了适应 SWIM 的业务流程，减小订阅/发布服务器的压力，本节提出在负载均衡模块中加入缓存功能。

负载均衡算法中添加缓存功能，通过缓存快速响应客户端请求。在 SWIM 信息交换中，气象情报对飞机的飞行过程至关重要，所以在缓存功能中选取的缓存对象是气象情报信息。

缓存处理函数中对气象情报数据分组进行哈希运算，通过哈希函数，赋予不同机场的气象情报数据分组不同的哈希值，建立气象情报服务信息的对应表，不同的哈希值对应着不同的存储位置。气象情报服务信息如表 10-2 所示。

表 10-2　气象情报服务信息对应

地点	请求分组	哈希值	响应分组	哈希值
ZBTJ	METAR	0	METAR	0
ZSHC	METAR	1	METAR	1
ZLXY	METAR	2	METAR	2
ZBAA	METAR	3	METAR	3
ZSAM	METAR	4	METAR	4
ZSFZ	METAR	5	METAR	5
ZGHA	METAR	6	METAR	6

为了查找方便，哈希值的设定比较简单。改进的负载均衡模块算法可以识别数据分组中的机场代码，根据机场代码对应的哈希值直接完成对气象情报数据分组的处理，减少服务请求的响应时间。

（3）改进算法的实验验证及结果分析

实验中利用气象情报数据分组和飞行计划数据分组对改进后的负载均衡算法进行测试，以验证算法的正确性，性能指标主要关注改进后算法的占用内存。实验方法是，将改进后的最小连接数负载均衡算法定义成 Linux 内核模块 sch_cache_load，然后在该服务器中使用改进算法进行实验，测试中使用了以下两类节点：一类作为客户端发送数据分组，另一类作为运行改进算法的服务端。服务端需要将收到的气象情报数据分组写入不同的文本文件进行存储，然后对改进算法的内存占用进行测试。测试结果如图 10-8 所示。

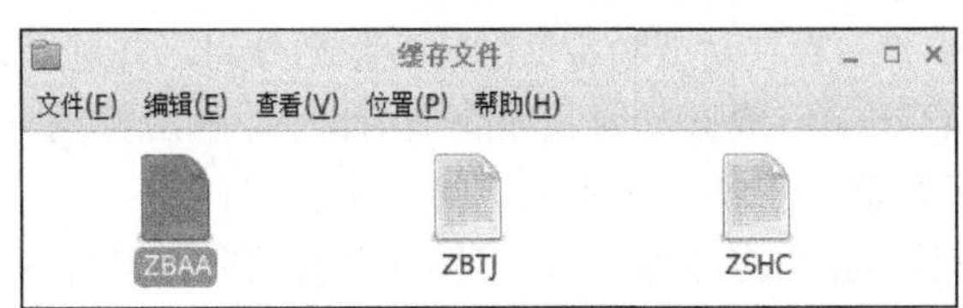

图 10-8　缓存测试结果

由图 10-8 的测试结果可知，缓存文件中只有以机场代码命名存储的气象情报数据分组，验证了改进算法的正确性，该算法能够对不同机场的天气情报数据分组进行哈希运算，并且存储在哈希值对应的位置。

对改进算法的内存占用进行测试，测试方法是分别发送大小不同的气象情报数据分组，查看原算法和改进算法运行时的内存占用，记录不同数据分组规模下两种算法运行时的占用内存，测试结果如图 10-9 所示。

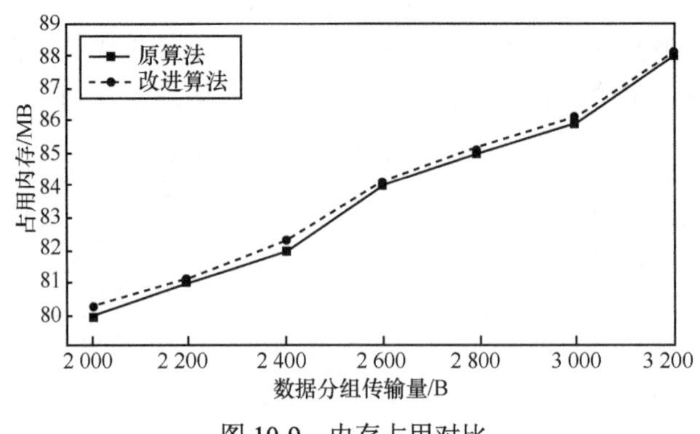

图 10-9　内存占用对比

测试结果表明，改进之后的算法运行时占用内存会增加，但是增加幅度较小，不会对算法的使用效果产生较大影响，改进算法实现了缓存功能，能够达到合理分配数据分组的目的，所以采用改进之后的负载均衡算法。

（4）负载均衡模块的设计

以航空公司向 SWIM 发送订阅请求为例，负载均衡模块工作流程如图 10-10 所示。

具体设计过程如下。

① 航空公司发送订阅请求到 SWIM，SWIM 数据分组经过流量控制模块和内容过滤模块，完成恶意数据分组的过滤，通过算法接口和负载均衡模块相连。

② 取出 SWIM 数据分组中的气象情报数据分组，提取数据分组信息。

③ 根据获得的数据分组信息中的机场代码计算哈希值。

④ 得到的哈希值触发缓存函数。

⑤ 查找缓存中是否存在对应哈希值的响应数据分组，并进行有效时间的判断。

⑥ 若缓存中存在响应数据分组且在有效时间内，响应数据分组直接返回给消息派发器，消息派发器再将订阅响应发送给航空公司。

⑦ 若缓存中不存在响应数据分组，则请求发送到 SWIM，SWIM 服务器将订阅响应返回给航空公司。

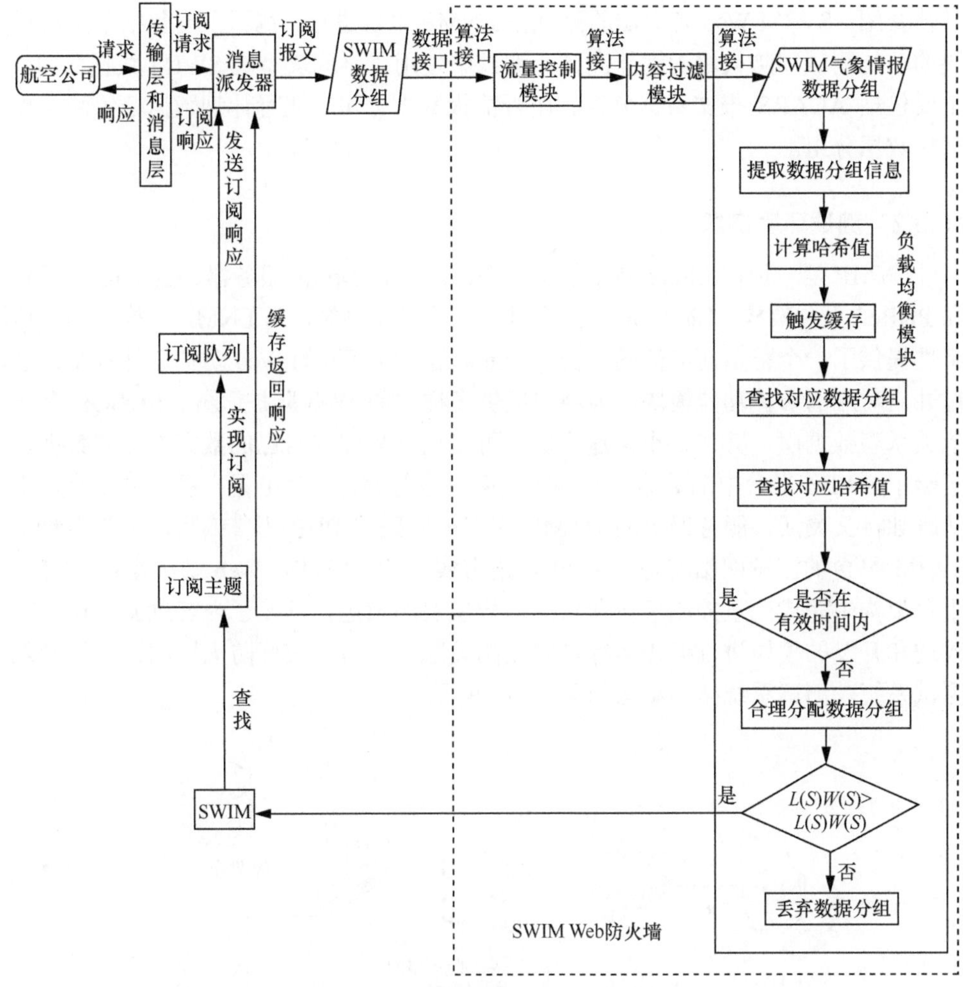

图 10-10　负载均衡模块的工作流程

10.3 系统测试与结果分析

本节将对设计和实现的 SWIM Web 防火墙进行功能测试和性能测试，测试结果验证了 SWIM Web 防火墙的流量控制模块、内容过滤模块、负载均衡模块能够实现分组过滤和合理分配数据分组的功能。

10.3.1 测试环境

本节对 SWIM Web 防火墙的测试环境和测试中使用的 SWIM 数据分组进行了

具体介绍。SWIM Web 防火墙的测试在 LNMP 平台进行，测试主要包括了核心模块的功能测试和防火墙的性能测试。测试中使用了不同类型的 SWIM 数据分组，主要包括 ACARS 报文数据分组、航行情报数据分组、飞行计划数据分组和气象情报数据分组。

10.3.2 测试环境搭建

LNMP 是一种在 Linux 操作系统下搭建的包含 Nginx 服务器、MySQL 数据库和 PHP 的平台架构。Linux 是一款应用广泛的操作系统，为 LNMP 架构中的其他组件提供了一个稳定而灵活的平台。Nginx 是一款开源的 Web 防护软件系统，通过开启对应的防护功能模块，为用户提供多样化的 Web 防护服务。MySQL 是一款关系型数据库，其体积小，速度快，可以用它来建立自己的数据库存储数据，实验中 SWIM 平台中的数据就在该数据库上进行存储。PHP 是一种脚本语言，语法既独特又灵活，服务器上的 HTML 文档可以采用 PHP 语言编写，本节实验中 SWIM 平台的测试网站就是采用 PHP 语言实现的。SWIM Web 防火墙在 LNMP 平台架构中完成流量控制模块和负载均衡模块的改进，开发了内容过滤模块，对改进和开发的模块进行编译运行，完成相关配置，将安装好防火墙的计算机接入测试系统。测试系统拓扑结构如图 10-11 所示。

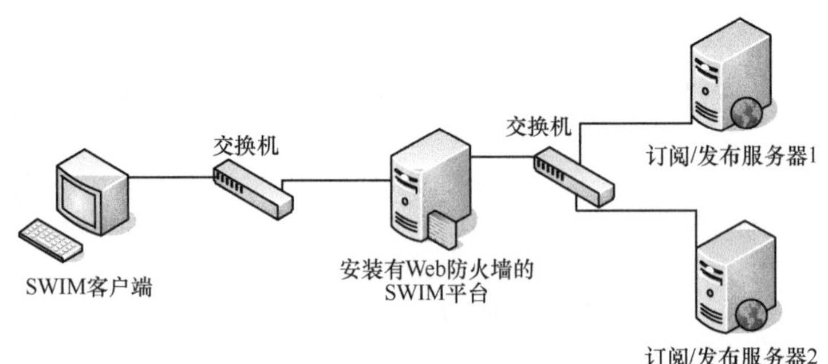

图 10-11　Web 防火墙测试拓扑结构

实验采用了 4 台普通计算机，一台计算机模拟 SWIM 客户端，进行正常数据分组和恶意数据分组的发送；一台模拟 SWIM 平台并部署 Web 防火墙，对进出的数据分组进行处理；另外的两台计算机用来模拟 SWIM 中的订阅/发布服务器，可以响应 SWIM 客户端的请求。4 台计算机之间采用交换机相连，所有用户请求的数据分组都要经过 SWIM Web 防火墙。

SWIM 客户端向订阅/发布服务器发送的所有数据分组都需要经过 SWIM 平台 Web 防火墙的过滤，只有正常的数据分组才能进行下一步的处理。服务器的功能说明如表 10-3 所示。

表 10-3　服务器功能说明

服务器名称	功能说明
SWIM 客户端	存储正常 SWIM 数据分组和恶意 SWIM 数据分组
SWIM 平台	部署 Web 防火墙，进行防火墙功能模块的改进、开发、编译
订阅/发布服务器	处理 Web 防火墙发送的请求

LNMP 架构下搭建的 SWIM 平台如图 10-12 所示。

图 10-12　SWIM 平台

10.3.3　测试中的 SWIM 数据分组

测试中的 SWIM 数据分组分为以下四类：ACARS 报文数据分组、飞行计划数据分组、航行情报数据分组和气象情报数据分组。具体介绍如下。

（1）ACARS 报文数据分组

以北京—西安航线的 ACARS 下行报文为例，数据分组内容及说明如表 10-4 所示。

表 10-4　ACARS 报文数据分组内容及说明

报文内容	OUT REPORT	DEP ZBAA	DES ZLXY	OUT 1241	FOB 0042	BF 00062
报文说明	滑行报文	起飞机场	目的地机场	滑出时间	机载燃油量	加油量

（2）飞行计划数据分组

飞行计划数据分组主要采用了 EDP 报文、ARR 报文、FPL 报文，飞行计划数据来源于航班起飞机场的相关管制单位，起飞报和到达报数据分组内容如表 10-5 所示。

表 10-5　DEP 报文和 ARR 报文数据分组内容及说明

报文内容	内容说明
（DEP-CES501/A0254-ZSPD2437-VHHH-DOF/121120）	CES501 上海浦东起飞到香港降落
（ARR-CES501-ZSPD-VHHH-ZGGG0240）	航班备降至广州的到达报

领航计划报中对航空器的识别标志、起飞机场和时间、航路、预计总飞行时间和目的地机场以及备降机场等内容进行说明，对飞机的安全飞行十分重要。领航计划报数据分组内容及说明如表 10-6 所示。

表 10-6　FPL 报文数据分组内容说明

报文内容	内容说明
（FPL-CAA1532-IS	领航计划报
-A332/H-SDE3FGHIJ4J5M1RWY/LB1D1	航空器识别标志 CCA1532
-ZSSS2035	仪表飞行、正班
-K0859S1040 PIKAS G330 PIMOL A593 BTO W82 DOGAR	机型 A330-200/重型机
-ZBAA0153 ZBYN	北京机场 1 时 53 分起飞，目的地机场为太原
-STS/HEAD PBN/A1B2B3B4B5D1L1 NAV/ABAS REG/B6513 EET/ZBPE0112 SEL/KMAL PER/C RIF/FRT N640 ZBYN RMK/ACAS II）	机载有标准的通信/导航/进近设备并工作正常

（3）航行情报数据分组

航行情报数据分组主要采用航行通告数据。航行通告数据来源于空管局情报部门，主要发送给航空公司，保证航班的正常运行。数据分组内容如表 10-7 所示，数据分组内容说明如表 10-8 所示。

表 10-7　航行通告数据分组内容

A 0535/15 NOTAM
Q）EGPX /QFMXX/IV/BO/A/000/999/5552N00426W005
A）EGPF　B）1503120750　C）1503120920
E）METARS NOT AVAILABLE. VERIFIED FOR SURFACE WIND, QNH, QFE, TEMPERATURE AND DEW POINT WILL BE PROVIDED BY ATC.　UNVERIFIED OBSERVATIONS FOR PRESENT WEATHER CLOUD AND GENGRAL VISIBILITY ALSO PROVIDED

表 10-8　航行通告数据分组内容说明

A 2015 年第 535 份通告，新航行通告。
Q）飞行情报区 EGPX，FM 主题状态不定，对仪表飞行规则和目视飞行规则的飞行有影响。影响范围为机场区域，无高度限制，以北纬 55°52′、西经 4°26′为中心，半径为 5 km 的区域
A）发生地为 EGPF，B）生效时间为 2015 年 3 月 12 日 7 时 50 分，C）终止时间为 2015 年 3 月 12 日 9 时 20 分
E）航行通告正文：气象服务无效，证实风、QNH、QFE、温度、露点温度由空管局提供，目前天气、云、能见度信息还将提供

（4）气象情报数据分组

气象情报数据分组是 SWIM Web 防火墙中负载均衡模块的测试数据分组，气象情报分为 METAR（为实况天气）和 TAF（为预报天气），一般在整点更新；TAF 报有两种预报周期，一种是 9 小时预报，另一种是 24 小时预报，本节测试中采用的是 9 小时预报的 TAF。

气象情报数据分组在飞机的整个飞行过程中发挥重要的作用，一旦有重要天气变化，民航气象部门需要及时通知航空公司和机场。气象情报数据分组中的内容包括航班起飞机场、目的地机场、备降机场和航路区的天气情况，飞行签派员根据收到的气象情报的实况信息和演变趋势做出放行评估，当有恶劣天气发生时，应将该天气信息及时通知相关的飞行机组。

以北京天气实况和预报报文为例，报文内容如表 10-9 所示。报文内容说明如表 10-10 所示。

表 10-9　航路气象报文

报文名称	报文内容
北京天气实况	METAR ZBAA 081200Z 29004MPS 260V340 5000 HZ NSC 08/03 Q1028
北京天气预报	TAF ZBAA 081016Z 081221 33004MPS 3000 BR SCT023 TX07/12Z TNM03/07Z

表 10-10　报文说明

名称	说明	名称	说明
METAR	机场天气实况	TAF	航站天气预报
ZBAA	北京首都国际机场	ZBAA	北京首都国际机场
081200Z	北京时间 8 号 12 时发布	081016Z	北京时间 8 号 10 时 16 分发布
29004MPS	风向 290°，风速 4 m/s	081221	有效时间 8 号 12 时至 21 时
260V340	风向在 260°到 340°之间变化	33004MPS	风向 330°，风速 4 m/s
5000	能见度 5 000 m	3000	能见度 3 000 m
HZ	霾	BR	轻雾
NSC	无积雨云或浓积云	SCT023	疏云云底高 690 m
08/03	温度为 8℃，露点为 3℃	TX07/12Z	北京时间 12 时出现最高温度 7℃
Q1028	修正海压 1 031 hPa	TNM03/07Z	北京时间 7 时出现最低温度−3℃

流量控制功能测试中的高速率恶意数据分组的发送速率由 SWIM 客户端进行控制，采用航行情报数据分组或者 ACARS 报文数据分组，内容过滤功能测试中的测试数据类型可以从 3 种数据分组中选择一种，本节测试中选择的是气象情

报数据分组，通过向该数据分组中添加恶意关键字得到含有恶意内容的攻击数据分组。

SWIM 平台中安装了 SWIM Web 防火墙，用来测试流量控制、负载均衡、内容过滤的功能实现，SWIM Web 防火墙利用编译测试工具 gcc 和 curl 完成相关功能程序的调试和编译。选取北京首都国际机场—西安咸阳机场为 SWIM Web 防火墙的测试场景，具体的场景参数设置如表 10-11 所示。

表 10-11　测试场景参数设置

测试场景	北京首都国际机场—西安咸阳机场		
航路点设置	TYN（太原）	YIJ（宜君）	OD（三原）
报文发送参数设置	间隔设置为 5 s，每 1 s 发送 5~10 个请求，发送速率为 10～60 Mbit/s		

在功能测试方面，所有经过 SWIM 平台的数据分组都要经过 SWIM Web 防火墙系统，一旦有恶意数据分组出现，就要对数据分组进行过滤，所以在功能上需要对流量控制、内容过滤、负载均衡进行测试。

在性能测试方面，主要是判断防火墙能否及时处理进入 SWIM 平台的数据分组，选取吞吐量和系统时延性能指标进行测试。

10.3.4　SWIM Web 防火墙的性能测试

SWIM Web 防火墙监测平台的应用层服务，对 SWIM 应用层的数据分组进行处理，完成恶意数据分组的过滤和正常数据分组的合理分配。为了说明 SWIM Web 防火墙的有效性，针对吞吐量和平均时延这两个性能指标，分别在防火墙关闭和防火墙开启两种情况对 SWIM Web 防火墙的性能进行测试，并对测试结果进行对比，最后给出结果分析。

（1）系统吞吐量性能测试及其结果分析

SWIM Web 防火墙的设计借助了 Nginx Web 应用防护系统，通过编写相应的脚本代码在相应的功能模块中编译实现特定功能，处理 SWIM 客户端的高并发请求。吞吐量是对防火墙进行评估的重要指标，用来衡量转发数据分组的能力。吞吐量越高，能提供给用户使用的带宽越多。

本测试中选取的数据分组长度为 64～512 B，当防火墙的所有功能模块都开启时，128 B 报文的吞吐量应该大于 20 Mbit/s。

按照实验网络拓扑图，在搭建的测试平台完成 SWIM Web 防火墙的吞吐量性能测试。登录 SWIM Web 防火墙管理模块完成配置，利用 Httperf 负载测试工具，发送不同大小的数据分组。第一次测试，关闭防火墙，完成 SWIM Web 防火墙的吞吐量的测试；第二次测试，开启防火墙，对防火墙吞吐量的测试结果进行记录。吞吐量的测试结果如表 10-12 所示。

表 10-12　吞吐量的测试结果

数据分组大小/B	防火墙关闭/(Mbit·s^{-1})	防火墙开启/(Mbit·s^{-1})
64	46.12	27.33
128	70.23	46.59
256	89.51	68.35
512	94.03	72.03

由表 10-12 的吞吐量测试结果可知，发送不同大小的数据分组，SWIM Web 防火墙的吞吐量的测试结果不同。利用 MATLAB 对上述数据绘制曲线图，在不同数据分组大小下，系统吞吐量的变化情况如图 10-13 所示。

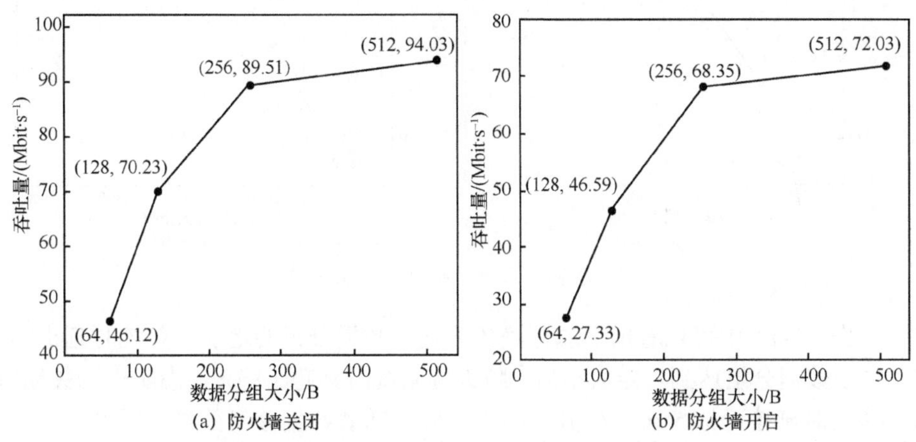

图 10-13　系统吞吐量测试对比

从图 10-13 中可以看出，总体趋势为随着数据分组的增大，防火墙系统的吞吐量随之上升，最终趋于一个固定的值。通过对比可以得到，当运行了 SWIM Web 防火墙后，系统吞吐量明显下降，最大吞吐量小于 80 Mbit/s，这和编译的程序算法有很大的关系，防火墙中的算法效率有待进一步提高。但是当数据分组为 128 B 时，其吞吐量大于 20 Mbit/s，满足设定的吞吐量性能要求，可以满足 SWIM 平台接收并发请求。

（2）系统时延性能测试及其结果分析

时延的测试通常是在吞吐量的测试完成之后，结合测出的每个分组大小下吞吐量的大小，使用不同分组大小下吞吐量结果的 90%作为时延测试的数据分组。时延测试要求不能有任何的分组丢失。

首先，关闭 SWIM Web 防火墙，读取不同大小的数据分组对应的系统时延，然后，开启 SWIM Web 防火墙，读取不同大小的数据分组对应的系统时延。防火墙开启与关闭的系统时延如表 10-13 所示。

表 10-13　系统时延的测试结果

数据分组大小/B	防火墙关闭/μs	防火墙开启/μs
64	196.040	213.900
128	225.124	235.365
256	273.254	298.123
512	284.360	300.012

将收集到的数据利用MATLAB绘制曲线图，时延的测试结果如图10-14所示。

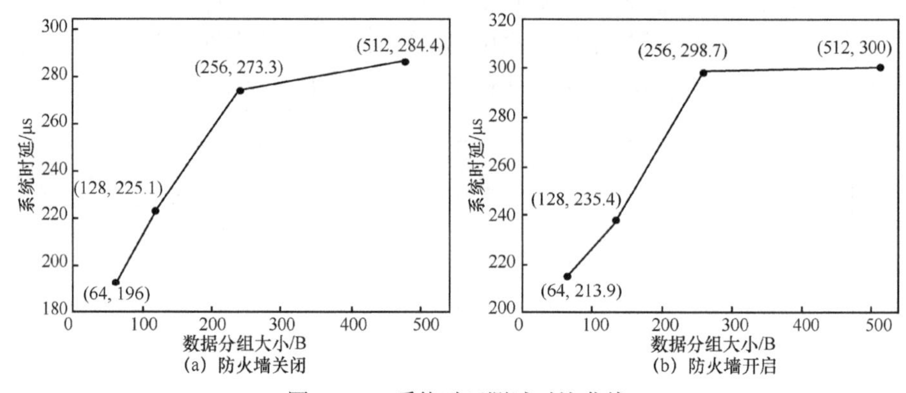

图 10-14　系统时延测试对比曲线

从图 10-14 中可以看出，总体趋势为随着数据分组的增加，系统时延也随之增加，当数据分组达到一定大小后，防火墙系统时延趋于稳定。当防火墙关闭时，系统最大时延接近 285 μs，当开启防火墙时，随着数据分组数量的增多，系统最大时延为 300 μs。综合分析，以软件化的方式实现带有流量控制、负载均衡和内容过滤功能的防火墙时，数据分组通过防火墙系统的时延有一定增大，但幅度较小，对防火墙设备的正常使用影响不大。

10.4　本章小结

本章针对 SWIM 订阅/发布服务请求的高并发特征，使用流量控制模块防止高速率访问的恶意数据分组，分析了该模块中使用的漏桶算法的原理，并进行了改进，进行了算法验证及结果分析，最终实现以速率限制技术拦截恶意数据分组；SWIM Web 防火墙要实现的核心功能是内容过滤，从理论上分析了关键字匹配算法的原理，设置相应的结构体编写实现该功能的脚本文件，手动编译进 Nginx 的功能模块；对负载均衡模块的最小连接数算法和改进算法进行了理论分析，并进行了实验验证，对该模块进行了设计并说明了工作流程。对 SWIM Web 防火墙的功能和性能进行了测试，实验结果证明该防火墙可以对数据分组进行合理分配和有效过滤。

第 11 章 SWIM Web 防火墙中 DDoS 攻击防御技术设计与实现

SWIM 拥有海量的数据，民航或非民航用户通过 SWIM 获取所需要的重要信息，因此保障 SWIM 的正常运行至关重要。在飞机等候滑行、起飞爬升、巡航中和下降落地各个阶段，航空公司、机场、空管局等 SWIM 用户使用 SWIM 的过程是由许多的 HTTP 请求/响应构成的。用户的请求频率、请求时间间隔、请求的对象以及请求数据分组的大小等隐藏着 SWIM 用户的访问行为。本章设计的 SWIM Web 防火墙保护 SWIM 中 Web 服务器免受应用层 DDoS 攻击，为 SWIM 正常服务提供保障。

11.1　SWIM 用户行为

SWIM 用户的访问行为如图 11-1 所示。为了便于描述，图 11-1 中只列出了部分参量并简化了用户的访问过程。其中，参数 d 为 SWIM 用户状态的停留时间，ε 为 SWIM 用户的请求时间间隔，O 为 SWIM 用户访问行为的观测序列，S 为 SWIM 用户行为的各个状态。

SWIM 用户发出的 HTTP 请求到达 Web 服务器，该请求包括源地址、访问时间、访问对象以及访问包的大小等信息，并记录在 Web 服务器的日志中，这些信息隐藏着 SWIM 用户的行为。但是在实际情况下，日志文件并不能很好地反映 SWIM 用户的行为。首先，日志记录通常并不全是 SWIM 用户点击所产生的，也有可能是 SWIM 终端自动发出的对内部链接对象的请求；其次，SWIM 用户的响应有可能来自 SWIM 网络中的各级代理服务器以及用户浏览器的缓存，因此 SWIM 用户的 HTTP 请求可能部分到达 SWIM Web 服务器，而且服务器不清楚有多少请求在高速缓存中。由于 SWIM 终端以及中间各级代理缓存情况不同，即使完全相同的 SWIM 用户行为，日志文件记录的 HTTP 请求序列也会存在区别，因此描绘 SWIM 用户的全部行为比较困难。从 SWIM Web 服务器的日志中可以研究 SWIM 用户的行为，当用户使用 SWIM 时，状态停留时间有一定的随机性，所以选择隐半马尔可夫模型来描绘 SWIM 用户的访问行为。

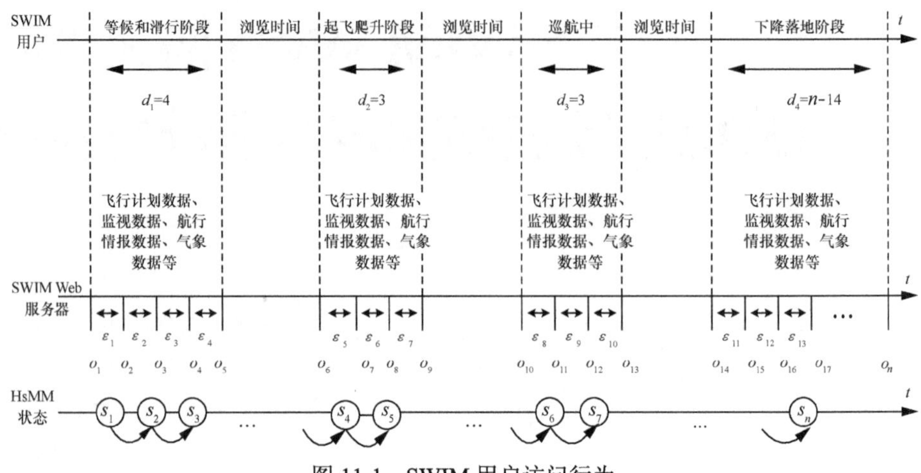

图 11-1　SWIM 用户访问行为

11.2　基于隐半马尔可夫模型的检测方法

本节首先介绍 SWIM 用户建立隐半马尔可夫模型的过程，然后根据建立的检测算法建立动态更新模型，最后对攻击检测流程进行说明。

在研究利用隐半马尔可夫模型分析 SWIM 用户行为中，采用了文献[151]提出的快速前向后向算法，该算法只选了一个观测量来建立隐半马尔可夫模型。为了提高检测精度，本节方法在该算法的基础上扩展为两个观测量来构建隐半马尔可夫模型。在建立模型的过程会用到的很多变量，定义变量如表 11-1 所示。

11.2.1　隐半马尔可夫模型

设 SWIM 用户行为有 n 个状态，分别为 $s_1,s_2,\cdots,s_n$。$a_{mz}(m,z=1,2,\cdots,n)$ 表示 SWIM 用户从状态 s_m 到状态 s_z 的概率；$\{\pi_m\}$ 表示 SWIM 用户的初始状态概率分布；qt 表示 SWIM 用户在 t 时刻的状态；$o_t=(u_t,\varepsilon_t)$ 表示在 t 时刻 SWIM 用户向系统发出请求经过预处理后提取的观测序列，该序列中隐藏着 SWIM 用户的访问行为，其中 $t=1,2,\cdots,T$。qt 和 ot 满足条件概率分布 $b_m(o_t)=\Pr(o_t=(v_k,r)\,|\,q_t=s_m)$，即在

SWIM 用户状态 s_m 下观测值为 o_t 的概率，其中 (v_k, r) 表示在观测序列 o_t 下一个观测对。假设 u_t, ε_t 是相互独立的，则 $b_m(o_t) = b_m(v_k)b_m(r)$，为了便于描述，后面都用 $b_m(o_t)$ 表示。假设 SWIM 用户向 SWIM 发出请求后提取的观测值是相互独立的，则有 $\Pr(o_a^b \mid s_m) = \prod_{t=a}^{b} b_m(o_t)$，其中 $o_a^b = (u_a^b, \varepsilon_a^b) = \{o_t, u_t, \varepsilon_t; a \leqslant t \leqslant b\}$。假设给定状态的持续时间 d 是离散随机变量，它的概率为 $p_m(d)$，其中 $d \in \{1, 2, \cdots, D\}$。数值 D 是任意 SWIM 用户状态的最大持续时间或者任意两个连续 SWIM 用户状态之间转移的最大间隔，也可以理解为在当前状态下输出观测值的个数。

表 11-1　相关参数

参数	含义
s_t	SWIM 用户的 n 个状态
$\{\pi_m\}$	初始状态概率分布
a_{mz}	SWIM 用户从状态 s_m 转移到状态 s_z 的概率
q_t	SWIM 用户在 t 时刻的状态
o_t	输出的观测序列
u_t	观测值 1
ε_t	观测值 2
$b_m(o_t)$	SWIM 用户在状态 s_m 下观测值为 o_t 的概率
$p_m(d)$	状态的持续时间为 d 的概率
τ_t	当前 SWIM 用户状态 q_t 的剩余时间
d	SWIM 用户状态的停留时间
$\alpha_t(m,d)$	前向变量
λ	隐半马尔可夫模型的参数集
$\beta_t(m,d)$	后向变量

τ_t 代表当前 SWIM 用户状态 q_t 的剩余时间，则 (q, τ_t) 等价于 (s_m, d)，因此在 $t+d-1$ 时刻，SWIM 用户仍在当前状态，在 $t+d$ 时刻用户转移到其他状态，其中 $d \geqslant 1$。隐半马尔可夫模型的各个参数 $\lambda = (\{a_{mz}\}, \{\pi_m\}, \{b_m(v_k)\}, \{b_m(r)\}, \{p_m(d)\})$。隐半马尔可夫模型建立后，首先要初始化模型的参数，当 Web 服务器收到新的观测序列 $\{o_t\}$ 后，将重新估计模型的参数，如果判断为正常用户，则进行参数的更新；如果判断为异常用户，则进行异常处理。下面将详细地介绍隐半马尔可夫模型的具体建立过程。

前向变量为

$$\alpha_t(m,d) \overset{\text{def}}{=} \Pr[o_1^t, (q_t, \tau_t) = (s_m, d)] \tag{11.1}$$

SWIM 用户转移到状态 $(q_t,\tau_t)=(s_m,d)$，有可能来自 $(q_{t-1},\tau_{t-1})=(s_m,d+1)$，也有可能来自 $(q_{t-1},\tau_{t-1})=(s_z,1)$，其中 $z\neq m$。由此，得到前向变量为

$$\alpha_t(m,d)=\alpha_{t-1}(m,d+1)b_m(o_t)+\left(\sum_{z\neq m}\alpha_{t-1}(z,1)a_{zm}\right)b_m(o_t)p_m(d),\ \ d\geqslant 1 \tag{11.2}$$

当 SWIM 用户的状态为 s_m， $t>1$ 时，初始前向变量为

$$\alpha_1(m,d)=\pi_m b_m(o_1)p_m(d) \tag{11.3}$$

后向变量为

$$\beta_t(m,d)\overset{\text{def}}{=}\Pr[o_{t+1}^T\,|\,(q_t,\tau_t)=(s_m,d)] \tag{11.4}$$

SWIM 用户转移到状态 $(q_t,\tau_t)=(s_m,d)$，当 $d>1$ 时，它的下一个状态一定是 $(q_{t+1},\tau_{t+1})=(s_m,d-1)$；当 $d=1$ 时，它的下一个状态一定是 $(q_{t+1},\tau_{t+1})=(s_z,d')$，其中 $z\neq m$ 且 $d'\geqslant 1$。由此，得到后向变量为

$$\begin{cases}\beta_t(m,d)=b_m(o_{t+1})\beta_{t+1}(m,d-1),d>1\\ \beta_t(m,1)=\sum_{z\neq m}a_{mz}b_z(o_{t+1})\left(\sum_{d'\geqslant 1}p_z(d')\beta_{t+1}(z,d')\right),\ \ d=1\end{cases} \tag{11.5}$$

当 SWIM 用户的状态为 s_m， $t<T$ 时，初始后向变量为

$$\beta_t(m,d)=1,\ d\geqslant 1 \tag{11.6}$$

根据式(11.1)和式(11.4)，可以利用 SWIM 观测序列 o_1^T 估计状态 q_t，再次估计模型的参数 λ。SWIM 观测序列 o_1^T 以及在 t 时刻从状态 s_m 到状态 s_z 的联合概率为

$$\varsigma_t(m,z)\overset{\text{def}}{=}\Pr(o_1^T,q_{t-1}=s_m,q_t=s_z)=\alpha_{t-1}(m,1)a_{mz}b_z(o_t)\left(\sum_{d\geqslant 1}p_z(d)\beta_t(z,d)\right) \tag{11.7}$$

其中，$m\neq z$。SWIM 观测序列 o_1^T 以及用户在时间 t 从某个状态到状态 s_m，并且停留时间为 d 的联合概率为

$$\eta_t(m,d)\overset{\text{def}}{=}\Pr(o_1^T,q_{t-1}\neq s_m,q_t=s_m,\tau_t=d)=\left(\sum_{z\neq m}\alpha_{t-1}(z,1)a_{zm}\right)b_m(o_t)p_m(d)\beta_t(m,d) \tag{11.8}$$

SWIM 用户的输出观测序列 o_1^T 以及 $q_t=s_m$ 的联合概率为

$$\gamma_t(m)\overset{\text{def}}{=}\Pr(o_1^T,q_t=s_m) \tag{11.9}$$

由式(11.7)和式(11.9)可以求出 $\gamma_t(m)$ 的后向递推式如式(11.10)所示。

$$\gamma_t(m)=\gamma_{t+1}(m)+\sum_{z\neq m}(\varsigma_{t+1}(m,z)-\varsigma_{t-1}(z,m)) \tag{11.10}$$

$\gamma_t(m)$ 的初始值为

$$\gamma_T(m)=\sum_{d\geqslant 1}\alpha_T(m,d) \tag{11.11}$$

根据以上对各个参量的具体推导得到模型的各个参数的估计式为

$$\hat{\pi}_i=\frac{\gamma_1(i)}{\sum_i \gamma_1(i)} \tag{11.12}$$

$$\hat{a}_{ij}=\frac{\sum_t \varsigma(i,j)}{\sum_t\sum_j \varsigma(i,j)} \tag{11.13}$$

$$\hat{p}_m(d)=\frac{\sum_t \eta_t(m,d)}{\sum_t\sum_d \eta_t(m,d)} \tag{11.14}$$

$$\hat{b}_m(v_k)=\frac{\sum_t \gamma_t(m)\delta(u_t-v_k)}{\sum_t\sum_k \gamma_t(m)\delta(u_t-v_k)} \tag{11.15}$$

$$\hat{b}_m(r)=\frac{\sum_t \gamma_t(m)\delta(\varepsilon_t-r)}{\sum_t\sum_k \gamma_t(m)\delta(\varepsilon_t-r)} \tag{11.16}$$

11.2.2　动态检测模型

使用隐半马尔可夫模型对 SWIM 的用户行为进行准确的异常检测的前提条件是，收到的观测序列 $\{o_t\}$ 基本上是稳定的，检测性能不会发生变化。因此，可以用接收到的 SWIM 用户的观测序列的有限长度去估计模型的参数，不需要修改模型的参数就能有效地检测出 SWIM 用户行为的异常情况。但是在实际情况中，飞机从等候滑行、起飞爬升、巡航中到下降落地整个飞行过程中，SWIM 用户的行为在持续的访问过程中是变化的，并且用户的访问频率在各个时间段也是有所区别的，如果所建立的模型参数保持不变，经过一段时间后，该模型的检测性能会大幅下降。基于以上原因，根据文献[152]引入动态检测模型，该模型可以动态地更新模型的参数。基本原理是，利用前向变量 $\alpha_t(m,d)$ 在前向算法的每一步计算需要更新的数值，因此，可以使用前向过程更新隐半马尔可夫模型的参数。

新的前向变量定义如下。

$$\alpha_t^{(f)}(m,d) \stackrel{\text{def}}{=} \Pr[o_1^{(f)^t},(q_t,\tau_t)=(s_m,d)] \tag{11.17}$$

根据式(3.2)，可以演算出前向变量如下。

$$\begin{aligned}&\alpha_t^{(f)}(m,d)=\alpha_{t-1}(m,d+1)b_m(o_t^{(f)})+\\&\left(\sum_{z\neq m}\alpha_{t-1}(z,1)a_{zm}\right)b_m(o_t^{(f)})p_m(d),\ \ d\geqslant 1\end{aligned} \tag{11.18}$$

则初始前向变量为

$$\alpha_1^{(f)}(m,d)=\pi_m b_m(o_1^{(f)})p_m(d) \tag{11.19}$$

其中，变量的上标(f)代表第 f 个 SWIM 用户，f=1,2,…,F，F 是采样的最大 SWIM 用户数量；$\alpha_t^{(f)}(m,d)$ 表示第 f 个 SWIM 用户的前向变量；$o_t^{(f)}$ 表示 SWIM Web 服务器收到的观测序列。

由于模型在训练的过程中，当 $t'>t$ 时是不知道观测后面的观测序列的。因此，定义后向变量值为 1。

$$\beta_t^{(f)}(m,d) \stackrel{\text{def}}{=} \Pr[o_{t+1}^{(f)^T} \mid (q_t,\tau_t)=(s_m,d)]=1 \tag{11.20}$$

求出新的前向变量以及后向变量后，根据式(11.7)、式(11.8)、式(11.9)，重新定义模型的其他几个变量。

$$\varsigma_t^{(f)}(m,z) \stackrel{\text{def}}{=} \Pr(o_1^{(f)^t},q_{t-1}=s_m,q_t=s_z)=\alpha_{t-1}^{(f)}(m,1)a_{mz}b_z(o_t^{(f)})\sum_{d\geqslant 1}p_z(d) \tag{11.21}$$

$$\eta_t^{(f)}(m,d) \stackrel{\text{def}}{=} \Pr(o_1^{(f)^t},q_{t-1}\neq s_m,q_t=s_m,\tau_t=d)=\left(\sum_{z\neq m}\alpha_{t-1}^{(f)}(z,1)a_{zm}\right)b_m(o_t^{(f)})p_m(d) \tag{11.22}$$

$$\gamma_t^{(f)}(m) \stackrel{\text{def}}{=} \Pr(o_1^{(f)^T},q_t=s_m)=\sum_{d\geqslant 1}\alpha_t^{(f)}(m,d) \tag{11.23}$$

各个变量确定后，新的模型参数估计式为

$$\hat{a}_{mz}^{T}=\frac{\sum_{t=2}^{T}\sum_{f=1}^{F}\varsigma_t^{(f)}(m,z)}{\sum_{t=1}^{T}\sum_{f=1}^{F}\gamma_t^{(f)}(m)}=\frac{\sum_{t=1}^{T-1}\sum_{f=1}^{F}\gamma_t^{(f)}(m)}{\sum_{t=1}^{T}\sum_{f=1}^{F}\gamma_t^{(f)}(m)}\hat{a}_{m}^{T-1}+\frac{\sum_{f=1}^{F}\varsigma_T^{(f)}(m,z)}{\sum_{t=1}^{T}\sum_{f=1}^{F}\gamma_t^{(f)}(m)} \tag{11.24}$$

$$\hat{b}_m^T(v_k)=\frac{\sum_{t=1}^{T}\sum_{f=1}^{F}\gamma_t^{(f)}(m)\delta(\mu_t^{(f)}-v_k)}{\sum_{t=1}^{T}\sum_{f=1}^{F}\gamma_t^{(f)}(m)}=\frac{\sum_{t=1}^{T-1}\sum_{f=1}^{F}\gamma_t^{(f)}(m)}{\sum_{t=1}^{T}\sum_{f=1}^{F}\gamma_t^{(f)}(m)}\hat{b}_m^{T-1}(v_k)+\frac{\sum_{l=1}^{L}\gamma_t^{(f)}(m)\delta(\mu_T^{(f)}-v_k)}{\sum_{t=1}^{T}\sum_{f=1}^{F}\gamma_t^{(f)}(m)} \tag{11.25}$$

$$\hat{b}_m^T(r)=\frac{\sum_{t=1}^{T}\sum_{f=1}^{F}\gamma_t^{(f)}(m)\delta(\varepsilon_t^{(f)}-v_k)}{\sum_{t=1}^{T}\sum_{f=1}^{F}\gamma_t^{(f)}(m)}=\frac{\sum_{t=1}^{T-1}\sum_{f=1}^{F}\gamma_t^{(f)}(m)}{\sum_{t=1}^{T}\sum_{f=1}^{F}\gamma_t^{(f)}(m)}\hat{b}_m^{T-1}(r)+\frac{\sum_{l=1}^{L}\gamma_t^{(f)}(m)\delta(\varepsilon_T^{(f)}-r_k)}{\sum_{t=1}^{T}\sum_{f=1}^{F}\gamma_t^{(f)}(m)} \tag{11.26}$$

$$\hat{p}_m^T(d)=\frac{\sum_{t=2}^{T}\sum_{f=1}^{F}\eta_t^{(f)}(m,d)}{\sum_{t=1}^{T}\sum_{d=1}^{D}\sum_{l=1}^{L}\eta_t^{(l)}(m,d)}=\frac{\sum_{t=1}^{T-1}\sum_{d=1}^{D}\sum_{f=1}^{F}\eta_t^{(f)}(m,d)}{\sum_{t=1}^{T}\sum_{d=1}^{D}\sum_{f=1}^{F}\eta_t^{(f)}(m,d)}\hat{p}_m^{T-1}(d)+\frac{\sum_{l=1}^{L}\eta_T^{(f)}(m,d)}{\sum_{t=1}^{T}\sum_{d=1}^{D}\sum_{f=1}^{F}\eta_t^{(f)}(m,d)} \tag{11.27}$$

动态学习检测模型的具体实现过程如下。

（1）初始化模型的参数。

（2）每当 $t=T$ 时更新模型的变量 $\gamma_t^{(f)}(m)$、$\varsigma_t^{(f)}(m,z)$ 以及 $\eta_t^{(f)}(m,d)$。

（3）用求出的变量来更新隐半马尔可夫模型的参数，只需更新状态转移概率 $\{a_{mz}\}$、观测序列概率 $\{b_m(v_k),b_m(r)\}$ 以及状态持续时间概率 $\{p_m(d)\}$。因为建立的是一个动态的更新参数的隐半马尔可夫模型，所以初始状态概率 $\{\pi_m\}$ 在后续的更新过程不需要再次计算。

（4）在模型中使用对数或然概率和作为度量值 M，即 $\sum_{i=1}^{F}\log[\Pr(O_1^{T(f)}\mid\lambda)],f=1,\cdots,F$。其中，$F$ 为总的训练集序列的个数，$O_1^{T(f)}$ 为第 f 个 SWIM 用户的观测序列，通过训练得到正常 SWIM 用户的度量值。

11.2.3　攻击检测流程

基于构建的隐半马尔可夫模型，对 SWIM 用户行为的进行检测。在 SWIM 中的具体检测流程如图 11-2 所示。

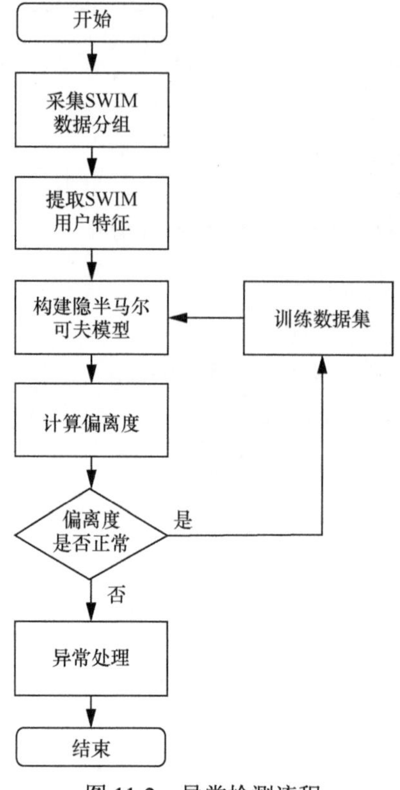

图 11-2　异常检测流程

首先，初始化模型的参数，采集 SWIM 用户的 HTTP 请求数据，通过对 SWIM 用户请求的预处理得到观测序列；然后，利用得到的观测序列训练模型，确定隐半马尔可夫模型的参数。当用户访问 SWIM 时，用户发出的请求数据经过预处理生成观测值，然后，通过隐半马尔可夫模型计算或然概率和，利用该值计算用户的偏离度（用户行为偏离正常度量值的大小，即用户行为与正常度量值中值之差的绝对值），如果偏离度在正常的区间内，加入训练数据集并更新模型的参数；否则判断为异常访问行为，并进行异常处理，例如断开该用户的请求、丢弃该用户的请求数据分组或者禁止该用户继续向 SWIM 发出请求等。

11.3　模型仿真及实验结果分析

本节对提出的 SWIM 应用层 DDoS 攻击检测方法进行实验验证，并对实验的结果进行分析。为了保证模型的准确性，首先在 SWIM 用户的特征提取方面进行分析，分别以用户访问对象和请求时间间隔以及用户访问分组的大小和请求时间间隔为特征进行比较；然后，以请求时间间隔和用户访问分组大小为特征建立检测模型，测试了模型对泛洪攻击和随机高负载攻击的检测率、漏警率以及虚警率；最后，对提出的检测方法进行比较分析，从模型的状态数 S 的取值、度量值 M 的取值及相关研究成果 3 个方面进行了比较分析。

11.3.1　特征分析

实验中所使用的数据是在民航实际运行信息系统中采集得到的。为了便于对数据进行实验分析，首先将采集得到的数据分组进行预处理，通过 C 语言编程把 SWIM 用户和请求访问对象映射为唯一的 ID。从采集的数据中抽取两组作为实验数据，每组大约 9 000 个，分别记为数据集 1、数据集 2。然后，利用 NS2 平台仿真模拟了 Web 服务器和 60 个攻击节点，根据应用层 DDoS 攻击的原理模拟了泛洪攻击和随机高负载攻击，采集攻击数据，分别记为攻击 1 和攻击 2[153]。

由于 SWIM 的特殊性，SWIM 中各个用户的权限区别比较大，关注的信息区别也比较大，表 11-2 为民航系统各个部门关注的数据信息。模型建立后，在特征选取方面进行了分析。提取的数据经过预处理之后，分别提取 SWIM 特征，特征分为两组分别是数据分组大小和请求时间间隔、访问对象和请求时间间隔，经过模型训练后求出或然概率和及其分布。

表 11-2　部门数据信息

部门	数据
空管总局	航班计划数据、计划变更数据、长期航班计划数据等
空管分局	气象数据、航班计划数据、统计数据、航班情况数据、飞行情况数据
航空公司	长期航班计划数据、旅客数量、运量统计数据、飞行更新、飞机情况数据、航班情况数据、旅客数据、航班计划数据、航班动态数据等
机场	航班正点率、放行正常率、资源使用情况、机场数据等
中国航信	定座数据、离港数据等

图 11-3 和图 11-4 分别为以访问对象和请求时间间隔为特征、以访问分组大小和请求时间间隔为特征的或然概率分布。可以看出，当选取访问对象和请求时间间隔为特征时，数据集 1 和数据集 2 通过模型训练出来的结果分布偏差比较大，不适合作为 SWIM 应用层 DDoS 攻击检测算法的特征信息，而选取访问分组的大小和请求时间间隔为特征训练出的结果分布情况基本一致，所以选取访问分组的大小和请求时间间隔为特征进行建模。

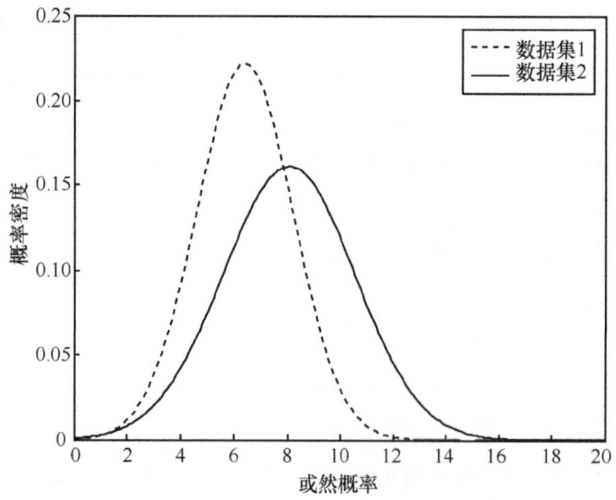

图 11-3　访问对象和请求时间间隔为特征的或然概率分布

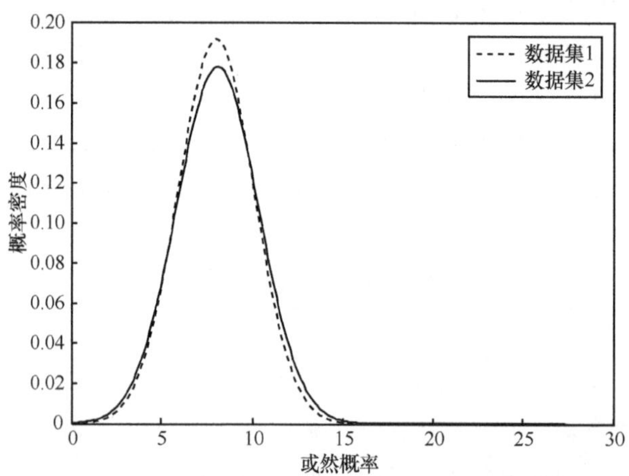

图 11-4　访问分组的大小和请求时间间隔为特征的或然概率分布

11.3.2　模型应用

首先，使用数据集 1 训练建立的 SWIM 应用层 DDoS 攻击动态检测模型，求出隐半马尔可夫模型的参数；然后，计算数据集 1、攻击 1 和攻击 2 的或然概率和分布，得出的具体结果如图 11-5 所示。通过对图 11-5 的分析可知，最左边的曲线为泛洪攻击，可以看出该曲线比较尖锐，因为攻击者发出高频率的请求，所以求出的对数或然概率和分布会比较聚集。最右边的曲线为随机发出的高负载攻击，和正常的 SWIM 用户访问行为相比，此访问行为缺乏目的性，因为发出的请求是随机的，所以求出的对数或然概率和会比正常的 SWIM 用户的对数或然概率和大，分布在了最右边，且不会像泛洪攻击那样尖锐。通过对图 11-5 的分析可以看出，无论是泛洪攻击还是随机高负载攻击，提出的检测方法都可以很好地分辨出这两种攻击。

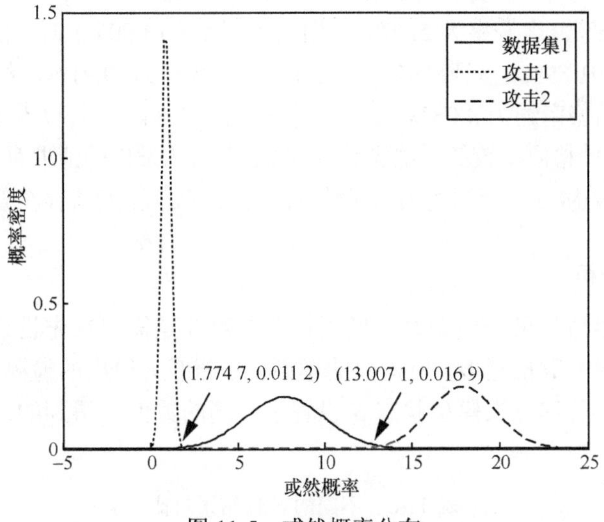

图 11-5　或然概率分布

为了进一步分析所提出的 SWIM 应用层 DDoS 攻击动态检测方法的性能，对模型的检测率 P_D、漏警率 P_{FN} 以及虚警率 P_{FP} 进行了计算分析。在图 11-5 中可以看到有两个交点坐标，分别为（1.774 7, 0.011 2）和（13.007 1, 0.016 9），通过对训练的数据集求积分分布，得到具体结果如图 11-6 所示。

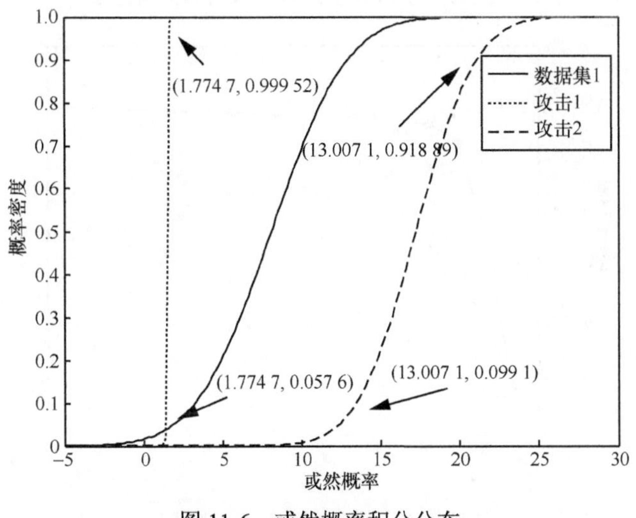

图 11-6　或然概率积分分布

由图 11-5 以及图 11-6 可以看出，泛洪攻击和随机高负载攻击分别位于正常 SWIM 用户行为或然概率和分布的两侧，进行异常的行为检测时，有左右两个阈值。假设检测区间[1.774 7, 13.007 1]为正常用户检测区间，通过对该区间端点的检测率以及误报率的分析可知，当区间左端取 1.774 7 时，泛洪攻击的检测率约为 99.95%，漏警率约为 0.05%，虚警率为 5.76%；当区间右端取 13.007 1 时，随机高负载攻击的检测率约为 91.89%，漏警率约为 8.11%，虚警率为 9.91%，综合检测率约为 95.92%，综合漏警率约为 4.08%，综合虚警率约为 7.84%。可以看出，所用模型对随机高负载攻击的检测率较低，主要是因为高负载攻击发出的请求对系统资源的消耗比较大，而在 SWIM 中每天进行着海量数据的通信与交互，两者存在着一定的相似性。

11.3.3 比较分析

在构建隐半马尔可夫模型时，模型状态参数 S 是需要预先设定的。一般情况下模型选取的状态数量越多，所构建的模型就越准确，得出的检测性能也就越好。在实验中对隐半马尔可夫模型状态 S 设置了不同的数值，得到的综合实验结果如表 11-3 所示。

表 11-3 不同的 S 值结果对比

S	15	20	25	30	35	40	100
综合 P_{D}	94.97%	95.52%	95.86%	95.92%	95.92%	95.94%	95.98%
综合 P_{FN}	5.03%	4.48%	4.14%	4.08%	4.08%	4.06%	4.02%
综合 P_{FP}	9.55%	8.56%	8.07%	7.84%	7.83%	7.83%	7.80%

为了明显地表示 3 个性能指标的变化趋势，分别画出了综合检测率、综合漏警率和综合虚警率的变化曲线图，如图 11-7～图 11-9 所示。

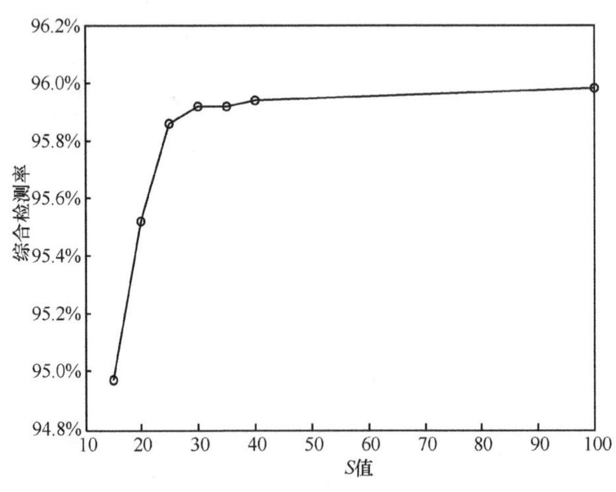

图 11-7 综合检测率变化曲线

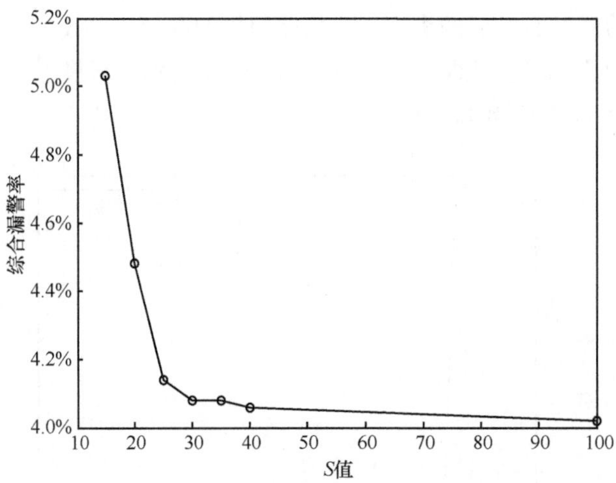

图 11-8　综合漏警率变化曲线

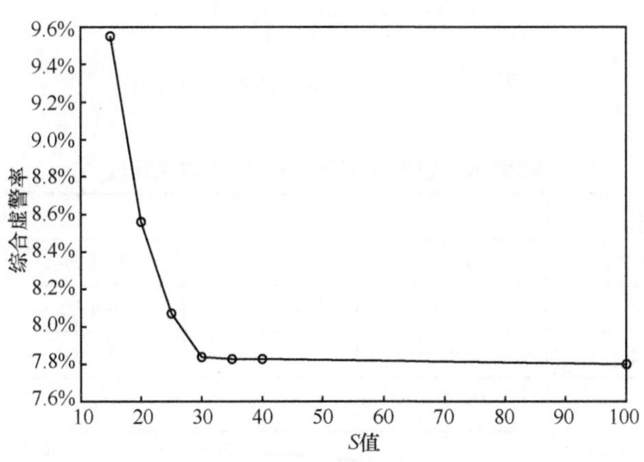

图 11-9　综合虚警率变化曲线

由表 11-3、图 11-7～图 11-9 可以得出，随着 S 的取值变大，检测性能越来越好，综合检测率呈递增趋势，综合漏警率和综合虚警率呈递减趋势，但是随着 S 的变大，它们的变化趋于平稳。在构建模型的过程中涉及大量的矩阵运算，状态数越多，计算复杂度也越高，所以综合考虑计算复杂度和检测性能，状态数应选取为 30 左右。

当状态数取 30 且为泛洪攻击（即攻击 1）时，或然概率分布如图 11-10 所示，对度量值 M 取不同值进行性能分析，如表 11-4 和图 11-11 所示。可以看出，在区间[1.65, 1.85]，随着 M 值增加，虚警率呈递增的趋势，变化不是很大；检测率呈递增趋势，变化比较大；漏警率呈递减趋势，变化比较大。当 M 取值为 1.774 7 时，在保证检测率的同时有较低的虚警率，是最理想的取值。当状态数取 30 且为高负载攻击（即攻击 2）时，或然概率分布如图 11-12 所示，对度量值 M 取不同的值进行分析，如表 11-5 和图 11-13 所示。

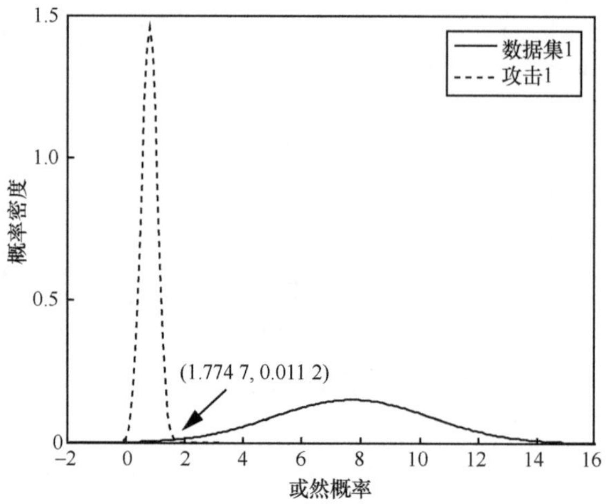

图 11-10　攻击 1 下的或然概率分布

表 11-4　攻击 1 时不同的 M 值结果比较

M	1.65	1.7	1.7747	1.8	1.85
P_D	75.32%	95.85%	99.95%	99.99%	100%
P_{FN}	24.68%	4.15%	0.05%	0.01%	0
P_{FP}	5.32%	5.49%	5.76%	5.85%	6.04%

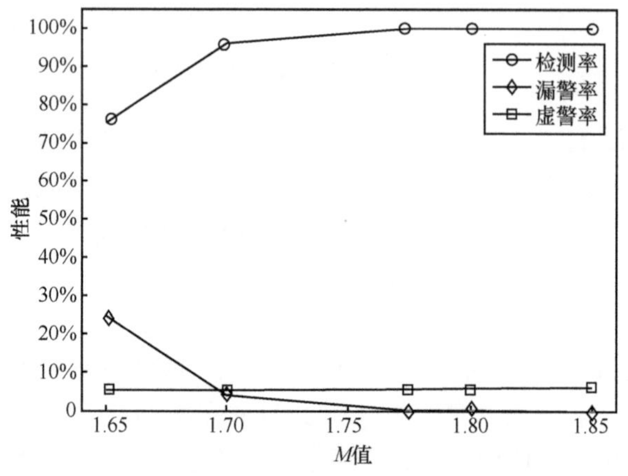

图 11-11　攻击 1 下的性能变化曲线

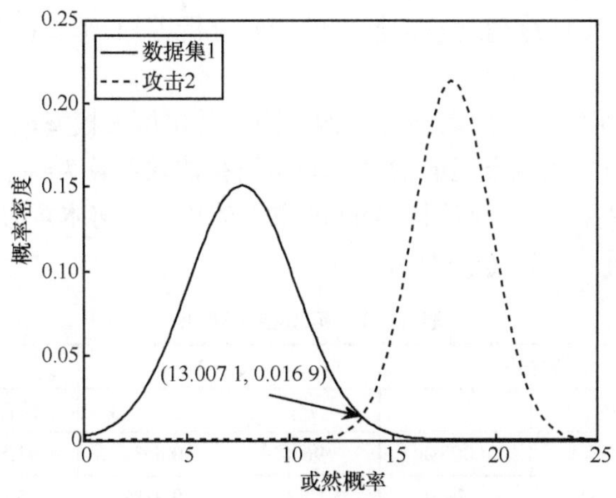

图 11-12　攻击 2 下的或然概率分布

表 11-5　攻击 2 时不同的 *M* 值结果比较

M	12.5	13	13.0071	13.5	14
P_D	94.10%	91.92%	91.89%	89.99%	85.84%
P_{FN}	5.90%	8.08%	8.11%	10.1%	14.16%
P_{FP}	11.21%	10.23%	9.91%	9.62%	7.35%

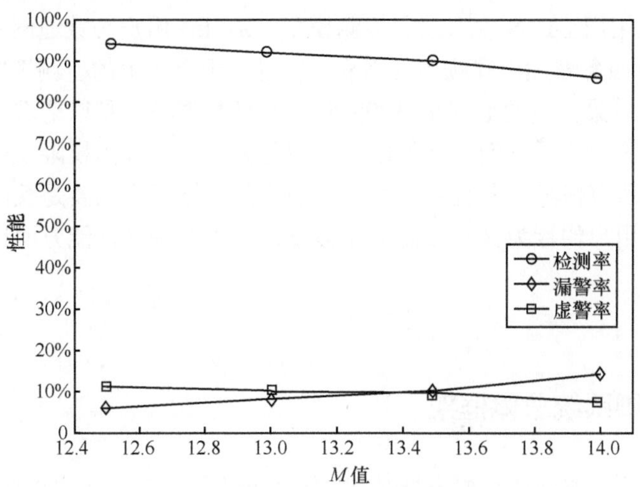

图 11-13　攻击 2 下的性能变化曲线

通过表 11-5 以及图 11-13 可以看出，在区间[2.5, 14]时，M 值增大，对检测率、漏警率和虚警率的影响程度相似，检测率和虚警率呈递减趋势，漏警率呈递增趋势，当 M 取值为 13.007 1 时，在保证检测率的同时有较低的虚警率，是最理想的取值。通过以上 M 值对检测性能的影响分析可知，理想检测区间为[1.774 7, 13.007 1]。

谢逸等[154]使用快速前向后向算法构建隐半马尔可夫模型，分析了单一大型网站用户的异常行为。该成果提取请求时间间隔和请求对象为特征构建隐半马尔可夫模型，并训练模型进行了应用层 DDoS 攻击的检测。将本章方法与文献[154]方法进行了比较分析，结果如表 11-6 所示。

表 11-6　实验结果对比

方法	攻击 1		攻击 2		综合情况	
	P_D	P_{FP}	P_D	P_{FP}	综合 P_D	综合 P_{FP}
文献[154]方法	99%	0.003%	96%	0.85%	97.50%	0.43%
本章方法	99.95%	5.76%	91.89%	9.91%	95.92%	7.84%

通过表 11-6 可以看出，与文献[154]方法对比，本章构建的 SWIM 应用层 DDoS 攻击检测模型对于攻击 1 的检测率较好，虚警率较高，而对攻击 2 的检测率和虚警率都较差，这是由于 SWIM 的特点决定的，SWIM 的用户权限非常明确，不同等级不同部门所能访问的信息有所区别，并且关注的信息也有所不同。例如，雷达管制员每天主要关注监视信息，而对其他 SWIM 信息关注可能就比较少，并且大量的活跃用户在访问行为上区别度比较大，难以准确描绘出所有 SWIM 用户的行为。所以，本章选取了更通用的特征，以请求时间间隔和请求分组大小为特征建立 SWIM 应用层 DDoS 攻击动态检测模型。SWIM 用户与普通网络用户不同，有时会向 Web 服务器发出高频率的请求，所以对于攻击 1 的检测性能较好，而文献[154]的研究成果使用的数据是 1998 年世界杯数据集，是以请求时间间隔和请求对象为特征构建单一大型网站的用户访问行为，用户行为权限是一样的，可以浏览网站上的所有信息，并且单一网站上的大部网络用户主要是关注世界杯网站的热点信息，用户的行为具有较高的相似度，所以在综合性能方面比本章方法结果好。

11.4　防御系统总体框架

SWIM 作为民航业的重要发展趋势，保证系统的安全性至关重要。SWIM Web 防火墙保证 SWIM 的 Web 服务器免受应用层 DDoS 攻击，从而保护 SWIM 的安全运作，是保护 SWIM 安全不可缺少的一部分。基于以上对 SWIM Web 防火墙的需求分析，本章设计的 SWIM 应用层 DDoS 攻击防御防火墙框架如图 11-14 所示。SWIM Web 防火墙主要分为六大功能模块，具体情况如下。

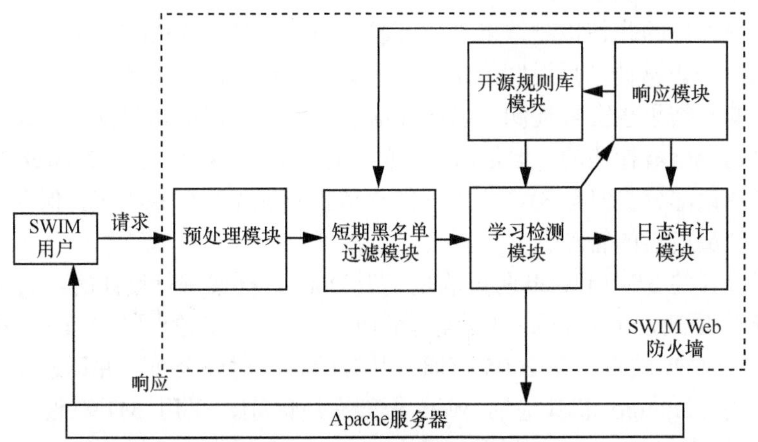

图 11-14　SWIM Web 防火墙框架

预处理模块。本章选用 Apache 服务器，所以处理的是 Request_rec 结构，提取所需要的特征信息，保存并形成请求序列，为每个新用户分配一个 ID 便于后续的处理。Request_rec 结构会在后文中详细介绍。

短期黑名单过滤模块。本章设计的 SWIM Web 防火墙中的黑名单是有时间限制的，系统检测出 SWIM 用户的攻击行为时会被加入短期黑名单，超过时限后会被移出黑名单，从而不影响用户的正常使用。

学习检测模块。首先从预处理模块中获取请求特征，建立隐半马尔可夫学习模型，经过训练得到正常用户检测区间，利用该结果来检测 SWIM 用户的请求是否正常。

响应模块。将异常行为分为以下 3 个等级：威胁较小，允许访问 SWIM 并在日志模块中做记录，以便做日后的审计，为一级威胁；威胁中等，但是服务器性能还能满足当前需求，丢弃该 SWIM 用户的请求并在日志模块中做记录，为二级威胁；威胁严重，对系统性能影响比较严重，禁止该 SWIM 用户向系统发出请求，并拉入短期黑名单，为三级威胁。

开源规则库模块。最初获取的数据不能保证完全是正常流量，为了保证数据集的可靠性，引入了一个开源 CRS 规则库，判断 SWIM 用户的请求是否异常。

日志审计模块。当 SWIM Web 防火墙检测到异常后，SWIM 用户的信息会被记录下来，保存在数据库中，便于网络安全工程师的后续管理，还包括其他模块处理后的结果信息。

SWIM 用户发送请求数据分组，通过预处理模块提取特征信息，然后经过短期黑名单过滤，判断该 SWIM 用户是否在黑名单内，如果在，则禁止该用户发出请求；如果不在，则把请求序列传递给学习检测模块，获得检测结果。该结果是由两部分操作产生的，首先经过开源规则库模块检测，然后将检测结果传递给学习检测模块，目的是使检测结果更加可靠。响应则是 SWIM Web 防火墙检测到 SWIM 用户是正常请求后返回给用户的信息。在现有的防火墙中，有的出于安全的考虑，响应结果也会被检测，以保证信息的安全。民航信息安全至关重要，响应结果也是应该被检测的，但是由于时间有限，本章设计的 SWIM Web 防火墙暂时没有涉及该部分，但是 SWIM Web 防火墙把响应结果记录下来，保存在数据库中以便管理员后续的管理。

本章设计的 SWIM Web 防火墙是基于 Django 框架进行设计的。Django 是一种 Web 应用框架，用 Python 语言编写而成，是完全开源的[155]。Django 框架起源于一个新闻 Web 站点，在 2005 年通过开源的方式对外公布，并迅速发展，得到普遍的应用。Django 和其他的 Web 框架有所区别，采用 MTV 设计，即模型（Model）、模板（Template）以及视图（View）。各部分的功能如表 11-7 所示。

表 11-7　MTV 模式各部分功能

类别	功能
Model	管理全部的数据业务，包括数据的存取、有效性的验证、包含的行为以及数据之间联系等，又叫数据存取层
View	管理显示相关的部分，即怎样在 HTML 页面或者其他类型中表示，又叫表现层
Template	决定数据如何显示给用户，并选取合适的模板，又叫业务逻辑层

Django 框架的工作机制如图 11-15 所示。

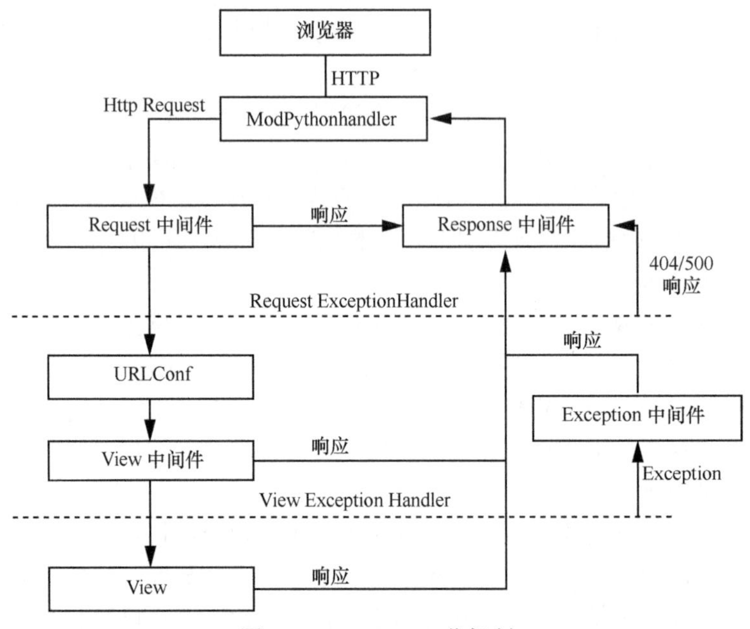

图 11-15　Django 工作机制

首先，在命令窗口输入 manage.py runserver 命令来启动 Django 服务器，同时在相同目录下载入 settings.py 文件。settings.py 文件中包含所创建项目的配置信息，如 URLconf 等，URLconf 根据正则表达式匹配 URL，最主要的是配置 ROOT_URLCONF，决定 Django 框架选择哪一个 Python 模块成为站点的 URLConf，如果没有配置的话，默认为 urls.py。当有新的 HTTP 请求时，Django 依据 ROOT_URLCONF 的配置信息装配 URLConf。然后，按照一定的次序匹配 URLConf 里的 URLpatterns，如果匹配到恰当的 view 函数，就会调用 view.py 中恰当的函数。该部分功能程序员把控制层的任务交给 Django 自动完成，中间只要编写很少的代码调用匹配方法就能完成任务，大大提高了开发效率[156]。最后，调用的视图函数响应一个 HttpResponse 对象。本章设计的 SWIM Web 防火墙是基于 Django 框架进行设计的，增强了防火墙的交互功能，基于 Django 框架下 SWIM Web 防火墙系统架构如图 11-16 所示。

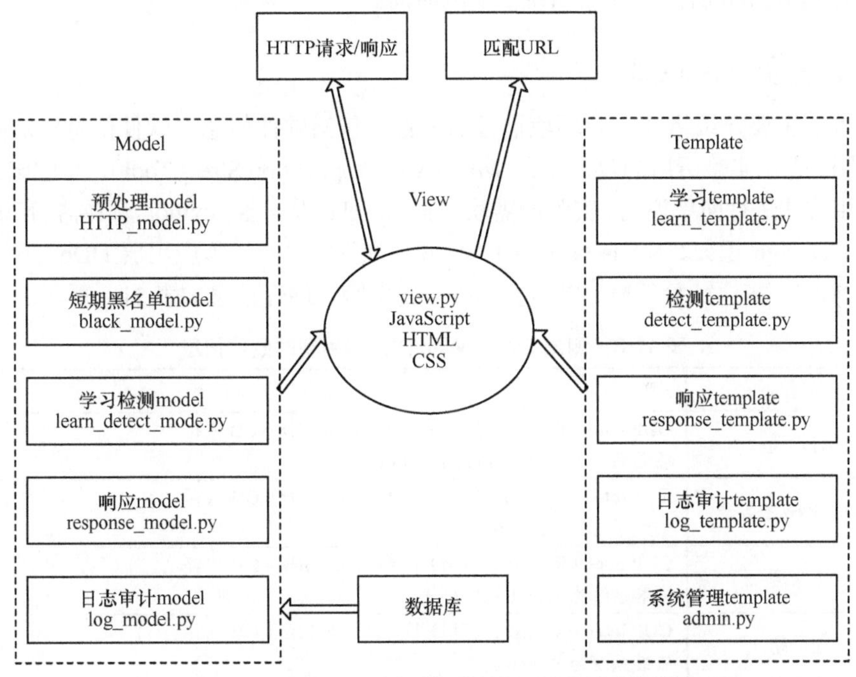

图 11-16　基于 Django 的 SWIM Web 防火墙架构

系统采用 MTV 设计方法。Model 部分包括设计的 SWIM 数据分组预处理模块、短期黑名单过滤模块、学习检测模块等相关的数据储存以及系统运行需要调用的接口，完成和数据库的交互，文件是 XXX_model.py，该部分位于系统的最底层，View 部分和 Template 部分可以根据 Model 部分 SWIM 数据出入以及呈现的方式进行修改。View 部分以 view.py 文件的形式存在，控制 Model 部分所涉及的 SWIM 数据的显示，结合 JavaScript、CSS 以及 HTML 等控制系统的页面生成和显示。Template 部分的文件是 XXX_template.py，主要调取 Model 部分涉及的 SWIM 数据并进行处理，渲染 HTML 页面，呈现系统的学习检测、响应以及日志审计等功能。

11.5 SWIM Web 防火墙系统测试

SWIM Web 防火墙的系统测试主要由两部分构成。一部分是对 SWIM Web 防火墙进行功能测试，测试设计的 SWIM Web 防火墙各个模块是否可以正常运行，主要包括状态监测、学习、检测以及系统响应；另一部分是对 SWIM Web 防火墙进行性能测试，主要测试对应用层 DDoS 攻击的检测率、漏警率、虚警率以及在部署 SWIM Web 防火墙前后系统的响应时间。

11.5.1 防火墙测试环境

本节主要介绍搭建实验环境进行的配置，包括硬件信息、软件信息以及网络拓扑图，介绍实验所用的攻击工具 WAS（Web Application Stress Tool），并对该工具的使用方法进行简单说明。实验所需软件有 Apache 服务器、Python 解释器、NumPy 模块、Django 框架、Modsecurity、CRS 开源规则库以及模拟应用层 DDoS 攻击的软件 WAS，搭建实验环境一共需要用到 6 台电脑，硬件信息如表 11-8 所示。

表 11-8 测试 SWIM Web 防火墙用到的硬件信息

硬件	信息
客户端	CUP Intel（R）Core（TM）i3-4370 3.8 GHz 4 GB 内存 安装系统为 RedHat linux5.0 +FireFox5.0
SWIM Web 服务器	CUP Intel（R）Core（TM）i5-4370 3.8 GHz 4 GB 内存 安装系统为 Centos6.4
正常端	CUP Intel（R）Core（TM）i3-4370 3.8 GHz 4 GB 内存 安装系统为 Windows7
攻击端	CUP Intel（R）Core（TM）i3-4370 3.8G Hz 4 GB 内存 安装系统为 Windows 7

基于实验室的 SWIM 测试平台，搭建了 SWIM Web 防火墙的测试环境，图 11-17 为实验环境拓扑结构。实验用 WAS 软件模拟应用层 DDoS 攻击。WAS 软件是微软开发的一款性能测试工具，利用该软件可以虚拟出大量的网络用户，不需要很多真实的客户端就可以模拟应用层 DDoS 攻击，并且每一个虚拟用户同真实的网络用户与网站服务器的交互行为是一样的。

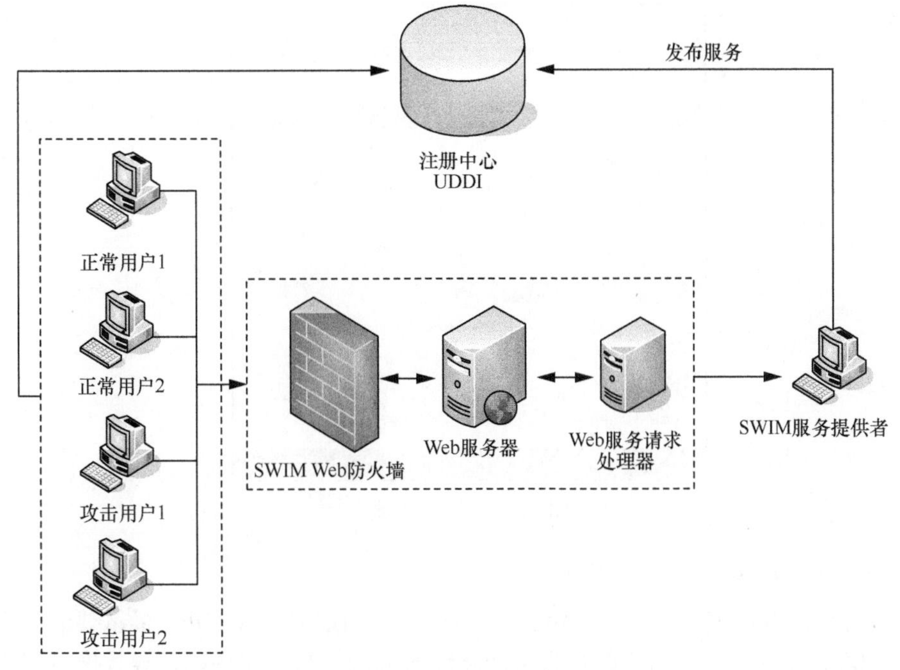

图 11-17　实验环境拓扑结构

11.5.2　防火墙功能测试

本章设计的 SWIM Web 防火墙主要由 6 个模块组成，包括 SWIM 数据分组预处理模块、短期黑名单过滤模块、学习检测模块等。为了使设计的 SWIM Web 防火墙有更好的人机交互，基于 Django 框架搭建了 SWIM Web 防火墙，显示一些重要的信息，如状态监测信息、检测结果信息以及响应信息等，并且管理员可以进行一些简单的操作设置。

（1）状态监测

为了更接近 SWIM 的运行的环境，利用实验室搭建的简易 SWIM 平台进行 SWIM Web 防火墙的测试。首先利用 WAS 软件录制测试脚本。利用 WAS 软件使用两台电脑模拟泛洪攻击，两台攻击端分别模拟 200 个攻击用户，Request Delay 设置信息 Min:0、Max:100。配置好信息后，运行 30 min，对 SWIM Web 防火墙应用层 DDoS 攻击检测防御功能进行测试。

进入 SWIM Web 防火墙系统后首先看到的是状态监测的信息，如图 11-18 所示，显示的信息包括采集到的 SWIM 用户请求数据数量，当前检测模型的状态为激活，对应的响应措施有 3 种，以及 SWIM Web 防火墙检测出的可疑用户请求数量为 393 个。

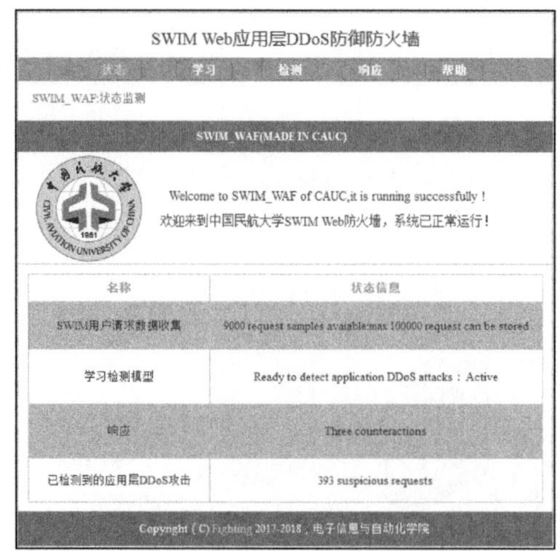

图 11-18　状态检测

（2）学习检测

所设计的 SWIM Web 防火墙能否有效防御应用层 DDoS 攻击，最重要的一步就是训练学习。SWIM 用户的行为可能随着时间的推移发生变化，导致模型训练的结果不能够准确检测应用层 DDoS 攻击。本章设计的 SWIM Web 防火墙虽然可以动态更新模型的参数，但是为了保证学习检测模型更加准确，加入了手动更新模型参数的功能，管理员只需要输入 SWIM Web 防火墙采集的最近 SWIM 用户的请求信息，即可完成模型的训练，如图 11-19 所示，检测模型的状态是激活的，训练 SWIM 用户的请求数据的数量是 9 000 个。

图 11-19　学习训练

该部分用到的数据和仿真实验部分用到的数据一样，是从民航实际运行信息系统中采集的数据。SWIM Web 防火墙中的学习检测模块中主要用到的学习检测算法是改进后的隐半马尔可夫模型，当 SWIM 用户的请求经过预处理模块和短期黑名单模块后提取 SWIM 用户的特征，然后传递给学习检测模块，经过学习训练后生成一个序列概率。图 11-20 显示的是 SWIM 请求数据经过训练后求出的或然概率和的均值和方差。

状态	时间	均值	方差	删除？
○	Jan,18,2018,2:26,pm	8.0773	2.0198	×

图 11-20　学习结果

当 SWIM 用户对 SWIM 发出请求后，SWIM Web 防火墙对该 Request 请求进行解析，如果 SWIM Web 防火墙判断该请求是异常的，则会根据预设的检测区间对其进行处理，并记录该异常信息。本章设计的 SWIM Web 防火墙除了能防御应用层 DDoS 攻击外，还能处理一般的 Web 攻击，对其进行了简单的测试。图 11-21 显示了 2017 年 1 月 18 日 SWIM 用户的异常请求信息，服务器的 IP 地址是 10.5.44.56，SWIM 用户端的 IP 地址为 10.5.44.88。通过图 11-21 可以看出，该请求只是一个普通的遍历攻击，攻击者在浏览器中输入了 10.5.44.88/\\，SWIM Web 防火墙检测到异常情况后，及时对该请求进行了处理，因为该攻击对 SWIM 的影响比较小，所以 SWIM Web 防火墙将该攻击标记为 LOW。

图 11-21　异常请求信息检测结果

（3）系统响应

当 SWIM Web 火墙检测到 SWIM 用户的异常行为时，SWIM Web 防火墙会根据预设的检测区间进行响应，这里基于理论结果设置了 3 个异常检测区间。SWIM Web 防火墙的 3 个异常检测区间对应了 SWIM 用户行为的 3 个异常等级，分别为 LOW、MEDIUM 以及 HIGH，对应 3 种 SWIM 威胁程度的异常行为。利用 WAS 软件模拟应用层 DDoS 攻击，当 SWIM Web 防火墙检测到异常行为后，系统响应的具体信息如图 11-22 所示，时间为 2018 年 1 月 18 日，有以下 3 种响应信息。LOW，允许该 SWIM 用户访问 SWIM，并进行日志记录；MEDIUM，丢弃该 SWIM 用户的请求，同时进行日志记录；HIGH，禁止该 SWIM 用户继续发送请求，并将该用户加入短期黑名单中，同时进行日志记录。

图 11-22　响应结果

11.5.3　防火墙性能测试

SWIM Web 防火墙性能测试部分首先测试防火墙的检测率、漏警率以及虚警率；然后测试 SWIM Web 服务器在部署防火墙前后 SWIM 遭受应用层 DDoS 攻击时系统的系统响应时间的变化，并且与无应用层 DDoS 攻击的情况下的响应时间进行对比分析；最后，在检测模型的状态值选取方面进行分析，对仿真环境下的实验结果与商用 Web 防火墙进行对比分析。

（1）检测性能

对 SWIM Web 防火墙的检测率、漏警率、虚警率进行测试，利用 WAS 软件模拟泛洪攻击和随机高负载攻击。

首先，模拟泛洪攻击，定义为攻击 1。两台攻击端分别模拟 200 个攻击用户，Request Delay 设置信息 Min:0、Max:100。两台正常端分别模拟 200 个正常 SWIM 用户，Request Delay 设置信息 Min:1 000、Max:60 000。配置好信息后，运行 30 min，重复实验 5 次，对 SWIM Web 防火墙的检测率、漏警率、虚警率进行测试。

然后，模拟随机高负载攻击，定义为攻击 2。两台攻击端分别模拟 200 个恶意用户，对测试脚本中的 URLs 分类，分别为正常组和高负载组，这两组的 Distribution 分别配置为 15 和 85，Request Delay 设置为 Random。两台正常用户端分别模拟 200 个正常 SWIM 用户，把测试脚本的正常组和高负载组的 Distribution 分别配置为 80 和 20，Request Delay 设置为 Random，如图 11-23 和图 11-24 所示。配置好信息后，运行攻击软件 30 min，重复实验 5 次，对设计好的 SWIM Web 防火墙进行检测率、漏警率、虚警率的测试，然后统计测试结果。攻击 1 和攻击 2 的实验结果如表 11-9 所示。

分组	Distribution	Percent	Keep-Alive
正常组	15	15.00	☑
高负载组	85	85.00	☑

图 11-23　高负载攻击模拟设置

分组	Distribution	Percent	Keep-Alive
正常组	80	80.00	☑
高负载组	20	20.00	☑

图 11-24　正常用户端模拟设置

表 11-9　应用层 DDoS 攻击检测结果

攻击类型	攻击用户数	正常用户数	P_D	P_{FN}	P_{FP}
攻击 1	400	400	98.32%	1.68%	9.70%
攻击 2	400	400	90.06%	9.94%	12.86%

表 11-9 显示的是 5 次实验后求均值得到的结果。可以发现，本章所设计的 SWIM Web 防火墙可以有效识别正常用户与异常用户，对泛洪攻击的检测率为 98.32%，漏警率为 1.68%，虚警率为 9.7%；对随机高负载攻击的检测率为 90.06%，漏警率为 9.94%，虚警率为 12.86%。计算可得，综合检测率为 94.19%，综合漏警率为 5.81%，综合虚警率为 11.28%。

（2）响应时间

该部分的测试设置方式与检测性能测试部分的设置一样，泛洪攻击的 Request

Delay 设置信息为 Min:0、Max:100，正常用户的 Request Delay 设置信息 Min:1 000、Max:60 000，高负载攻击的 Distribution 设置为 15 和 85，正常用户的 Distribution 设置为 80 和 20，重复实验 5 次，在有攻击的情况下在部署 SWIM Web 防火墙前后对服务器的响应时间进行测试，然后在无攻击的情况下对 SWIM Web 服务器的响应时间进行测试。

图 11-25～图 11-27 分别是在泛洪攻击的情况下部署 SWIM Web 防火墙前后 SWIM Web 服务器的响应时间的一次测试结果，以及无攻击情况下 SWIM Web 服务器的响应时间的一次测试结果。

```
Page Results
-------------------------------------------------------------
URI:                  GET/swim/TestDispatch?action=finish_workitem
Hit Count:            27160

Result Codes
Code      Description      Count
-------------------------------------------------------------
200       OK               27160

Time to first byte (in milliseconds)
-------------------------------------------------------------
Average:              10362.67
Min:                  9999.60
25th Percentile:      10108.29
50th Percentile:      10260.86
75th Percentile:      10586.12
Max:                  18437.69

Time to last byte (in milliseconds)
-------------------------------------------------------------
Average:              10362.99
Min:                  9999.83
25th Percentile:      10109.06
50th Percentile:      10260.97
75th Percentile:      10587.03
Max:                  18438.35
```

图 11-25　部署 SWIM Web 防火墙前的测试结果

```
Page Results
-------------------------------------------------------------
URI:                  GET/swim/TestDispatch?action=finish_workitem
Hit Count:            27812

Result Codes
Code      Description      Count
-------------------------------------------------------------
200       OK               27812

Time to first byte (in milliseconds)
-------------------------------------------------------------
Average:              1662.67
Min:                  12.60
25th Percentile:      1443.89
50th Percentile:      1573.56
75th Percentile:      1816.86
Max:                  6226.61

Time to last byte (in milliseconds)
-------------------------------------------------------------
Average:              1662.90
Min:                  12.26
25th Percentile:      1444.31
50th Percentile:      1573.66
75th Percentile:      1817.06
Max:                  6226.69
```

图 11-26　部署 SWIM Web 防火墙后的测试结果

Page Results

URI:	GET/swim/TestDispatch?action=finish_workitem
Hit Count:	1026

Result Codes

Code	Description	Count
200	OK	1026

Time to first byte (in milliseconds)

Average:	1652.67
Min:	12.34
25th Percentile:	1442.69
50th Percentile:	1573.15
75th Percentile:	1816.23
Max:	6225.01

Time to last byte (in milliseconds)

Average:	1652.31
Min:	12.26
25th Percentile:	1442.31
50th Percentile:	1573.08
75th Percentile:	1815.98
Max:	6224.87

图 11-27　无攻击时的测试结果

表 11-10 是对 5 次测试结果求均值得到的结果，根据表 11-10 制作了部署 SWIM Web 防火墙前、后以及无攻击时的响应时间直方图，如图 11-28 所示。

表 11-10　攻击 1 时的平均响应时间

类型	平均响应时间/ms					
	Min	25%	50%	75%	Max	Average
部署前	10 000.01	10 107.89	10 261.34	10 586.53	18 467.86	10 362.52
部署后	12.66	1 443.95	1 573.12	1 817.32	6 226.85	1 663.06
无攻击	12.23	1 442.16	1 572.60	1 815.99	6 224.87	1 652.55

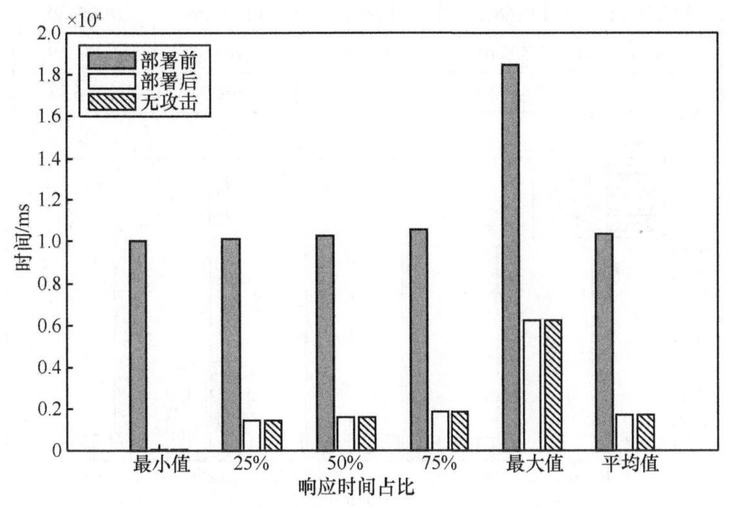

图 11-28　攻击 1 时的综合结果对比

通过比较分析可以看出，在部署 SWIM Web 防火墙前 SWIM 的平均响应时间约为 10 362.52 ms，最小值为 10 000.01 ms，最大值为 18 467.86 ms，并且各个比例的请求的响应时间相差不大，说明此时系统正遭受泛洪攻击。在部署 SWIM Web 防火墙后，同样利用 WAS 软件模拟泛洪攻击，SWIM 的平均响应时间降低为 1 663.06 ms，最小值为 12.66 ms，最大值为 6 226.85 ms，与无攻击时响应时间相比差别很小。所以，本章设计的 SWIM Web 防火墙有效地抵御了泛洪攻击，同时间接表现出其对泛洪攻击的检测性能非常好。

在随机高负载攻击的情况下，部署 SWIM Web 防火墙前后 SWIM Web 服务器的响应时间的测试结果以及无攻击情况下 SWIM Web 服务器的响应时间的测试结果与图 11-25～图 11-27 类似，表 11-11 是对 5 次测试结果求均值得到的结果，根据表 11-11 制作了部署 SWIM Web 防火墙前、后以及无攻击时的响应时间直方图，如图 11-29 所示。可以看出，在部署 SWIM Web 防火墙前 SWIM 的平均响应时间为 14 811.76 ms，最小值为 13 254.52 ms，最大值为 18 854.28 ms，并且各个比例的请求响应时间相差不是很大，说明此时系统正遭受随机高负载攻击；部署 SWIM Web 防火墙之后，同样利用 WAS 软件模拟随机高负载攻击，SWIM 的平均响应时间降低为 1 701.27 ms，最小响应时间为 24.12 ms，最大响应时间为 6 435.69 ms，与无攻击时响应时间相比差别较小。所以，本章设计的 SWIM Web 防火墙有效地抵御了随机高负载攻击，同时间接体现出其对随机高负载攻击的检测性能比较好。

表 11-11　攻击 2 时的平均响应时间

类型	平均响应时间/ms					
	Min	25%	50%	75%	Max	Average
部署前	13 254.52	14 166.21	14 283.52	15 178.69	18 854.28	14 811.76
部署后	24.12	1 523.65	1 657.89	1 982.53	6 435.69	1 701.27
无攻击	12.42	1 458.83	1 550.15	1 874.31	6 146.88	1 698.96

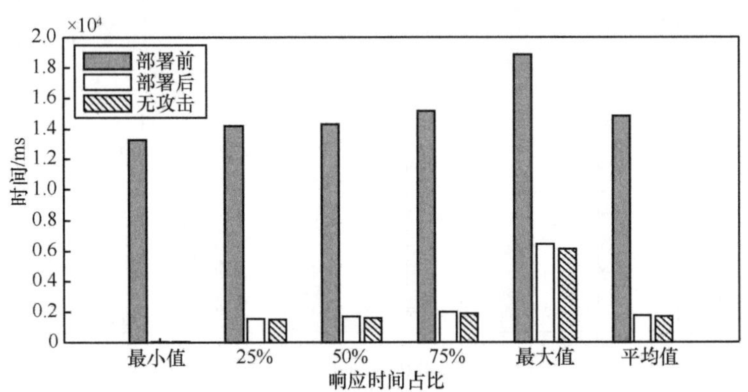

图 11-29　攻击 2 时的综合结果

（3）比较分析

在第 3 节的算法验证试验部分对隐半马尔可夫模型中模型状态参数 S 设置了不同的取值进行比较分析，本章在真实的运行环境中对该参数 S 再次进行实验分析，得出结果如表 11-12 所示。

表 11-12　不同的 S 值结果对比

S	15	20	25	30	35	40	100
综合 P_D	92.89%	93.51%	93.92%	94.19%	94.20%	94.20%	94.29%
综合 P_{FN}	7.11%	6.49%	6.08%	5.81%	5.80%	5.80%	5.71%
综合 P_{FP}	13.11%	12.25%	11.72%	11.28%	11.28%	11.25%	11.21%

仿真环境和真实环境下检测率、漏警率、虚警率的对比如图 11-30～图 11-32 所示。

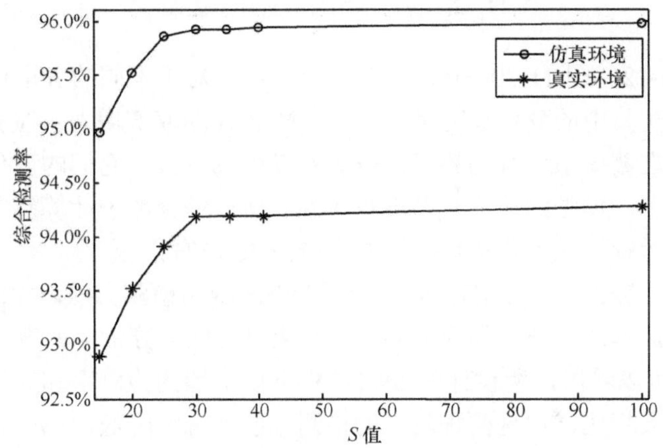

图 11-30　仿真环境与真实环境检测率

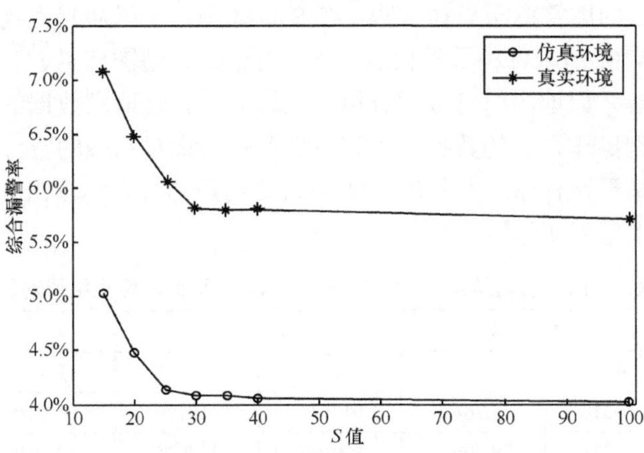

图 11-31　仿真环境与真实环境漏警率

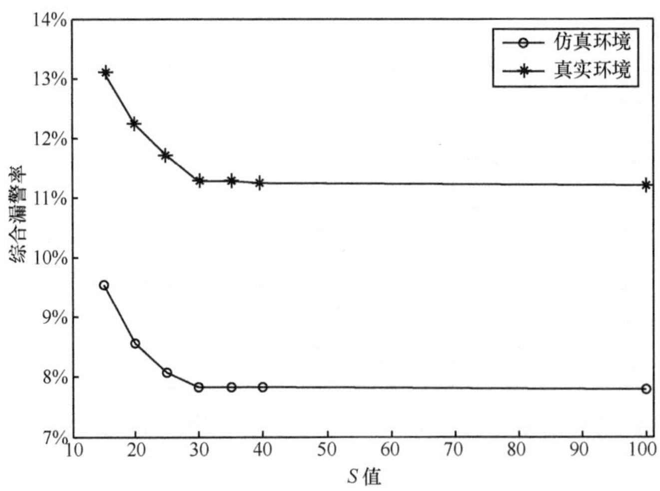

图 11-32 仿真环境与真实环境虚警率

通过表 11-12、图 11-30～图 11-32 可以看出，对于不同的 S 取值，在真实运行环境和仿真实验中的变化趋势是一样的。随着 S 的取值增大，检测率呈递增趋势，漏警率和虚警率呈递减趋势，但是随着 S 值的变大，它们的变化趋于平稳，并且状态数越多，模型的计算复杂度也越高。所以综合考虑计算复杂度和检测性能，在真实的运行环境中状态数的选取大概在 30 左右。

在第 3 节中提出了一个 SWIM 应用层 DDoS 攻击检测方法，并进行了实验验证及结果分析，本章与仿真环境下的实验结果进行比较分析，如表 11-13 所示。通过表 11-14 可以看出，所设计的 SWIM Web 防火墙的检测率和虚警率与仿真环境下得到的结果相比，对这两种攻击的检测性能都有所降低，原因是仿真环境比较稳定，而在实际 SWIM 运行的环境当中突发状况比较多导致性能变差；同时可以看出，攻击 2 的虚警率明显高一些，在 SWIM 中，飞机从起飞到降落整个过程要频繁地向 SWIM 请求各种数据信息，如航行情报、地图信息、容量和需求信息以及气象信息等，如地图信息数据分组会比较大，并且请求数据的过程中会有频繁的数据库查询操作，大的数据分组和数据库的查询对系统的资源消耗比较大，而攻击 2 正是基于这种原理发起的，使 SWIM 用户的行为和攻击 2 有时会相似，导致攻击 2 的虚警率明显较高。

表 11-13 仿真结果与设计的 SWIM Web 防火墙检测结果对比

检测对象	攻击 1		攻击 2		综合情况	
	P_D	P_{FP}	P_D	P_{FP}	综合 P_D	综合 P_{FP}
仿真环境	99.95%	5.76%	91.89%	9.91%	95.92%	7.84%
真实环境	98.32%	9.70%	90.06%	12.86%	94.19%	11.28%

本章设计的 SWIM Web 防火墙和一般的商用 Web 防火墙进行了对比，如表 11-14 所示。

表 11-14　SWIM Web 防火墙与商用 Web 防火墙比较

名称	P_D	P_{FP}
SWIM Web 防火墙	94.19%	11.28%
商用 Web 防火墙	99%	约 10%

商用 Web 防火墙标称检测率为 99%，虚警率约为 10%；而本章设计的 SWIM Web 防火墙的综合检测率为 94.19%，综合虚警率为 11.28%，和商用 Web 防火墙相比存在差距。原因分析如下。（1）实验环境的限制。本章实验所用实验平台都是普通的电脑，虽然模拟的攻击可能相对于真实的应用层 DDoS 攻击相比更容易被检测，但是由于硬件性能的限制，设计的 SWIM Web 防火墙和商用防火墙相比性能较差。（2）由 SWIM 的特点决定。SWIM 的用户权限非常明确，不同等级不同部门所能访问的信息也有所区别，大量的活跃用户在访问行为上区别度比较大，所用的学习检测模型难以准确描绘出所有用户的行为，导致所设计的 SWIM Web 防火墙性能较差。（3）学习检测模块中所使用的算法本身的问题。所引用的隐半马尔可夫模型需要进行各种参数设置，学习检测算法仍需再进行优化，从而提升 SWIM Web 防火墙的性能。

综合来说，所设计的 SWIM Web 防火墙完成了预期的目标，使 SWIM Web 防火墙具有机器学习的能力，除了能够检测防御应用层 DDoS 攻击外，还能处理一般的 Web 攻击。虽然在检测率和虚警率方面和商用 Web 防火墙还有所差距，但是其性能满足基本要求，对今后 SWIM 的安全保护具有一定的借鉴意义。

11.6　本章小结

本章的主要工作是提出了一种 SWIM 应用层 DDoS 攻击的检测方法，并基于该方法设计了一款 SWIM Web 防火墙。针对 SWIM 的特点，研究应用层 DDoS 攻击的特点以及 SWIM 遭受攻击时的异常，对隐半马尔可夫模型进行充分的研究学习。基于 SWIM 的特点，以请求时间间隔和用户请求分组大小为特征进行建模，并对提出的 SWIM 应用层 DDoS 攻击的检测算法的性能进行验证。对现有的 Web 防火墙系统框架进行充分研究学习，设计了一款匹配于 SWIM 防御 DDoS 攻击的 Web 防火墙，共由 6 个模块组成，分别是 SWIM 数据分组预处理模块、短期黑名单过滤模块、学习检测模块、响应模块、日志审计模块以及

CRS 规则库模块，并对各个模块的设计与实现进行了详细的说明。对所设计的 SWIM Web 防火墙进行系统测试，测试在应用层 DDoS 攻击下部署 SWIM Web 防火墙前后系统的响应时间，以及在无攻击的情况下系统的响应时间；最后对模型的状态参数 S 进行比较分析，与仿真实验结果以及商用的一般 Web 防火墙进行了对比。

参考文献

[1] MESEROLE J S, MOORE J W. What is system wide information management (SWIM)[J]. Aerospace and Electronic Systems Magazine, 2007, 22(5): 13-19.

[2] 罗喜伶, 王珺珺. 民航广域信息管理技术[M]. 北京: 电子工业出版社, 2017.

[3] BALAKRISHNAN K, LEU A, PRABHU V, et al. A framework for performance modeling of SWIM[C]//Integrated Communications, Navigation and Surveillance Conference. Piscataway: IEEE Press, 2012: 1-10.

[4] JIM R. System wide information management (SWIM): program overview and status update[C]//2014 Integrated Communications, Navigation and Surveillance Conference. Piscataway: IEEE Press, 2014: 1-15.

[5] STEVEN G. The business case for system wide information management[J]. Aerospace and Electronic Systems Magazine, 2007, 22(10): 3-12.

[6] 白云波，刘孝男，顾兆军，等. 信息安全为我国民航保驾护航[J]. 中国信息安全, 2018(10): 109-112.

[7] KIRATIPONG O, HIDEORI N, TADASHI K, et al. QoS implementation in system wide information management(SWIM) network model[C]//IEEE 12th International Symposium on Autonomous Decentralized Systems. Piscataway: IEEE Press, 2015: 181-184.

[8] International Civil Aviation Organization. Global air navigation plan, ICAO Doc. 9750[R]. 2013.

[9] LU X D, KOGA T. Real-time oriented system wide information management for service assurance[C]//IEEE 12th International Symposium on Autonomous Decentralized Systems. Piscataway: IEEE Press, 2015: 175-180.

[10] WILSON I, YANG S. Security for system wide information management[C]// 2017 Integrated Communications, Navigation and Surveillance Conference. Piscataway: IEEE Press, 2017: 1-13.

[11] MOHAMMAD M, CARLOS A C, MASSOOD T, et al. Information security in the aircraft access to system wide information management infrastructure[C]//2016 Integrated

Communications Navigation and Surveillance. Piscataway: IEEE Press, 2016: 1-7.

[12] JOHNSON C W. Cyber security and the future of safety-critical air traffic management: identifying the challenges under NextGen and SESAR[C]// 10th IET System Safety and Cyber-Security Conference. Piscataway: IEEE Press, 2015: 1-6.

[13] JOHN H, MARTIN H, CHRIS M. Air traffic management security research in SESAR[C]//11th International Conference on Availability, Reliability and Security. Piscataway: IEEE Press, 2016: 486-492.

[14] 田振才, 李泉. 中国民航空中交通管理战略内核系统建设[J]. 空中交通管理, 2007(1): 8-9.

[15] 刘丹. 基于一体化系统的广域信息管理平台建设策略[J]. 信息系统工程, 2013, 32(20): 60-65.

[16] 周雅琴. 航班信息交换模型 FIXM 研究[J]. 中国民用航空, 2013(165): 80-81

[17] 罗喜伶, 范佳欣, 齐鸣. 基于广域信息管理的飞行数据服务设计与实现[J]. 计算机工程与设计, 2015, 36(7): 1932-1937.

[18] QI M, LU S T. Overview of system wide information management and security analysis[C]// IEEE 13th International Symposium on Autonomous Decentralized System. Piscataway: IEEE Press, 2017: 191-194.

[19] 吴志军, 赵婷, 雷缙. 广域信息管理 SWIM 信息安全技术标准研究[J]. 信息网络安全, 2014(1): 1-4.

[20] 张永铮, 肖军, 云晓春, 等. DDoS 攻击检测和控制方法[J]. 软件学报, 2012, 23(8): 2058-2072.

[21] STEPHENS B. Security architecture for system wide information management[C]//The 24th Digital Avionics Systems Conference. Piscataway: IEEE Press, 2005: 1-9.

[22] STEPHENS B. System-wide information management (SWIM) demonstration security architecture[C]//2006 IEEE/AIAA 25th Digital Avionics Systems Conference. Piscataway: IEEE Press, 2006: 1-12.

[23] 李鹤, 李黎. 广域信息管理与航空电信网技术的对比研究[J]. 指挥信息系统与技术, 2010, 1(3): 27-29.

[24] 刘丹. 基于 SWIM 的空管信息系统互联策略[J]. 电脑知识与技术, 2014, 10(3): 524-528.

[25] 王瑞, 李青, 赵倩. 基于 SOA 与 Web Service 的飞机保障信息系统集成[J]. 计算机工程, 2018, 44(1): 91-97.

[26] SWIM Program Office. Department of transportation. federal aviation administration. SWIM service compliance requirements[S]. Federal Aviation Administration. 2010.

[27] Federal Aviation Administration. System wide information management (SWIM) extensible markup language (XML) gateway requirements, version 2.0[R]. (2009-09-21).

[28] DAVID J. ALMEID A. The SWIM-enabled enterprise: how system wide information management transforms mission interoperability[C]// Integrated Communications, Navigation and Surveillance Conference. Piscataway: IEEE Press, 2012: 1-16.

[29] CHEN C, TANINO M, TAYLOR B. Flight information exchange via net-centric services[C]//Integrated Communications, Navigation and Surveillance Conference. Piscataway: IEEE Press, 2013: 1-12.

[30] 吴懋刚, 钱雪忠. 基于 SOA 的发布订阅/订阅系统设计[J]. 微计算机信息, 2008(24): 160-162.

[31] 万豪, 史浩山, 林卓, 等. 基于订阅发布机制的中间件系统设计与实现[J]. 计算机测量与控制, 2012, 20(9): 2551-2554.

[32] 华悦, 徐涛. 一种基于 SOA 的 SOAP 消息安全传输机制[J]. 计算机科学, 2014, 39(6): 77-80.

[33] 沙胜华, 李欣, 郭大权. 基于发布订阅/订阅的消息队列在工作流引擎中的应用研究[J]. 计算机与现代化, 2012 (10): 142-147.

[34] 郑啸, 罗军舟, 曹玖新, 等. 基于发布/订阅机制的Web服务QoS信息分发模型[J]. 计算机研究与发展, 2010, 47(6): 1088-1097.

[35] 赵汨龙, 罗喜伶, 王忠波. 基于 SOA 的民航广域信息管理架构的研究与设计[J]. 计算机技术与发展, 2016, 26(2): 95-100.

[36] HAI T N, CARMEN T G, GONZALO A, et al. Enhancing the effectiveness of Web application firewall by generic feature selection[J]. Logic Journal of the IGPL, 2013, 21(4): 560-570.

[37] 廖黎阳, 李毅. 基于 JAXB 和 ORM 的 XML 文档的关系化存储与构建[J]. 兵工自动化, 2009, 28(11): 83-85.

[38] BOSMAN P. SESAR European ATM master plan & SESAR2020[C]//2017 Integrated Communications, Navigation and Surveillance Conference (ICNS). Piscataway: IEEE Press, 2017: 1-13.

[39] 杜冬. 基于正则表达式的飞行电报处理算法[J]. 中国民航飞行学院学报, 2013(1): 21-23.

[40] 蒋勇, 谭怀亮, 李光文, 等. UML 类图到 XML Schema 的转换算法的研究[J]. 计算机应用与软件, 2009, 26(6): 192-194.

[41] LIANG D, NGO T, GARFIELD K, et al. Ovid Sekharinformation management — FIXM and mini Global II[C]//2016 IEEE/AIAA 35th Digital Avionics Systems Conference.

Piscataway: IEEE Press, 2016: 1-6.

[42] MILLER M E, MADERA E C, SEKHAR O. Addressing AIXM and IWXXM international challenges[C]//2016 IEEE/AIAA 35th Digital Avionics Systems Conference (DASC). Piscataway: IEEE Press, 2016: 1-7.

[43] 刘冰. 航行情报动态信息处理系统的研究与设计[D]. 成都: 电子科技大学, 2014.

[44] VINOSKI S. Scripting JAX-WS[J]. IEEE Internet Computing. 2006. 10(3): 91-94.

[45] 中国民用航空总局. MH/T 4007-2006: 民用航空飞行动态固定电报格式[S]. 北京: 中国标准出版社, 2006.

[46] 民航总局空管局. 航行通告填发指导手册[S]. (2008-09-25).

[47] QADIR K, KIM S H, KIM S M, et al. ANNEX 3-meteorological service for international air navigation[J]. Meylers Side Effects of Drugs the International Encyclopedia of Adverse Drug Reactions & Interactions, 2006, 5(1): 1758-1761.

[48] 中国民用航空总局. MH/T4016. 6—2007: 民用航空气象, 第 6 部分: 电码[S]. 北京: 中国科学技术出版社, 2007.

[49] 吴永英, 吕继云, 班鹏新. 基于 JMS 和 XML 的数据集成研究[J]. 计算机应用研究, 2004, 21(7): 43-45.

[50] MOSES T. eXtensible access control markup language (XACML) Version 2. 0[S]. OASIS Standard, 2005.

[51] 牛德华, 马建峰, 马卓, 等. 基于属性的安全增强云存储访问控制方案[J]. 通信学报, 2013, 34(Z1): 276-284.

[52] 李晓峰, 冯登国, 徐震. 基于扩展 XACML 的策略管理[J]. 通信学报, 2007, 28(1): 103-110.

[53] 李晓峰, 冯登国, 陈朝武, 等. 基于属性的访问控制模型[J]. 通信学报, 2008, 29(4): 90-98.

[54] SHEN H, HONG F. An attribute-based access control model for Web services[C]//The 7th International Conference on Parallel and Distributed Computing, Applications and Technologies. Piscataway: IEEE Press, 2006: 74-79.

[55] 沈海波, 洪帆. Web 服务中结合 XACML 的基于属性的访问控制模型[J]. 计算机应用, 2005, 25(12): 2765-2767.

[56] 李凤华, 苏铓, 史国振, 等. 访问控制模型研究进展及发展趋势[J]. 电子学报, 2012, 40(4): 805-813.

[57] CHEN H S, BHARAT B, FU Z C. Multilabels-based scalable access control for big data applications[J]. IEEE Cloud Computing, 2014, 1(3): 65-71.

[58] SANDHU R S, COYNE E J, FEINSTEIN H L, et al. Role-based access control models[J].

Computer, 1996, 29(2): 38-47.

[59] YUAN E, TONG J. Attributed based access control (ABAC) for Web services[C]// IEEE International Conference on Web Services. Piscataway: IEEE Press, 2005: 569-578.

[60] HU V C, KUHN D R, FERRAIOLO D F. Attribute-based access control[J]. Computer, 2015, 48(2): 85-88.

[61] 房梁, 殷丽华, 郭云川, 等. 基于属性的访问控制关键技术研究综述[J]. 计算机学报, 2016, 40(7): 1680-1698.

[62] 王于丁, 杨家海, 徐聪, 等. 云计算访问控制技术研究综述[J]. 软件学报, 2015, 26(5): 1129-1150.

[63] 林闯, 封富君, 李俊山. 新型网络环境下的访问控制技术[J]. 软件学报, 2007, 18(4): 955-966.

[64] LIU Z, CAO Z F. On efficiently transferring the linear secret-sharing scheme matrix in ciphertext-policy attribute-based encryption[C]//IACR Cryptology ePrint Archive. Yokohama, 2010: 374-391.

[65] LAMPSON B W. Protection of information system[C]//The 5th Princeton Conference on Information Sciences and Systems. Piscataway: IEEE Press, 1971: 437-447.

[66] BELL D E, LA P L J. Secure computer system: unifed exposition and multics interpretation[R]. The Miter Corporation, 1976.

[67] 卞一茗. 基于混合属性的访问控制模型研究[D]. 南京: 南京邮电大学, 2012.

[68] 常敬玉. 基于属性的访问控制在多域网络中的应用[D]. 西安: 西安电子科技大学, 2012.

[69] 王小明, 付红, 张立臣. 基于属性的访问控制研究进展[J]. 电子学报, 2010, 38(7): 1660-1667.

[70] ZHANG X W, LI YJ, DIVYA N. An attribute based access matrix model[C]//The 2005 ACM Symposium on Applied Computing. New York: ACM Press, 2005: 359-363.

[71] 单忆南. 基于属性的加密算法[D]. 上海: 上海交通大学, 2010.

[72] 郭振洲. 基于属性的加密方案的研究[D]. 大连: 大连理工大学, 2012.

[73] SAHAI A, WATERS B. Fuzzy identity-based encryption[M]. Berlin: Springer, 2005.

[74] 胡海英, 商威. 一种可撤销的 KP-ABE 方案[J]. 计算机系统应用, 2013, 22(9): 123-128.

[75] 潘登. SWIM 中基于属性的网络授权方法[D]. 天津: 中国民航大学, 2014.

[76] 罗军. 基于密文策略属性基加密的云存储访问控制机制研究[D]. 长沙: 国防科技大学, 2012.

[77] 洪澄, 张敏, 冯登国. 面向云存储的高效动态密文访问控制方法[J]. 通信学报, 2011,

32(7): 125-132.

[78] 马华, 白翠翠, 李宾, 等. 支持属性撤销和解密外包的属性基加密方案[J]. 西安电子科技大学学报(自然科学版), 2015, 42(6): 7-13.

[79] WU Y D, WEI Z, DENG R. Attribute-based access to scalable media in cloud-assisted content sharing networks[J]. IEEE Transactions on Multimedia, 2013, 15(4): 778-788.

[80] 孙国梓, 董宇, 李云. 基于 CP-ABE 算法的云存储数据访问控制[J]. 通信学报, 2011, 32(7): 146-152.

[81] YANG K, JIA X H. Expressive, efficient, and revocable data access control for multi-authority cloud storage[J]. IEEE Transactions on parallel and distributed systems, 2014, 25(7): 1735-1744.

[82] PERVAIZ Z, AREF W G, GHAFOOR A, et al. Accuracy-constrained privacy- preserving access control mechanism for relational data[J]. IEEE Transactions on Knowledge and Data Engineering, 2014, 26(4): 795 - 807.

[83] CRESCENZO D D, STRANO A, TRAUSMUTH G. SWIM: a next generation ATM information bus-the SWIM-SUIT prototype[C]//The 14th IEEE International Enterprise Distributed Object Computing Conference Workshops (EDOCW). Piscataway: IEEE Press, 2010: 41-46.

[84] 吴志军, 赵婷, 雷缙. 基于改进的 diameterEAP-MD5 的 SWIM 认证方法[J]. 通信学报, 2014, 35(8): 1-7.

[85] 邱锡鹏, 刘海鹏. Diameter 协议研究[J]. 计算机科学, 2003, 30(2): 75-78.

[86] 尹家生. 基于 Diameter 协议的网络接入服务器模型研究[D]. 合肥: 合肥工业大学, 2005.

[87] 赵源超, 陈健, 李道本. 新一代的 AAA 协议-Diameter[J]. 中国数据通信, 2004, 6(1): 1.

[88] 谢玮. NNG 访问控制安全的切入点——Diameter 协议及其在 SPI 网络环境中的应用[R]. 2005.

[89] 达米卡. 现代网络安全: SIP 网络中的 DIAMETER 鉴定[J]. 计算机工程, 2007, 33(1): 151-152.

[90] 王曼珠, 周亮. 基于 RADIUS/EAP 的 WLAN 认证及其安全性分析[J]. 电子科技大学学报, 2005, 34(2): 168-171.

[91] 冯登国, 吴文玲. 分组密码的设计与分析[M]. 北京: 清华大学出版社, 2000.

[92] SCHNEIER B. 应用密码学——协议, 算法和 C 源程序[J]. 祝世雄, 译. 北京: 机械工业出版社, 2014.

[93] CALHOUN P, ZORN G, SPENCE D, et al. Diameter network access server application[S]. (2009-08).

[94] 张虎强, 洪佩琳, 李津生, 等. 用户名密码认证方案的安全性分析及解决方案[J]. 计

算机工程与应用, 2007, 42(33): 102-106.

[95] RIVEST R. The MD5 message-digest algorithm[R]. 1992.

[96] 宏科，苏伟. 新网络体系基础研究——一体化网络与普适服务[J].电子学报，2007(4): 593-598.

[97] 何大可, 彭代渊, 唐小虎. 现代密码学[M]. 北京：人民邮电出版社, 2009.

[98] 刘海旺, 邱卫东, 黄征. 基于 802.1x 的局域网接入认证方案[J]. 信息安全与通信保密, 2009 (3): 64-65.

[99] 陈士伟，金晨辉. MD5 碰撞攻击中的充要条件集[J]. 软件学报，2009，20(6): 1617-1624.

[100] 王志中. MD5 算法在口令认证中的安全性改进[J]. 电脑知识与技术，2012，8(2): 296-297.

[101] 陈凤其, 姚国祥. 一种基于 Hash 函数的 EAP 认证协议[J]. 计算机系统应用, 2010, 19(6): 74-77.

[102]吉晓东. 支持身份隐藏的 EAP- PSK 协议改进[J]. 南通大学学报(自然科学版), 2007, 6(2): 74-77.

[103] WU W T, CHEN J C, CHEN K H, et al. Design and implementation of WIRE diameter[C]// ITRE International Conference on Information Technology: Research & Education. Piscataway: IEEE Press, 2005.

[104] 朱海龙, 张国清. 基于 DIAMETER 的 AAA 技术及其在 MobileIP 中的应用[J]. 计算机工程与应用, 2003(21): 159-163.

[105] SIMOND, ABOBA B, HURST R. The EAP-TLS authentication protocol: RFC5216[S]. Network Working Group, (2008-03).

[106] SIMPSON W. PPP challenge handshake authentication protocol(CHAP): IETFRFC1994[S]. Network Working Group, (1996-08).

[107] 马占株，梁力，张玉军，等. EAP 与 Diameter 结合的认证机制设计与实现[J]. 计算机工程, 2006, 32(13): 153-155.

[108] BLAKE-WILSON S. Transport layer security (TLS) extensions: RFC4366[S]. IETF, (2004-12).

[109] FUNK P, BLAKE-WILSON S. Protocol EAP TTLS A: draft-ietf-pppext-eap-ttls- 05[S]. IETF, (2004-06).

[110]BLAKE-WILSON S, NYSTROM M, HOPWOOD D, et al. Transport layer security (TLS) extensions: RFC3546[S]. IETF, (2003-06).

[111] 李金库，张德运. 身份认证机制研究及其安全性分析[J]. 计算机应用研究，2001, 18(2): 126-128.

[112] DJURIC D, DOBRIJEVIC O, HULJENIC D, et al. Open diameter conformance testing[C]//6th International Symposium on Communication Systems, Networks and Digital Signal Processing. Piscataway: IEEE Press, 2008: 124-128.

[113] TIAN Y, ZOU S X, ZHANG S G. Diameter protocol analysis and applications[C]//2011 Second International Conference on Mechanic Automation and Control Engineering. Piscataway: IEEE Press. 2011: 4028-4031.

[114] 王彩芬, 刘超, 李亚红, 等. 基于 PKI 和 IBC 的双向匿名异构签密方案[J]. 通信学报, 2017, 38(10): 10-17.

[115] 邹春生. LDAP 在企业统一认证项目过程中的初步过程中的初步实践[J]. 电子技术与软件, 2014(7): 43.

[116] 陈天玉, 谢冬青, 杨小红, 等. 基于 SAML 与 XKMS 的安全单点登录认证模型的研究与实现[J]. 计算机应用研究, 2010, 27(3) : 1019-1021.

[117] 池亚平, 王艳, 王慧丽, 等. 基于等级的电子政务云跨域访问控制技术[J]. 计算机应用, 2016, 36(2): 402-407.

[118] 吕小平. 空管新技术发展及我国对策[J]. 中国民航航空, 2008(9): 11-14.

[119] RESCORLA E, RAY M, OSKOV N. Transport layer security (TLS) renegotiation indication extension: RFC 5746[S]. IETF, (2010-02).

[120] MUFY, ZHANG JF, DUJ, et al. Application of the secure transport SSL protocol in network communication[C]//The 4th International Symposium on Computational Intelligence and Design. Piscataway: IEEE Press, 2011.

[121] 李均锐, 戴宗坤, 李哲, 等. SSL 协议及其安全性分析[J]. 信息安全与通信保密, 2004(6): 29-31.

[122] 周宁. 中航二集团参加中欧申请欧盟第六框架计划航空领域项目洽谈会[J]. 航空国际合作与交流, 2005, 15(3): 22.

[123] 高占春, 周赛, 王佩. SWIM 消息传输的概念及实现[EB]. 计算机科学技术, (2012-12-25).

[124] 齐鸣, 邢文钊. 民航广域信息管理系统数据安全威胁与风险分析方案设计[C]//全国青年通信学术年会. 北京, 2014.

[125] 张钟江. 基于 SWIM 的空管系统设计构想[J]. 现代电子工程, 2007(6): 16-20.

[126] GIULIANO D, DARIO D C. Lessons from SWIM-SUIT: SWIMming across the Atlantic[C]//2011 Integrated Communications, Navigation, and Surveillance Conference Proceedings. Piscataway: IEEE Press, 2011: 1-22.

[127] 齐鸣, 宋若嘉. 发展中的中国民航广域信息管理[J]. 国际航空, 2015(6): 64-64.

[128] LI W, XIANG S, CHEN S. Improvement method of SSL protocol identity authentication

based on the attribute certificate[C]//International Conference on Computer Science & Service System. Piscataway: IEEE Press, 2012: 1154-1157.

[129] 孙林红，叶顶锋，吕述望，等. 传输层安全协议的安全性分析及改进[J]. 软件学报, 2003, 14(3): 518-523.

[130] 司天歌，谭湘融，戴一奇. 支持数字签名的 TLS 改进协议[J]. 清华大学学报(自然科学版), 2004, 44(1): 58-60.

[131] HOUSLEY R, FORD W, POLK W, et al. Internet X. 509 public key infrastructure certificate and CRL profile: RFC2459[S]. IETF, (1999-01).

[132] 徐春林，李涛，王伍戎，等. 基于 SSL 和 CORBA 技术的 CA 系统的实现[J]. 计算机工程与应用, 2003, 39(24): 152-153.

[133] Federal Aviation Administration. System wide information management (SWIM) final program requirements segment 1, Revision 7.3[R]. (2007-05-23).

[134] 胡晓晔，李峻屹. SSL 协议分析及实现[J]. 电脑知识与技术, 2008, 4(29): 58-60.

[135] 刘鹏. 一种公钥基础设施服务器的研究与实现[D]. 武汉：华中科技大学, 2006.

[136] 郭剑. 中国联通 PPC 用户数据业务实时计费方案的研究[D]. 北京：北京邮电大学, 2006.

[137] 范絮妍. 移动网络端到端业务通信认证机制的研究[D]. 北京：北京交通大学, 2006.

[138] 陈敬佳. SSL/TLS 的安全性分析与实现[J]. 武汉：武汉理工大学学报(信息与管理工程版), 2005, 27(5): 70-72.

[139] 陈晓海. Web 安全与防火墙技术分析[J]. 网络安全技术与应用, 2017 (4): 44-48.

[140] 冯桂兰，李正楠. Web 应用防火墙在高校网站系统的应用研究[J]. 现代计算机, 2017 (13): 23-25.

[141] 刘鑫，许福永，米翠华. 改进的漏桶算法对输出业务流自相似特性的影响[J]. 计算机工程与设计, 2008(22): 5693-5695.

[142] SHEUT F, HUANGN F, LEE H P. In-depth packet inspection using a hierarchical pattern matching algorithm[J]. Transactions on Dependable and Secure Computing, 2010, 7(2): 175-188.

[143] YU J M, XUE Y B, LI J. Memory efficient string matching algorithm for network intrusion management system[J]. Tsinghua Science and Technology, 2007, 12(5): 585-593.

[144] CHU Y M, HUANG N F, TSAI C H, et al. A software-based string matching algorithm for resource-restricted network system[J]. IEEE Communications Letters, 2008, 12(8): 599-601.

[145] 徐珊，袁小坊，王东，等. Sunday 字符串匹配算法的效率改进[J]. 计算机工程与应用, 2011, 47(29): 96-98.

[146] 李璐. Linux 下应用层包过滤防火墙的设计与实现[D]. 北京：北京邮电大学, 2015.

[147] CHRISTIAN S, ELMAR P. Clustered swarm: a live swarm-based traffic load balancing algorithm against traffic jams[J]. Intelligent Transport Systems, 2017, 11(3): 134-141.

[148] HSIAOH C, CHANG C W. A symmetric load balancing algorithm with performance guarantees for distributed hash tables[J]. Transactions on Computers, 2013, 62(4): 662-675.

[149] MEHRNOOSH S, JAVAD G. A simple congestion-aware algorithm for load balancing in datacenter networks[J]. Transactions on Networking, 2017, 25(6): 3670-3682.

[150] 张云, 许江淳, 李玉惠, 等. 基于 Nginx 服务器负载均衡技术的研究与改进[J]. Computer Engineering & Software, 2017, 38(8): 6-12.

[151] YU S Z, KOBAYASHI H. An efficient forward-backward algorithm for an explicit-duration hidden Markov model[J]. IEEE Signal Processing Letters, 2003, 10(1): 11-14.

[152] XIE Y, YU S Z. A dynamic anomaly detection model for Web user behavior based on HsMM[C]//The 2006 10th International Conference on Computer Supported Cooperative Work in Design. Nanjing, 2006: 1-6.

[153] AGARWAL S, GLODEN B. DDoS attack simulation monitoring, and analysis[R]. West Lafayette: Purdue University, (2004-01-27).

[154] 谢逸, 余顺争. 基于 Web 用户浏览行为的统计异常检测[J]. 软件学报, 2007, 18(4): 967-977.

[155] 李勇, 王文强. Python Web 开发学习实录[M]. 北京：清华大学出版社, 2011. 1-2.

[156] 齐伟. 跟老齐学 Python: Django 实战[M]. 北京：电子工业出版社, 2017.